Süditalien

Süditalien

CORNELIA SCHINHARL

Fotografie: Michael Schinharl und Stefan Braun

Inhalt

Mezzogiorno – *Klischee und Klasse*

Süditalien! Allein der Name lässt innere Bilder von Sonne, Strand und prallen Marktständen, von Meer und blauen Fischerbooten, Inseln und fröhlichen Menschen entstehen. Und tatsächlich erscheint in Süditalien das Meer noch blauer, die Sonne noch strahlender und der Strand noch einladender als im Rest Italiens. Die Menschen sind fröhlicher und singen schöner oder zumindest mehr, der Wein ist dunkler und schwerer und das Essen farbenprächtig, würzig und einfach köstlich. Süditalien hat alles, was man sich von einem Land wünscht: Berge und Täler, Ebenen und bezaubernde Inseln, zwei Vulkane, große quirlige Städte und kleine beschauliche Orte. Doch lässt man, wenn man eine Reise dorthin plant, am besten all diese Klischee-Vorstellungen zu Hause. Denn man fährt auch in Süditalien nicht mehr mit dem Holzschiff unter freiem Himmel auf eine Insel, sondern sitzt wohl behütet drinnen. Man ist nicht allein am Strand und auch nicht bei den Sehenswürdigkeiten. Man ist nirgendwo der Erste und auch nicht unbedingt überall willkommen. Denn zu viele Eroberer und Einwanderer hat Süditalien gesehen, um jeden unvoreingenommen zu begrüßen.

»Mamma li turchi« – Mama die Türken – erinnert noch heute daran, dass die Türken Süditalien häufig überfallen haben, und bedeutet, dass man sich möglichst schnell aus dem Staub machen soll. Wenngleich natürlich nicht nur die Türken hier waren, sondern auch die Byzantiner, Normannen, Stauffer, Anjou und die Spanier.

Und Süditalien wurde nicht nur lange Zeit vom Norden des Landes regiert, sondern auch von zwielichtigen Organisationen. Mafia heißt sie auf Sizilien, N'drangheta in Kalabrien, Sacra Corona Unità in Apulien und Camorra in Neapel und Kampanien.

Als Tourist muss man vor diesen Vereinigungen kaum Angst haben. Wird man ausgeraubt, steckt dahinter mit ziemlicher Sicherheit nicht die Mafia. Denn sie hat ein großes Interesse, dass viele Touristen kommen, schließlich bringen sie Geld in die Region. Rät einem allerdings ein Einheimischer, eine bestimmte Region zu meiden, sollte man sich diesen Hinweis unbedingt zu Herzen nehmen.

Süditalien ist spannend, man erfährt viel Neues, kann Kultur bestaunen ebenso wie köstliche Spezialitäten kennen lernen. Die meisten Gerichte stammen aus der einfachen Küche, denn die Bauern des Südens waren arm, und die Fischer haben den wertvollen Fang verkauft und sich selbst mit den weniger edlen Tieren zufrieden gegeben. Aber gerade weil die Grundzutaten oft einfach waren, brauchte es um so mehr Fantasie, aus dem Wenigen abwechslungsreiche Mahlzeiten auf den Tisch zu bringen. Und in dieser Hinsicht haben die Menschen in Süditalien viel geleistet, auch nach vielen Reisen entdeckt man immer wieder etwas Neues, eine andere Variante eines beliebten Gerichtes.

All das erfahren Sie in diesem Buch. Dazu viel über die Produkte der Regionen, über die Regionen selbst und über die Menschen, die uns begegnet sind. Egal, ob in den Salinen in Trapani, im Weinbau oder in der Pasticceria.

Der Stiefel mit Sporn, Absatz und Spitze und natürlich Sizilien, all das gehört zum faszinierenden Süditalien.

Dieses Buch ist nach mehreren Reisen in die Regionen entstanden. Und es gab auf allen Stationen Menschen, die mich unterstützt und mir geholfen haben, die mich begleitet oder mir wichtige Tipps und Informationen gegeben haben.

Bei ihnen allen möchte ich mich noch einmal ganz herzlich bedanken: allen voran bei Sonia Civai und Otmar Eicher, aber auch bei Lucio Grasso, Pasquale di Mauro, Luigi und Patrizia Falzetta, Gianni Comes, Girolamo Anello, Teresa Oliverio, Teresa Barba, Dieter Oberg, Dorothea Brunetto, Heidi von Rosen und Luigi Notaro.

Ich wünsche Ihnen eine schöne Zeit mit und in Süditalien!

Cornelia Schinharl

Kampanien

übervolles Paradies

Einfach traumhaft die Lage – eingeschmiegt in den Golf, wächst die Stadt aus einem bunten Gewirr verschachtelter Häuser den Hügel empor, die Inseln Capri, Procida und Ischia in Sichtweite und den Vesuv als imposanten Nachbarn an der Seite. Bella Napoli! Laut und chaotisch die Innenstadt. Brutta Napoli?

Campania
terra di bellezza

Un caffè, una spremuta oder doch lieber einen aperitivo? »Al bar« ist alles möglich.

Neapel ist schön. Und hässlich. Neapel ist romantisch und chaotisch und laut. Neapel hilft und Neapel klaut. Neapel singt, Neapel schreit. Neapel duftet, Neapel stinkt. Neapel fasziniert. Und Neapel schreckt ab.

Wer Neapel hört, denkt schnell an die Unterwelt: Neapel hat zwei davon – die Camorra und das antike System unter der Stadt, das man heute wieder besichtigen kann.

Wer Neapel sieht, hält meist Ausschau nach Wäscheleinen in engen Gassen. Und findet sie ebenso wie Eisenstützen, die nach dem Erdbeben von 1980 noch immer Häuser vor dem Einsturz bewahren müssen, weil die Gelder für die Sanierung in dunklen Kanälen verschwunden sind.

Wer Eigenarten der Stadt sucht, entdeckt zum Beispiel die neapolitanischen Krippen. Sie stellen biblische Szenen dar und dazu alles, was der Alltag zu bieten hat: vom Pizzabäcker, Gemüsegärtner und Fischer bis zur Mamma mit ihren Bambini. Und alles spielt sich gelegentlich am Fuße des Vesuvs ab, die biblische Geschichte wird also kurzerhand in die eigene Heimat transportiert.

Wer durch die Gassen streift, bemerkt noch immer viele Bassi – dunkle Einzimmerwohnungen im Erdgeschoss der Häuser, in denen noch heute ganze Familien leben. Aber auch die Galleria Umberto I, die es mit der Galerie in Mailand durchaus aufnehmen kann. Und viele beeindruckende Straßen wie auch Spaccanapoli, die die Altstadt in gerader Linie durchtrennt (spacca).

Neapel ist so vielseitig wie die ehemaligen Herrscher der Stadt: Griechen, Römer, Byzantiner, Normannen, Staufer, Anjou, Spanier, Österreicher, Napoleon und die Bourbonen haben ihre Spuren hinterlassen.

Ankunft im organisierten Chaos

Der erste Schock war vorprogrammiert. Wir kamen von Sorrento, beeindruckt von der beschaulichen Lage und den intensiv duftenden Zitronenbäumen. Und bepackt mit guten Ratschlägen: Nach Neapel? Dio mio! Bloß keine Taschen mitnehmen. Fotografieren? Besser nicht. Und ja nicht zu erkennen geben, dass man fremd ist. Noch besser: gleich in Sorrento bleiben, wo alles so schön ist und keine Lazaroni auf den Straßen auf Beute lauern. Schließlich sitzen wir doch in der Circumvesuviana (der Bahn, die den Vesuv umfährt). Fahren an Pompeij vorbei, der alten römischen Stadt, die im Jahr 79 von der Lava bedeckt und dadurch auf fantastische Weise konserviert wurde. Und immer näher rückt die Gegenwart: hässliche Bauten entlang der Strecke. Wir fahren durch einen Tunnel, am Ende wacht eine neonblau beleuchtete Madonna über die Gleise. Ein Stück weiter lehnen zwei Männer an einer Mauer, der eine setzt sich gerade eine Spritze: Gegensätze, wohin man blickt.

Neapel empfängt uns mit Regen. Wir wollen in die Altstadt, zu den »quartieri spagnoli«, den spanischen Vierteln. Dahin, wo Neapel noch authentisch ist. Streifen planlos durch die Gassen. Sind froh, als es Mittag wird und wir dem Regen für eine Pizza entfliehen dürfen. Suchen im Stadtplan die Pizzeria »da Attilio«, die uns empfohlen wurde. Ein Mann spricht uns an: »Hier stehen zu bleiben, ist gefährlich, zu viele Diebe sind unterwegs, meist auf Motorrädern.« Wohin wir denn wollen, erkundigt er sich. Und weist uns nicht nur den Weg, sondern bringt uns gleich persönlich hin. Neapel ist freundlich.

Nach einer köstlichen Pizza sieht die Welt gleich anders aus. Und sogar die Sonne scheint jetzt. Alles wirkt mit einem Mal viel freundlicher und die Stadt beginnt, uns zu gefallen. Schnell noch ins Caffè Gambrinus, wo sich in früheren Zeiten Künstler und Literaten auf einen Espresso trafen. Nobel ist es hier. Ein »caffè sospeso« also kaum zu erwarten. Dieser Caffè, der von einem Gast bezahlt, aber nicht getrunken, sondern für einen Bedürftigen »aufbewahrt« wurde, ist typisch Neapel. Ebenso wie der Zucker, den der Barista in den einfachen Bars der traditionellen Viertel

Enge Gassen voller Leben, Balkone mit Wäscheleinen und kleine Gefährte – typisch Neapel!

Die lange Straße Spaccanapoli durchtrennt Neapels Altstadt in gerader Linie. Größtenteils nur für Fußgänger zugänglich ist sie immer voller Leben.

Der Golf von Neapel beeindruckt aus jeder Perspektive, vor allem vom Vomero oder Posilippo, den Hausbergen Neapels, aus betrachtet.

Nach Sorrento kamen schon die alten Römer gern, um sich vom anstrengenden Stadtleben zu erholen. Ruhe findet man in der Hauptsaison nicht mehr, aber fantastische Ausblicke.

Hängende Glyzinien kündigen im Garten der Villa Cimbrone den Frühling an.

Diesen wundervollen Blick von Sorrent aus hat schon Caruso genossen. Er hat mit »O sole mio« die neapolitanischen Lieder auf internationales Niveau erhoben.

Noch ist die Saison nicht eröffnet. Terrassen und Stühle an der Amalfiküste warten auf Gäste.

Zitronen, Tomaten, Peperoncini – fruchtiger Reichtum der »Costiera Amalfitana«.

Positano wächst in die Höhe: Heiter sehen die hellen Häuser aus und sind fast artistisch auf vielen Terrassen angeordnet.

Ravello liegt etwa 350 m über dem Meer und hat mehr Platz zu bieten als die engen Städtchen an der Küste, Platz z. B. für zwei der schönsten Parkanlagen der Küste. Die weniger berühmte nach der der Villa Rufolo ist die der Villa Cimbrone. Weniger bekannt vielleicht, weil sie weiter entfernt ist vom Marktplatz.

noch heute gleich in die Tasse löffelt. Als besondere Aufmerksamkeit und um zu zeigen, wie wertvoll der Gast ist. Denn so lange ist es noch gar nicht her, dass Zucker ein Luxusgut war. (Wer das übrigens nicht mag, muss es gleich bei der Bestellung dazusagen.)
Noch ein paar Stunden in der Stadt und wir ahnen: es gibt viele Seiten zu entdecken. Aber sicher nicht an einem Tag. Wir kommen wieder.

»Torna a Surriente«

Mit dieser »canzone napoletana« im Ohr machen wir uns auf den Rückweg nach Sorrento. Die berühmten canzoni, die sogar Caruso in sein Repertoire aufgenommen hat, werden im Dialekt gesungen und sind mindestens so schön wie ein glutroter Sonnenuntergang. Für daheim kaufen wir eine CD von Roberto Murolo, dem Sohn eines berühmten Liedautors.
Und trinken einen Caffè, den man zwar auch in Neapel, aber vor allem hier in Sorrento bekommt: Caffè alla nocciola, ein aromatisches Getränk aus Espresso, Nusscreme und verschiedenen anderen Zutaten. Überall schmeckt er ein bisschen anders, das genaue Rezept wird nie verraten. In jedem Fall ist diese süße Sünde so köstlich, dass sie ein Dessert durchaus ersetzen kann.

Costa Amalfitana

Die schönste Küste der Welt? Tatsächlich, die ca. 40 Kilometer, die man auf einer kurvenreichen Straße hoch über dem Meer zurücklegt, geben atemberaubende Blicke frei. Auf die Hauptorte Positano, Amalfi und Vietri sul Mare ebenso wie auf Himmel und Wasser, beeindruckende Pflanzen und manchmal auch auf Capri. Mit der Erschaffung der Amalfiküste, sagt man, hat Gott sich wirklich viel Mühe gegeben. Und wird einem Amalfitaner beim Jüngsten Gericht eröffnet, dass er ins Paradies kommt, fällt ihm dazu nur eines ein: Da ist ja ein Tag wie jeder andere zuvor!
Wo es so schön ist, ist man natürlich selten allein. Und so kommt in der Hauptsaison auf den Hauptstraßen von Amalfi und Positano schon mal Gedränge auf. Wer aber auch in Nebengassen wandelt und die Touristen-Highlights eher meidet oder gar die Küste verlässt und auf Entdeckungstour ins Landesinnere geht, kann in diesem Landstrich noch wirklich romantische und angenehm ruhige Orte entdecken. Einer davon ist Ravello. Dort hat in der 1280 erbauten Villa Rufolo schon Wagner neue Inspiration gesucht und gefunden. Der Garten, in dem er sich für seine Oper »Parsifal« inspirieren ließ, lohnt einen Besuch. Und auch die wesentlich jüngere Villa Gimbrone mit ihrem schönen Garten und der berühmten Terrasse Belvedere mit den Büsten römischer Herrscher und dem fantastischen Ausblick sollte man sich unbedingt ansehen.
Und noch ein Tipp: Gehen Sie auch einmal zu Fuß! Auf dem »sentiero degli Dei« – dem Weg der Götter – von Acerola nach Positano werden Sie nicht viele andere Wanderer antreffen, dafür aber wunderschöne Zitronenhaine, ländliche Idylle und vor allem traumhafte Ausblicke auf Himmel und Meer. Mit einem Picknick im Rucksack wird dieser Ausflug garantiert zu einem unvergesslichen Erlebnis. Den Rückweg schafft man bequem mit dem Bus oder Taxi.
Ein Ausflug nach Vietri lohnt sich, um dort ein paar Stücke der berühmten Keramik zu ergattern. Und wer weiter entlang der Küste fährt, kommt ins Cilento, einen Landstrich, der noch nicht so bekannt ist, aber viele Attraktionen zu bieten hat.

All das findet man in der Villa Cimbrone: spektakulären Ausblick von der »Terrasse des Unendlichen«, einen schön angelegten Garten und beschauliche Ecken.

Mehr als Pizza und Mozzarella

Selbst wenn die beiden zum Synonym für Neapel und Kampanien geworden sind, gibt es in der fruchtbaren Region kulinarisch noch viel mehr zu entdecken. Fische aller Art, Muscheln und manch anderes Meeresgetier, Auberginen, Paprika und Zucchini, verschiedene Kohlarten und Fenchel stehen ebenso auf der Karte wie Pasta in immer neuen Variationen. Berühmt ist die Gegend aber auch für ihre köstlichen Süßigkeiten wie die Pastiera oder den Babà. Die fein gefüllten Sfogliatelle wurden in Amalfi im Kloster Santa Rosa erfunden. Das Gebäck in Muschelform hieß ursprünglich Santa Rosa. Erst der neapolitanische Bäcker Pasquale Pintauro hat sie Anfang des 19. Jahrhunderts etwas abgewandelt und den neuen Namen Sfogliatelle gegeben. Das feine Gebäck aus Blätter- oder Mürbeteig bekommt man überall an der Küste und in Neapel, dort noch immer in der Konditorei Pintauro.

Kühe, Käse, Köstlichkeit
Mozzarella di bufala

Wenn sich die Tiere wohl fühlen und artgerecht leben können, freut sich auch der Mensch. Jedenfalls auf der Azienda Vannulo, wo Mozzarella und andere Käse aus Pasta filata, Brühkäse, hergestellt werden.

Die tägliche Dusche ist ein Muss – vor allem, wenn die Sonne so richtig brennt. Einige der imposanten Tiere dürfen auch ein Bad nehmen und im eigens gebauten Becken bis zum Hals untertauchen. Still stehen sie und genießen. Die meisten werden zumindest mit kaltem Wasser abgespritzt, wenigstens einmal am Tag und nicht nur zum Vergnügen, sondern aus schlichter Notwendigkeit: Denn die Wasser liebenden Tiere, die wir beobachten, sind Büffelkühe und die können nicht durch die Haut schwitzen, würden also schnell austrocknen, wenn sie nicht Nässe von außen bekämen.

Wir sind im Cilento in der Provinz Salerno auf dem Gut von Antonio Palmieri, Vannulo genannt. Der Beiname kommt von »vale nullo« – »ist nichts wert«. Weil die Gegend früher vor allem dafür bekannt war, dass es dort reichlich Travertin – porösen Kalkstein – gab, und der galt als wertlos. Doch diese Zeiten sind vorbei, dank

Ein großes Stück gebrühter Käseteig ist fertig zum Zerteilen. Mehrere Arbeiter bedienen sich davon. Dieses Abtrennen von kleinen Stücken nennt man »mozzare« und daher hat der feine Käse seinen Namen. Rechts Mozzarella nella mortella, die in einem Bett von Myrthe ein feines Aroma bekommt.

der Büffelkühe, die die Milch für die begehrte Mozzarella di bufala liefern. Heute stehen neben dem Herrenhaus aus dem 17. Jahrhundert – das der Hausherr selbst bewohnt – eine Käserei, ein Laden und Ställe mit viel Platz für die Tiere.

La dolce vita

Bei einem Rundgang mit Francesco Marino bekommen wir den Eindruck, dass es sich hier als Büffelkuh trefflich leben lässt. Sind die Tiere krank, werden sie mit homöopathischen Mitteln kuriert, zu essen bekommen sie auf der Azienda biologisch angebautes Futter. Zusätze wie Hormone oder Ähnliches sind in dem biologisch arbeitenden Betrieb verboten und auch nicht nötig. Die Kühe hier produzieren zwar weniger Milch als ihre Artgenossen in vielen anderen Azienden, dafür leben sie länger.

Die etwa 400 Tiere dürfen sich drinnen und draußen aufhalten. Wenn sie sich ausruhen möchten, müssen sie sich keinesfalls auf der blanken Erde

Weich und formbar ist die Masse nach dem Brühen. So weich, dass man auch einen Zopf daraus flechten kann.

Nach dem Formen müssen die prallen Mozzarella-Kugeln erst einmal noch eine Weile ins Salzwasserbad.

Ganz schön neugierig – und noch zu jung, um als Milchlieferantin zu arbeiten. Erst mit etwa 2 Jahren sind Büffelkühe erwachsen.

niederlassen. Nein, jede Kuh hat ihre eigene Liegematte. Anfangs gab es für 200 Tiere nur 50 Matten. Die waren aber sofort so beliebt, dass tagtäglich der Kampf ums Bett entbrannte. Jede Büffeldame, die eines ergattert hatte, wurde sogleich von zwei anderen belagert. Kaum stand sie auf, lag auch schon die nächste auf dem begehrten Platz. Heute hat jede Kuh ihr eigenes Bett, und Francesco Marino bescheinigt den Damen nun »schweizerisches« Temperament: ganz Gewohnheitstiere, steuern sie immer den gleichen Platz an.

Jede Büffelkuh hat auf Vannulo einen Namen, ein Relikt aus Zeiten, als die Hirten ihre Kühe noch per Gesang zum Melken riefen. Der positive Nebeneffekt: Das Kalb, das den Namen der Mutter inzwischen auch im Ohr hatte, kam gleich mit. Auf Vannulo heißen die Tiere nicht einfach Lisa oder Maria. Sie werden vielmehr nach Ereignissen oder speziellen Begebenheiten ihres Geburtstages benannt. So heißt eine Kuh »accidente«, weil ein Mitarbeiter der Azienda am Tag ihrer Geburt einen Unfall hatte, eine andere »la rossa«, weil die rothaarige Sekretärin an ihrem ersten Arbeitstag den Namen aussuchen durfte. Die älteste Kuh, die wir bei unserem Besuch 2001 bewundern dürfen, heißt »la nazionale«. Sie wurde 1982 geboren, als Italien Weltmeister wurde – im Finale gegen Deutschland. Die knapp Zwanzigjährige hat damit übrigens schon ein sehr stattliches Alter erreicht, normalerweise werden Büffelkühe 13 bis 14 Jahre alt.

Jedes ausgewachsene Tier frisst etwa 25 kg getrocknetes Futter und 52 Kilo frisches Grünzeug, darunter auch aromatische Kräuter, die für die Güte der Milch sorgen. Gedeckt werden die Kühe mit etwa 2 Jahren. Nach 10 Monaten und 10 Tagen kommt ihr erstes Kalb zur Welt. Und von da an geben die Kühe Milch, etwa 7 l pro Tag. Davon braucht man dann ungefähr 100 l um 25 kg Mozzarella herzustellen.

Aus Büffelmilch wird Mozzarella

Büffelkuhmilch ist fetter und daher cremiger als Kuhmilch (etwa 9 % Fett), hat sehr feine Fettmoleküle und ist schneeweiß, enthält also keine Carotinoide. Und so wird Mozzarella hergestellt: Der Käser mischt die Milch von zwei Melkdurchgängen, erhitzt sie auf 36° und gibt dann das Gerinnungsmittel dazu. Die Masse stockt. Wenn sie ausreichend Säure hat, kommt kochendes Wasser hinzu und das Ganze wird gerührt und geknetet, bis eine teigartige Masse entsteht. Hier in der Azienda wird das alles per Hand gemacht, bei den teilweise sehr hohen Temperaturen keine ganz einfache Arbeit. Gerührt wird mit Schaufeln und Stöcken, geschöpft mit Schüsseln. Von der Masse nimmt man einen Teil ab und gibt diesen in lauwarmes Wasser, wo weiter gerührt wird, bis die Masse sehr elastisch ist. Und dann kommt das, was dem Käse seinen Namen gegeben hat. Der Käser »mozza«, also nimmt ein Stück der Masse ab, formt es rund und legt es in lauwarme Salzlake, wo »la mozzarella« für ein paar Stunden ruht und dabei ihren ganz typischen Geschmack bekommt. Ganz frisch und ohne Ruhebad schmeckt die Mozzarella übrigens fast wie Joghurt.

Beste Büffelqualität

Von der Güte der Produkte können wir uns im Laden und in der Bar überzeugen. Im Laden gibt es Mozzarella in verschiedenen Größen und frische Ricotta. Manchmal, wenn die Kühe gerade sehr viel Milch geben, machen die Käser auf Vanullo auch gereifte Käse wie Scamorza oder Provola affumicata – beide werden übrigens aus der gleichen Grundmasse, nämlich Pasta filata, hergestellt.

In der Bar bekommen wir Cappuccino mit Büffelkuhmilch, Eis und Joghurt. Alle Produkte kann man nur direkt auf der Azienda kaufen, einige ausgewählte Restaurants werden mit der köstlichen Mozzarella und der feinen Ricotta beliefert. Antonio Palmieri hält nichts davon, den Käse in Plastik einzuschweißen, wie es die EU vorschreibt. Er meint, das sei dem feinen Geschmack des weltberühmten Käses abträglich. Eins wollen wir zum Schluss noch wissen: Was passiert mit den männlichen Tieren? Früher tötete man sie gleich nach der Geburt. Heute bringt man sie für etwa 3 Jahre auf eine riesige Weidefläche in der Nähe des Guts, denn man hat die Güte des Fleisches entdeckt. Dort leben sie fast wild. Noch ist der Markt für Büffelfleisch nicht groß, aber das wird sich sicher bald ändern. Das magere Fleisch schmeckt ausgezeichnet, eine Spur milder als das »normaler« Rinder.

Auch Ricotta aus Büffelmilch ist eine köstliche Käsespezialität.

»La mozzarella di bufala«, *die Büffelmozzarella hat einen so feinen Geschmack, dass man sie frisch genießen sollte. Ihr zartes Aroma kommt so am besten zur Geltung. Zwischen Brotscheiben darf man sie schon einmal legen, weil sie dort gut eingeschlossen ist. Frische Büffelmozzarella schmeckt am besten, wenn sie nicht älter als 2–3 Tage ist. Bis zum Genuss in Salzlake aufbewahren, und zwar bei Zimmertemperatur.*

Mozzarella in carrozza

Frittierte Mozzarellabrote

Zutaten für 4 Personen
Zubereitungszeit: 30 Min.
Pro Portion: 470 kcal

8 Scheiben Sandwichbrot
1 Kugel Büffelmozzarella (ca. 250 g)
4 Sardellenfilets in Öl
2 Eier, 1/4 l Milch
50 g Mehl zum Wenden
Salz, schwarzer Pfeffer
1/4 l Olivenöl zum Braten

Die Rinde vom Sandwichbrot dünn abschneiden. Die Brote leicht toasten. Mozzarella abtropfen lassen und in knapp 1 cm große Würfel schneiden. Die Sardellenfilets abtropfen lassen und vierteln.

Die Eier in einem tiefen Teller verquirlen, die Milch und das Mehl jeweils in andere Teller füllen.

Mozzarellawürfel im Ei wenden, gut abtropfen lassen, salzen, pfeffern und im Mehl wälzen. Wieder abtropfen lassen. Die Brote kurz in die Milch tauchen.

Die Mozzarellawürfel mit den Sardellenfilets auf der Hälfte der Brotscheiben verteilen, die anderen Brote darüber decken und leicht andrücken. Die gefüllten Brote auf beiden Seiten erst im übrigen Ei, dann im Mehl wenden.

Das Olivenöl in einer großen Pfanne (oder in zwei) erhitzen. Die gefüllten Brote hineinlegen und pro Seite bei mittlerer Hitze ca. 4 Min. braten, bis sie schön gebräunt sind. Die Brote gut abtropfen lassen und heiß servieren, z. B. einfach in einer Serviette.

Auf dem Salat schmecken auch frisch gebratene Garnelen.

TIPP

Eine Idee, viele Varianten: Statt Brot dünne Auberginenscheiben (eingesalzen und gut trockengetupft) nehmen. Für die Füllung eignet sich dann »fior di latte« – Mozzarella aus Kuhmilch – besser, weil sie fester ist und nicht so leicht ausläuft. Und auch Pilze passen gut zwischen die Brotscheiben: Austernpilze oder auch Scheiben von Steinpilzen in Olivenöl braten, mit Salz, Pfeffer, zerdrücktem Knoblauch und gehackter Petersilie würzen und mit Mozzarella zwischen die Brotscheiben legen und braten.

Rucola, mozzarella e gamberetti

Salat aus Rucola, Mozzarella und kleinen Garnelen

Zutaten für 4 Personen
Zubereitungszeit: 20 Min.
Pro Portion: 370 kcal

200 g geschälte gegarte Garnelen
1 Stange Staudensellerie
3 EL Zitronensaft
8 EL Olivenöl
Salz, schwarzer Pfeffer
1 Bund Petersilie
2 Bund Rucola
1 Kugel Büffelmozzarella (ca. 250 g)
1/2 frischer Peperoncino (nach Belieben)

Die Garnelen abtropfen lassen. Den Sellerie waschen, putzen und in sehr kleine Würfel schneiden. Sellerie und Garnelen mit 1 EL Zitronensaft und 2 EL Öl mischen und mit Salz und Pfeffer würzen. Etwas ziehen lassen.

Die Petersilie waschen und trockenschütteln. Die Blättchen abzupfen und grob hacken, mit dem übrigen Zitronensaft, dem restlichen Öl und 2 EL Wasser in der Küchenmaschine pürieren. Mit Salz und Pfeffer abschmecken.

Den Rucola verlesen, waschen, trockenschütteln und auf vier Tellern auslegen. Mozzarella abtropfen lassen, in Würfel schneiden und mit den Garnelen auf dem Rucola verteilen. Nach Belieben Peperoncino waschen, putzen, in Ringe schneiden und darüber streuen. Die Sauce darüber träufeln und alles rasch servieren.

Mozzarella alle olive

Mozzarella mit Oliven

Zutaten für 4 Personen
Zubereitungszeit: 15 Min.
Pro Portion: 270 kcal

1 Kugel Büffelmozzarella (ca. 250 g)
1/2 Bund Basilikum
150 g Oliven (am besten schwarz und grün gemischt)
1/2 TL getrockneter Oregano
4 EL Olivenöl

Mozzarella abtropfen lassen und in dünne Scheiben schneiden, auf einer Platte oder auf vier Tellern auslegen.

Basilikumblättchen abzupfen, Oliven entsteinen. Beides mit dem Wiegemesser fein zerkleinern. Oregano zwischen den Fingern zerreiben, mit dem Öl dazurühren. Salz und Pfeffer braucht man wahrscheinlich nicht, weil Oliven und Mozzarella würzig genug sind. Olivenmasse auf den Mozzarellascheiben verteilen.

Variante: Insalata caprese

Jeder kennt und liebt die Mischung: Für Mozzarella mit Tomaten 4 Tomaten waschen und in feine Scheiben schneiden. 1 Kugel Büffelmozzarella (ca. 250 g) in Scheiben schneiden. Tomaten auf Tellern verteilen, Mozzarella darauf legen. Mit Basilikum belegen, salzen, pfeffern und mit Olivenöl beträufeln. Im Original kommt kein Essig dazu, weil gut gereifte Tomaten ausreichend Säure haben.

Mozzarella mit fein gehackten Oliven schmeckt als Vorspeise – und ist schnell gemacht.

Die Tomaten für die Pomodori in insalata sollen fest sein, aber keine zu harte Haut haben. Am besten eignen sich italienische Fleischtomaten, die an manchen Stellen noch grün sind. Sie haben den feinsten Geschmack.

Oktopusse oder Kraken *leben überall im Mittelmeer, nahe am Ufer in Felsspalten oder Höhlen, die meiste Zeit als Einsiedler. Kein Wunder, dass sie auch überall in Süditalien zubereitet werden. Schnell und einfach als Salat angemacht, schmeckt der Oktopus, der in Italien »polpo« heißt, besonders gut. Wichtig ist, dass man das Tier lange genug gart, damit es auch wirklich weich ist und nicht zäh.*

Pomodori in insalata

Würzige Tomatenscheiben

Zutaten für 4 Personen
Zubereitungszeit: 15 Min.
Pro Portion: 160 kcal

4 aromatische mittelgroße Fleischtomaten
1 Stange Staudensellerie
1 Möhre
2 frische grüne Peperoncini
2 EL Kapern oder Kapernäpfel
1/2 Bund Basilikum
Salz, schwarzer Pfeffer
6 EL Olivenöl
1 Prise getrockneter Oregano (nach Belieben)

Die Tomaten waschen und quer zu den Samenkammern in Scheiben schneiden. Auf vier Tellern dachziegelartig auslegen.

Den Sellerie waschen und putzen, die Möhre schälen. Beides in sehr feine Würfel schneiden. Peperoncini waschen, in feine Ringe schneiden, diese noch einmal grob hacken. Kapern abtropfen lassen, Basilikumblättchen abzupfen. Alles auf den Tomaten verteilen.

Die Tomaten mit Salz und Pfeffer würzen und mit dem Öl beträufeln. Eventuell etwas Oregano darüber streuen.

Polpi in insalata

Oktopussalat

Zutaten für 4 Personen
Zubereitungszeit: 15 Min.
Kochzeit: 1 Std.
Marinierzeit: 4 Std.
Pro Portion: 240 kcal

600 g Oktopus (1–2 Stück)
1/8 l Essig
Salz
4 Knoblauchzehen
1 großes Bund Petersilie
4 Stängel frische Minze
2 EL Zitronensaft
schwarzer Pfeffer
6 EL Olivenöl

Den Oktopus gründlich waschen, dann mit 2 l Wasser, dem Essig und Salz in einem Topf zum Kochen bringen und bei halb aufgelegtem Deckel bei mittlerer bis schwacher Hitze (das Wasser soll nur leicht kochen) je nach Größe 1/2–1 Std. garen. Mit einer Gabel die Garprobe machen: Lässt sich das Fischfleisch leicht einstechen, ist der Oktopus weich genug.

Den Oktopus kalt abschrecken und dabei die violette Haut abrubbeln. Den Knoblauch schälen und in feine Scheiben schneiden. Die Kräuter waschen und trockenschütteln. Die Blättchen abzupfen und sehr fein hacken. Kräuter und Knoblauch mit dem Zitronensaft, Salz und Pfeffer in einer Schüssel verrühren. Das Öl unterschlagen.

Die Fangarme des Oktopus in knapp 1 cm dicke Scheiben schneiden. Zur Marinade geben und gut untermischen. Den Salat an einem kühlen Ort mindestens 4 Std. marinieren. Noch einmal durchrühren und eventuell mit Zitronensaft nachwürzen. Dazu schmecken geröstete Brotscheiben besonders gut.

TIPP

Wer gerne scharf isst, schneidet mit Knoblauch und Kräutern 1–2 frische rote Peperoncini klein.

Schon zu Kugeln geformt ruht der simple Teig. Wird mit den Fingern schön flach gedrückt und dann mit Schwung zwischen die Hände genommen. Erst wenn er richtig dünn ist, kommt der Pizzateig auf die Backschaufel, wird belegt und in den glühend heißen Ofen geschoben.

Schön heiß muss man eine Pizza essen, dann schmeckt sie am besten.

Pizza

Ein Fladen erobert die Welt

Kommt die Pizza aus Napoli? Na sicher, meint jeder stolze Pizzaiolo. Doch ganz so klar ist es nicht, schließlich liegt die Geschichte etwa 3000 Jahre zurück.

Man kannte sowohl in Ägypten, im klassischen Griechenland als auch im antiken Rom pizzaartiges Gebäck. Im Verlauf der Jahrhunderte hat sich die Pizza der heutigen Form immer mehr angenähert, und das passierte wohl wirklich in Neapel.

Die Lombarden brachten die Büffelkühe in die Gegend, die die Milch für die Mozzarella lieferten. Aus der Neuen Welt kam die Tomate ins Land, wurde anfangs misstrauisch beäugt, um dann einen umso größeren Triumphzug in der italienischen Küche anzutreten. Und das vor allem in der Küche Neapels. Im 18. Jahrhundert wurde die Pizza dort bereits im Holzofen gebacken und auf den Straßen und Gassen der Stadt verkauft. Der Laufbursche des Bäckers eilte durch die engen Gassen, die Pizza auf dem Kopf balancierend und brachte sie den Bürgern ins Haus. An der Schwelle zum 19. Jahrhundert entstanden die ersten Pizzerien. Damals wie heute gab es darin einen großen Holzofen und einfache Tische für die Gäste. Nicht nur beim gewöhnlichen Volk wurde die Pizza zur täglichen Mahlzeit, auch der Adel war dem Genuss nicht abgeneigt. So entstanden ganze Dynastien von Pizzabäckern. Im Jahr 1780 wurde die Pizzeria »Pietro e basta cosi« eröffnet, die heute »Antica Pizzeria Brandi« heißt. Hier wurde die Pizza Margherita erfunden, hier kann man ein Dokument von Juni 1889 bewundern, in dem der königliche Tafelmeister dem Pizzabäcker Raffaele Esposito die hohe Güte seiner Pizzen bescheinigt und besonders die Pizza mit Tomaten, Mozzarella und Basilikum hervorhebt, die der Pizzaiolo für die Königin Margherita zubereitet hatte. Nahe liegend, dass Raffaele Esposito sich geehrt fühlte und seine Kreation in den Landesfarben Italiens nach der Gönnerin »Pizza Margherita« getauft hat.

Ehre gebührt einem Pizzabäcker auch heute noch. Ein stolzer Nachfolger Espositos erklärt uns, dass man drei Dinge braucht: Wissen, Talent und Intuition. Wie viel Hefe beispielsweise an den Teig kommt, ist eine Wissenschaft für sich. Und hängt vom Wetter ab. Ein guter Pizzabäcker fühlt, ob etwa der Scirocco blasen wird, der warme Wind, der den Teig mehr aufgehen lässt.

Auf eine Pizza darf viel: Pilze, Artischocken, Paprikaschoten, Schinken, Oliven, Peperoni oder auch einmal Tunfisch. Sie kommt aber auch mit wenigen Zutaten aus wie die klassische Margherita.

Pizza Margherita

Pizza mit Tomaten, Basilikum und Mozzarella

Zum Belegen nehmen perfekte Pizzabäcker »fior di latte«, Mozzarella aus Kuhmilch. »Mozzarella di bufala« ist viel zu feucht für eine gute Pizza.

Zutaten für 2 Pizzen
Zubereitungszeit: 25 Min.
Ruhezeit: 1 Std.
Backzeiten: 2 x 13–15 Min.
Pro Pizza: 1070 kcal

Für den Teig:
300 g Mehl
Salz
10 g frische Hefe
1 EL Olivenöl

Für den Belag:
600 g Tomaten
4 EL Olivenöl (+ Öl für das Blech)
1 TL getrockneter Oregano
Salz, schwarzer Pfeffer
1 Prise Zucker (nach Belieben)
2 Beutel Mozzarella (250 g)
1 Bund Basilikum

Für den Teig das Mehl mit 1 kräftigen Prise Salz mischen. Die Hefe zerkrümeln und in 150 ml lauwarmem Wasser anrühren. Mit dem Öl zum Mehl geben und alles zu einem glatten, geschmeidigen Teig verkneten. Er soll weich sein, aber nicht an den Fingern kleben. Bei Bedarf noch etwas Mehl bzw. Wasser unterarbeiten. Den Teig zu einer Kugel formen und mit einem Tuch bedeckt 1 Std. gehen lassen.

Inzwischen die Stielansätze aus den Tomaten herausschneiden. Die Tomaten mit kochendem Wasser überbrühen, kurz darin ziehen lassen, kalt abschrecken und häuten. Die Tomaten klein würfeln. 2 EL Öl erhitzen. Die Tomaten und den zerkrümelten Oregano dazugeben und alles bei mittlerer Hitze in 10–12 Min. musig einkochen lassen. Mit Salz, Pfeffer und eventuell dem Zucker würzen und abkühlen lassen.

Mozzarella abtropfen lassen und in Scheiben schneiden. Den Teig noch einmal durchkneten und halbieren. Den Backofen auf 250° (Umluft 220°) vorheizen.

Ein Pizzablech einölen. Eine Teigportion zu einem runden Fladen mit etwas dickeren Rändern ausrollen und über dem Handrücken formen. Auf das Blech legen und mit der Hälfte der Tomatensauce bestreichen. Mit 1 EL Öl beträufeln und im heißen Ofen (Mitte) 8 Min. backen. Dann den Käse darauf verteilen, mit dem restlichen Öl beträufeln und die Pizza noch einmal 5–7 Min. backen, bis der Käse zerläuft. Die Pizza mit der Hälfte der Basilikumblättchen belegen und gleich essen. Die zweite Pizza genauso belegen und backen.

Ein leichtes erfrischendes Primo ist der Risotto al limone, aber auch eine raffinierte Beilage, etwa zu gebratenen Rotbarben.

Caserta *war und ist berühmt für sein gutes Gemüse, das hier auf fruchtbaren Böden gedeiht. »Terra di lavoro« nennt man die Gegend, was Land der Ackerbauern heißen soll. Hier ist auch die zweite berühmte Mozzarellagegend in Kampanien. Für die Pasta »Antica Caserta« sollten Sie unbedingt Büffelmozzarella nehmen.*

Risotto al limone

Zitronenrisotto

Zutaten für 4 Personen
Zubereitungszeit: 45 Min.
Pro Portion: 570 kcal

1 Zwiebel, 4 Knoblauchzehen
1 große unbehandelte Zitrone
3 EL Butter, 400 g Risottoreis
1/4 l trockener Weißwein
3/4 l Hühner- oder Gemüsebrühe
1 Bund Petersilie
2 EL Pinienkerne
4 EL frisch geriebener Parmesan, Caciocavallo oder Pecorino
Salz, schwarzer Pfeffer

Die Zwiebel und 2 Knoblauchzehen schälen und fein hacken. Die Zitrone heiß waschen und die Schale dünn abschneiden und zwar ohne die weiße, bittere Haut. Die Zitrone auspressen.

Die Hälfte der Butter in einem Topf schmelzen. Zwiebel und Knoblauch mit ein paar Stücken Zitronenschale darin andünsten. Reis dazurühren und garen, bis er vom Fett überzogen ist. Weißwein und 3 EL Zitronensaft dazuschütten und unter Rühren verdampfen lassen. Jetzt die Hitze auf mittlere Stufe stellen und ein paar Schöpfer Brühe an den Reis geben. Brühe verdampfen lassen, dann immer wieder erneut einen Schöpfer Brühe dazugießen und jeweils verdampfen lassen. Den Risotto dabei häufig durchrühren und etwa 20 Min. offen garen, bis die Körner bissfest sind. Falls nötig, mehr Brühe oder Wasser dazugießen.

Den restlichen Knoblauch schälen, Petersilie waschen und trockenschütteln, die Blättchen abzupfen und mit dem Knoblauch und der übrigen Zitronenschale fein hacken. Diese Gremolata in ein kleines Schälchen füllen.

Übrige Butter schmelzen lassen, die Pinienkerne darin rundherum goldgelb braten. Mit der Butter und dem Käse unter den fertigen Reis rühren, Risotto mit Salz und Pfeffer abschmecken. Bei Tisch mit Gremolata bestreuen.

Rigatoni »Antica Caserta«

Nudeln mit Tomaten und Mozzarella

Zutaten für 4 Personen
Zubereitungszeit: 15 Min.
Pro Portion: 610 kcal

400 g Rigatoni
Salz
400 g Tomaten
1 großes Bund Basilikum
1 Kugel Büffelmozzarella (ca. 250 g)
4 EL Olivenöl
1 EL Kapern oder Oliven (nach Belieben)
schwarzer Pfeffer

Für die Nudeln reichlich Wasser zum Kochen bringen und salzen. Die Nudeln darin nach Packungsaufschrift al dente garen.

Inzwischen die Tomaten waschen oder häuten und in sehr kleine Würfel schneiden. Die Basilikumblättchen abzupfen und kleiner zupfen. Mozzarella abtropfen lassen und ebenfalls sehr klein würfeln.

Kurz bevor die Nudeln gar sind, das Öl erhitzen und die Tomaten darin schwenken. Nach Belieben Kapern oder Oliven untermischen. Mit Salz und Pfeffer abschmecken. Die Nudeln abgießen, mit Mozzarella und Basilikum unter die Tomatensauce mischen und zugedeckt noch einmal 1–2 Min. ziehen lassen. Heiß servieren.

TIPP

Wer mag, kann auch geschälte Auberginen in Würfeln im Öl anbraten und dann erst die Tomaten dazugeben.

Spaghetti alle vongole

Spaghetti mit Venusmuscheln

Zutaten für 4 Personen
Zubereitungszeit: 30 Min.
Pro Portion: 650 kcal

1 kg Venusmuscheln
1/4 l trockener Weißwein
1 großes Bund Petersilie
4 Knoblauchzehen
6 EL Olivenöl, 400 g Spaghetti
Salz, 2 TL Zitronensaft
schwarzer Pfeffer

Venusmuscheln kalt waschen. Geöffnete Muscheln aussortieren und wegwerfen. Den Wein in einem Topf zum Kochen bringen. Muscheln hineingeben, zugedeckt bei starker Hitze 5 Min. kochen. In ein Sieb abgießen, Sud auffangen und durch eine Filtertüte schütten. Geschlossene Muscheln wegwerfen.

Petersilie waschen, Blättchen fein hacken (1 EL davon beiseite legen). Knoblauch schälen und in feine Scheiben schneiden. Knoblauch und Petersilie kurz in 2 EL Öl braten. Muschelsud angießen und bei starker Hitze auf etwa die Hälfte einkochen lassen.

Gleichzeitig für die Nudeln reichlich Wasser zum Kochen bringen, salzen. Die Nudeln darin nach Packungsaufschrift al dente garen. Die Muscheln (bis auf ein paar zum Garnieren) aus den Schalen lösen und unter den Sud mischen. Wieder erhitzen und mit Zitronensaft, Salz und Pfeffer würzen.

Die Spaghetti abgießen und in einer vorgewärmten Schüssel mit dem Muschelsud, der übrigen Petersilie und dem übrigen Öl mischen. Sehr heiß servieren.

INFO

Pasta mit Venusmuscheln gibt es überall an den Küsten Italiens. In diesem Fall werden die Muscheln »in bianco«, also ohne Tomaten gegart.

Pasta con le triglie

Nudeln mit Rotbarben

Zutaten für 4 Personen
Zubereitungszeit: 25 Min.
Pro Portion: 660 kcal

400 g Rotbarbenfilets (vom Fischhändler vorbereitet)
Salz, schwarzer Pfeffer
2 EL Zitronensaft
1 Aubergine (ca. 200 g)
3 Tomaten
2 Knoblauchzehen
400 g dünne Bandnudeln oder Spaghetti
8 EL Olivenöl
1 Msp. getrockneter zerkrümelter Peperoncino (nach Belieben)
1/2 Bund Basilikum

Die Fischfilets kalt waschen, trockentupfen und mit Salz und Pfeffer würzen. Mit dem Zitronensaft beträufeln.

Die Aubergine schälen (das geht gut mit dem Kartoffelschäler) und erst in Scheiben, dann in knapp 1 cm breite Streifen schneiden. Die Tomaten waschen und sehr klein würfeln. Den Knoblauch schälen und fein hacken.

Für die Nudeln reichlich Wasser zum Kochen bringen und salzen. Die Nudeln darin nach Packungsaufschrift al dente kochen.

Schon während das Wasser heiß wird 6 EL Olivenöl erhitzen. Die Auberginenstreifen darin 2–3 Min. anbraten, wieder herausnehmen. Knoblauch und Tomaten dazugeben und etwa 5 Min. bei mittlerer Hitze garen. Die Auberginenstreifen wieder untermischen und mit Salz, Pfeffer und eventuell dem Peperoncino abschmecken.

Das übrige Öl in einer Pfanne heiß werden lassen. Fischfilets mit der Hautseite nach unten hineinlegen und bei mittlerer Hitze 3–4 Min. braten.

Die Nudeln abgießen und mit den Rotbarbenfilets und den Auberginenstreifen mischen. Basilikumblättchen abzupfen und darüber streuen.

Fisch und Nudeln passen ideal zusammen, schmecken aber nur ganz heiß richtig gut.

Wer nicht viel Zeit hat, *isst zum Meeresfrüchteragout al dente gekochte Spaghetti oder Bandnudeln. Die Raviolini lassen sich gut vorbereiten: schon am Tag vorher füllen und ausschneiden, dann trocknen lassen und dabei einmal wenden.*

Grundrezept Nudelteig

Zutaten:
300 g Mehl
2 Eier
1 EL Olivenöl
Salz

Für den Teig Mehl mit Eiern, Öl, 2–3 EL Wasser und 1 gestrichenen TL Salz verkneten. Falls der Teig zu trocken ist, noch etwas Wasser unterkneten. Den Teig zu einer Kugel formen, in ein Küchentuch wickeln und 30 Min. ruhen lassen.

Den Teig noch einmal durchkneten und in Portionen teilen. Entweder per Hand oder mit der Nudelmaschine zu möglichst dünnen Platten ausrollen.

Raviolini ai frutti di mare

Kleine Ravioli mit Meeresfrüchten

Zutaten für 4 Personen
Zubereitungszeit: 1 3/4 Std.
Pro Portion: 790 kcal

1 Portion Nudelteig (links)

Für die Füllung:
1 Dose gegarte Kichererbsen
(265 g Abtropfgewicht)
1 EL Olivenöl
1 kleiner getrockneter Peperoncino
Salz, schwarzer Pfeffer
2 TL Zitronensaft

Für das Meeresfrüchteragout:
300 g rohe Garnelenschwänze
(in der Schale)
1 kg Venusmuscheln
200 g Cocktailtomaten
4 Knoblauchzehen
1 Bund Petersilie oder Basilikum
1/8 l trockener Weißwein
Salz, schwarzer Pfeffer
2 EL Olivenöl

Nudelteig nach Grundrezept (links) zubereiten. Für die Füllung die Kichererbsen abtropfen lassen und mit dem Olivenöl und dem Peperoncino in der Küchenmaschine fein zerkleinern. Mit Salz, Pfeffer und dem Zitronensaft abschmecken.

Dünne Nudelplatten ausrollen und die Hälfte davon im Abstand von ca. 3 cm mit je 1/2 TL Füllung belegen. Die übrigen Teigplatten darüber klappen und den Teig zwischen der Füllung andrücken. Mit einem Teigrädchen kleine Ravioli ausschneiden.

Die Raviolini auf bemehlten Küchentüchern ausbreiten und trocknen lassen, bis das Meeresfrüchteragout fertig ist. Dafür die Garnelenschwänze aus den Schalen lösen. Den schwarzen Darm herauslösen. Die Muscheln waschen. Geöffnete Muscheln wegwerfen.

Tomaten waschen und halbieren. Knoblauch schälen und in feine Scheiben schneiden, Kräuter waschen und trockenschütteln. Blättchen abzupfen und fein hacken.

Den Weißwein mit 200 ml Wasser, Garnelenschalen, Tomaten, Knoblauch und gut der Hälfte der Kräuter zum Kochen bringen und 15 Min. zugedeckt kochen lassen. Sud durch ein Sieb passieren und wieder in den Topf füllen. Noch einmal kräftig aufkochen, Muscheln hineingeben und zugedeckt bei starker Hitze 5 Min. kochen. Muscheln abgießen und den Sud auffangen. Den Sud durch eine Filtertüte gießen und wieder in den Topf schütten. Bei starker Hitze etwas einkochen lassen, vorsichtig salzen und pfeffern. Ein paar Muscheln zum Garnieren beiseite legen, die übrigen aus den Schalen lösen.

Für die Raviolini reichlich Wasser zum Kochen bringen und salzen. Die Raviolini darin je nach Frische 3-5 Min. kochen. Inzwischen die Garnelenschwänze in den Sud geben und 1 Min. darin ziehen lassen. Muscheln untermischen und alles erhitzen. Öl untermischen.

Die Raviolini abtropfen lassen und in vorgewärmte Teller füllen. Übrige Kräuter unter die Meeresfrüchte mischen und diese mit dem Sud auf den Raviolini verteilen.

Wer eine Nudelmaschine hat, erleichtert sich die Arbeit enorm. Der Teig wird nur kurz geknetet und dann in der Nudelmaschine zuerst bei weitester Walzenöffnung verarbeitet. Die Teigplatte jeweils dreifach zusammenklappen und mit der offenen Seite voran durch die Walze drehen. Ist die Platte glatt, kann man die Walze enger stellen, schließlich die dünne Teigplatte zu Nudeln formen. Und diese ausgebreitet auf bemehlten Küchentüchern trocknen lassen. Ravioli schneidet man mit dem Teigrädchen ab und verschließt die Ränder mit den Zinken einer Gabel.

Pasta

Seit Generationen gut

Die Menschen von Gragnano in der Nähe von Neapel nehmen für sich in Anspruch, dass gerade dort Pasta zuerst in großem Stil, also auch für den Verkauf und nicht nur für den Hausgebrauch, gemacht wurde.

Als Beweis führen sie ins Feld, dass es hier im 19. Jahrhundert 20 Mühlen gab und etwa 70 Betriebe, die sich allein der Pastaherstellung widmeten. Die Bedingungen waren außerdem einfach ideal für die Pastaherstellung: viel Sonne und Wind zum Trocknen der Nudelspezialitäten, die damals alle Makkaroni hießen. Die Bourbonen, die in jener Zeit in Neapel regierten, ließen sogar Eisenbahnschienen bis nach Gragnano legen, um die Versorgung mit Makkaroni auch in der Hauptstadt zu sichern. Und dass sie dort besonders beliebt waren, wusste schon Johann Wolfgang von Goethe bei seiner Italienreise zu berichten. »Die Makkaroni, ein zarter, stark durchgearbeiteter, gekochter, in gewisse Gestalten gepresster Teig von feinem Mehl, sind von allen Sorten überall um ein geringes zu haben. Sie werden meist nur in Wasser abgekocht, und der geriebene Käse schmälzt und würzt zugleich die Schüssel.« Notiert er am 29. Mai 1787. Übrigens fischte man zu dieser Zeit die heißen Nudeln einfach mit den Fingern aus der Schüssel und ließ sie sich sogar auf der Straße schmecken.

Die Pastamacher in Minori behaupten, dass die Herstellung dieses überall beliebten Lebensmittels in ihrem Städtchen eine längere Tradition hat als in Gragnano. Und dass die Teigwaren hier auch viel besser werden, weil Minori näher am Meer liegt und die Winde zum Trocknen der Pasta dadurch salzhaltiger sind. Dass Nudeln langsam trocknen, ist übrigens ganz entscheidend für ihren Geschmack, auch in der industriellen Herstellung.

Wir bewundern in Minori ausgezeichnete Nudelspezialitäten im »Il Pastaio«. Der Padrone Antonio Ruocco verwendet nur Mehl, Wasser und Salz für seine Pasta, macht auch die N'dunderi, die älteste Pasta der Gegend, noch per Hand. Übrigens findet am ersten Wochenende im September im ganzen Ort ein gastronomisches Fest statt. Dann kann man sich selbst davon überzeugen, wie gut die Produkte dieser Gegend sind.

Und wer nach Gragnano kommt, sollte einmal zu »Pastai Gragnanesi« gehen. Dort (Via G. della Rocca 20) kann man ebenfalls köstliche, traditionell hergestellte Pasta erstehen.

Zitronenaroma überall: Kampanien duftet und das Essen schmeckt danach. Und so erhalten auch die Ravioli eine feine Ricottafüllung mit Zitrusnote.

Ravioli al limone

Teigtaschen mit Ricotta-Zitronenfüllung

Pasta gibt es in den meisten Familien mindestens einmal am Tag, gefüllte Nudeln sind aber immer noch etwas Besonderes.

Zutaten für 4 Personen
Zubereitungszeit: 1 3/4 Std.
Pro Portion: 650 kcal

Für den Teig:
300 g Mehl, 2 Eier
1 EL Olivenöl, Salz

Für die Füllung:
1 1/2 unbehandelte Zitronen
300 g frische Ricotta, 1 Ei
50 g frisch geriebener Pecorino oder Parmesan
2 EL Limoncello (nach Belieben)
Salz, schwarzer Pfeffer

Zum Servieren:
1 Bund frische Minze
80 g Butter
frisch geriebener Pecorino oder Parmesan zum Bestreuen

Für den Teig Mehl mit Eiern, Öl und 1 gestrichenen TL Salz verkneten. Eventuell etwas Wasser hinzufügen. Den Teig in ein Tuch wickeln und 30 Min. ruhen lassen.

Für die Füllung die Zitronen heiß waschen und abtrocknen, die Schale fein abreiben. Die Ricotta mit der Zitronenschale, dem Ei, dem Käse und eventuell dem Limoncello verrühren, salzen und pfeffern.

Teig noch einmal durchkneten und in Portionen teilen. Entweder per Hand oder mit der Nudelmaschine zu dünnen Platten ausrollen. Die Hälfte davon im Abstand von 4 cm mit 1 TL Füllung belegen. Die übrigen Platten darüber klappen und zwischen der Füllung andrücken. Mit einem Teigrädchen Ravioli ausschneiden. Auf Küchentüchern ausbreiten und eventuell etwas trocknen lassen.

Reichlich Wasser zum Kochen bringen. Die Minze waschen, die Blättchen etwas kleiner zupfen. Das Wasser salzen, die Ravioli hineingeben und je nach Frische 3–4 Min. darin kochen lassen.

Zum Servieren Butter schmelzen. Etwas Minze darin zusammenfallen lassen. Ravioli abtropfen lassen, auf vorgewärmte Teller verteilen und mit frischer Minze bestreuen. Die Minzbutter darauf verteilen. Den Käse extra dazu reichen.

Wo Mozzarella gemacht wird, *kann man auch Ricotta kaufen.*

Der Frischkäse wird aus der Molke gemacht, die bei der Mozzarella-Herstellung übrig bleibt. Man kocht sie, gibt ein Gerinnungsmittel dazu, das restliche Milcheiweiß flockt aus, wird abgeschöpft und in Behälter gefüllt. Nach dem Abtropfen ist die Ricotta fertig.

Gnocchi di ricotta al sugo di salsicce

Zu Gnocchi di ricotta passen als Antipasti Bruschette alle cipolline (Seite 67) und Pomodori in insalata (Seite 23), als Dessert Granita di limone (Seite 202).

Ricottanockerl mit Wurstragout

Zutaten für 4 Personen
Zubereitungszeit: 50 Min.
Pro Portion: 790 kcal

Für die Gnocchi:
500 g frische Ricotta
4 Eigelbe
Salz, schwarzer Pfeffer
1 Prise geriebene Muskatnuss
100 g frisch geriebener Pecorino oder Parmesan
100 g Mehl

Für den Sugo:
1 Zwiebel
2 Knoblauchzehen
4 Zweige frische Kräuter (Rosmarin, Oregano, Thymian und/oder Salbei)
2 kleine Stangen Staudensellerie
1 Möhre
3 frische Salsicce (Schweinewürstchen, am besten mit Fenchel gewürzt, ca. 300 g)
2 EL Olivenöl
1 Dose geschälte Tomaten (oder 400 g frische Tomaten in kleinen Würfeln)
1/8 l Rotwein
Salz, schwarzer Pfeffer

Zum Servieren:
frisch geriebener Pecorino zum Bestreuen

Ricotta mit Eigelben glatt verrühren, mit Salz, Pfeffer und Muskat abschmecken. Den Käse mit dem Mehl mischen und unterrühren. Ricottateig 30 Min. ruhen lassen.

Inzwischen für den Sugo Zwiebel und Knoblauch schälen und fein würfeln. Kräuter waschen, trockenschütteln und grob zerkleinern. Sellerie waschen und putzen, Möhre schälen. Beides sehr fein würfeln. Die Wurst in kleinen Stücken aus der Haut drücken.

Öl erhitzen. Zwiebel, Knoblauch, Gemüse und Kräuter darin andünsten. Wurststücke kurz mitbraten. Tomaten in der Dose kleiner schneiden, mit dem Saft und dem Wein in den Topf schütten. Alles bei schwacher Hitze offen 30 Min. leicht kochen lassen, salzen und pfeffern.

Inzwischen in einem großen Topf reichlich Wasser zum Kochen bringen und salzen. Von der Ricottamasse mit zwei angefeuchteten Teelöffeln Klößchen abstechen. Klößchen in das leise siedende Wasser gleiten lassen. Den Deckel halb auflegen und die Gnocchi 10 Min. ziehen lassen. Dann mit dem Schaumlöffel aus dem Wasser heben und in vorgewärmte Teller füllen. Sugo darauf verteilen. Käse dazu reichen.

TIPP

Büffelricotta kann man bei uns leider nicht kaufen. Aber im italienischen Spezialitätengeschäft bekommen Sie offene Ricotta aus Kuh- oder Schafmilch, die meist besser schmeckt als die im Plastikbecher. Statt mit Wurstsugo schmecken die Gnocchi übrigens auch mit simplem Tomatensugo sehr gut.

Ungewöhnlich für Kartoffelgerichte:
Der Gattò di patate schmeckt auch kalt.

Die Parmigiana *steht auch in Sizilien auf der Karte, und in Apulien haben wir erfahren, dass sie dort ihren Ursprung haben soll. Kalabrien nimmt für sich in Anspruch, die meisten Auberginenrezepte zu haben. Wir stellen die Parmigiana hier in Kampanien vor, denn von hierher stammt die Mozzarella, wichtige Zutat in dem überall beliebten Auberginenauflauf.*

Gattò di patate

Kartoffelauflauf

Zutaten für 4-6 Personen
Zubereitungszeit: 45 Min.
Backzeit: 40 Min.
Pro Portion (bei 6): 580 kcal

1 kg vorwiegend fest kochende Kartoffeln
Salz, 1 Bund Petersilie
100 g roh geräucherter Schinken oder Salami
100 g Butter, 250 g Mozzarella
100 g Provolone (nach Belieben geräuchert)
100 g frisch geriebener Parmesan
3 Eier, 50 ml Milch
schwarzer Pfeffer, 30 g Semmelbrösel

Die Kartoffeln waschen und in der Schale in Salzwasser weich kochen. Etwas ausdämpfen lassen, schälen und durch die Kartoffelpresse drücken. Leicht abkühlen lassen.

Inzwischen die Petersilie waschen und trockenschütteln. Die Blättchen abzupfen und fein hacken. Den Schinken oder die Salami in kleine Würfel schneiden. Von der Butter ein Stück zum Belegen beiseite legen, den Rest klein würfeln. Mozzarella und Provolone in Scheiben schneiden.

Die Kartoffelmasse mit Petersilie, Schinken oder Salami, gewürfelter Butter, Parmesan, Eiern und Milch zu einem geschmeidigen Teig verrühren, mit Salz und Pfeffer würzen.

Den Backofen auf 180° vorheizen. Eine feuerfeste Form mit etwas Butter ausstreichen, ein Drittel der Kartoffelmasse darin verteilen, mit der Hälfte von Mozzarella und Provolone belegen, mit einem weiteren Drittel bestreichen. Wieder Käse und restliche Kartoffelmasse darauf verteilen. Auflauf gleichmäßig mit den Semmelbröseln bestreuen, mit der restlichen Butter in kleinen Stücken belegen.

Den Auflauf im heißen Ofen (Mitte, Umluft 160°) 40 Min. backen, bis er schön gebräunt ist. Vor dem Servieren 15 Min. ruhen lassen, dann in Stücke schneiden.

TIPP

Wer möchte, legt zusätzlich halbierte Cocktailtomaten auf den Auflauf.

Parmigiana di melanzane

Auberginengratin

Zutaten für 4 Personen
Zubereitungszeit: 45 Min.
Backzeit: 30 Min.
Pro Portion: 440 kcal

750 g Auberginen
Salz
600 g Tomaten
2 Knoblauchzehen
10 EL Olivenöl
1 TL getrocknete italienische Kräuter
schwarzer Pfeffer
1 Bund Basilikum
1 Kugel Büffelmozzarella
oder 2 Beutel Mozzarella (ca. 250 g)
Mehl zum Wenden
2 EL frisch geriebener Parmesan

Die Auberginen waschen, putzen und der Länge nach in ca. 1 cm dicke Scheiben schneiden. Mit Salz bestreuen und kurz ziehen lassen.

Inzwischen die Tomaten waschen und sehr klein würfeln. Den Knoblauch schälen und hacken. Die Tomaten mit dem Knoblauch, 2 EL Öl und den getrockneten Kräutern in einem Topf zum Kochen bringen und offen bei mittlerer Hitze in 10–15 Min. einkochen lassen. Mit Salz und Pfeffer abschmecken.

Die Basilikumblättchen von den Stielen zupfen und kleiner zupfen. Mozzarella in Scheiben schneiden. Die Auberginenscheiben trockentupfen und in Mehl wenden. Überschüssiges Mehl abklopfen. Die Auberginen in 3 Portionen in jeweils 2 EL Öl von beiden Seiten braun braten. Herausnehmen und pfeffern. Den Backofen auf 180° vorheizen.

Auberginen, Tomatensauce und Mozzarella lagenweise in eine feuerfeste Form schichten, dabei jeweils etwas Basilikum dazwischen verteilen. Den Parmesan darüber streuen, restliches Öl darüber träufeln. Den Auflauf im heißen Ofen (Mitte, Umluft 160°) 30 Min. backen. Lauwarm oder kalt servieren.

Ein einfaches Gericht, *das seinen Ursprung bei den Fischern hat. Sie haben die kleineren Fische des Tagesfanges direkt auf dem Schiff (la paranza) in einem Topf mit Meereswasser, Knoblauch und Tomaten gekocht. Ob sich die Bezeichnung »acqua pazza« – verrücktes Wasser – aus dem Wort »paranza« abgeleitet hat oder ob man die Fischer einfach für verrückt hielt, weil sie den Fisch direkt auf dem Schiff garten, konnten wir nicht herausfinden.*

Fein: Zu den Pesce all' acqua pazza als Primo Ravioli al limone (Seite 33) und als Dessert Babà al rhum (Seite 49) servieren.

Pesce all' acqua pazza

Fisch in Tomatensugo

Zutaten für 4 Personen
Zubereitungszeit: 30 Min.
Pro Portion: 590 kcal

800 g Meeresfischfilets (z.B. Rotbarben, Schwertfisch, frischer Tunfisch, Makrele oder auch Sardinen)
300 g Cocktailtomaten
4 Knoblauchzehen
2 kleine getrocknete Peperoncini
4 Stängel Petersilie
Salz (am besten Meersalz)
schwarzer Pfeffer
12 Scheiben Weißbrot
4 EL Olivenöl

Fischfilets kalt waschen und trockentupfen. Die Tomaten waschen und halbieren, den Knoblauch schälen und ebenfalls halbieren. Peperoncini leicht andrücken. Petersilie waschen und trockenschütteln. Blättchen abzupfen, Stiele aufbewahren.

1/2 l Wasser mit Tomaten, Knoblauch, Peperoncini und Petersilienstielen in einem weiten Topf zum Kochen bringen. Mit Salz abschmecken und 4–6 Min. leicht kochen lassen. Fischfilets mit Salz und Pfeffer würzen, in den Sud legen und zugedeckt 7–10 Min. darin ziehen lassen.

Inzwischen die Petersilienblättchen fein hacken. Die Brotscheiben von beiden Seiten im Öl anrösten. Die Fischfilets mit der Petersilie bestreuen und mit dem Brot servieren.

TIPP

Als wir dieses Gericht im Ristorante »Nonna Rosa« in Vico Equense serviert bekamen, gab es dazu ein lockeres Vollkornbrot mit feiner Anisnote – eine perfekte Kombination. Für das Brot 500 g Mehl (300 g Vollkorn, 200 g helles Mehl) mit 2 TL angedrückten Anissamen und 2 TL Salz mischen. 1 Würfel frische Hefe mit 300 ml lauwarmem Wasser verrühren und zum Mehl schütten. Alles zu einem glatten Teig verkneten und 1 Std. gehen lassen. Den Backofen auf 200° vorheizen. Den Teig zu einem Laib formen und auf ein geöltes und mit Mehl bestäubtes Backblech legen. Mit Wasser bepinseln und im heißen Ofen (Mitte, Umluft 180°) etwa 30 Min. backen.

Pesce al forno

Fisch aus dem Ofen

Zutaten für 4 Personen
Zubereitungszeit: 35 Min.
Backzeit: 15–45 Min.
Pro Portion: 370 kcal

2–4 kleinere Fische oder 1 großer (ca. 1 kg)
Salz, schwarzer Pfeffer
1 Zweig frischer Rosmarin
4 Zweige frischer Oregano
1/2 Bund Petersilie
2 Knoblauchzehen, 2 EL kleine Kapern
80 g schwarze Oliven (am besten ohne Stein), 4 EL Olivenöl
2 unbehandelte Zitronen
1/8 l trockener Weißwein

Fische waschen und eventuell schuppen. Abtrocknen und mit Salz und Pfeffer würzen.

Den Backofen auf 200° vorheizen. Die Kräuter waschen und sehr fein hacken. Knoblauch schälen und mit den Kapern ebenfalls hacken. Oliven – falls nötig – entsteinen und hacken. Alle diese Zutaten mit dem Öl mischen. Fische mit einem Teil davon füllen.

Fische in eine feuerfeste Form legen. 1 Zitrone in Schnitze teilen. Die andere Zitrone auspressen. Saft mit dem Wein mischen und in die Form gießen. Die übrige Kräutermischung auf den Fischen verteilen. Fische in den heißen Ofen (Mitte, Umluft 180°) schieben und je nach Größe 15–45 Min. braten (etwa 15 Min. für kleine Fische wie Rotbarben, etwa 45 Min. für große). Mit dem Sud und den Zitronenschnitzen servieren.

TIPP

Statt ganzer Fische können Sie auch Filets nehmen. Sie brauchen ca. 800 g. Filets je nach Dicke 10–15 Min. im Ofen backen.

Sgombri al finocchio

Makrelen mit Fenchel

Zutaten für 4 Personen
Zubereitungszeit: 25 Min.
Pro Portion: 480 kcal

8 Makrelenfilets (je ca. 85 g) ohne Haut
Salz, schwarzer Pfeffer
1 unbehandelte Zitrone
650 g Fenchelknollen
6 EL Olivenöl

Die Makrelenfilets trockentupfen und mit Salz und Pfeffer würzen. Die Zitrone heiß waschen und abtrocknen, die Hälfte der Schale fein abreiben, den Saft auspressen. 1 EL Saft über die Fischfilets träufeln.

Den Fenchel waschen und putzen. Den Fenchel in hauchdünne Scheiben schneiden und mit wenig Salzwasser in einen Topf geben. Zugedeckt bei mittlerer Hitze 5 Min. dünsten, bis der Fenchel bissfest ist.

Gleichzeitig in einer Pfanne 2 EL Olivenöl erhitzen. Die Fischfilets darin bei starker bis mittlerer Hitze pro Seite etwa 3 Min. braten. Zwischen zwei Tellern im Backofen bei 70° warm halten.

Den Bratfond mit 2–3 EL Zitronensaft und 5 EL Fenchelsud ablöschen. Etwas einkochen lassen. Das restliche Öl mit dem Schneebesen unterschlagen und die Sauce mit Zitronenschale und nach Belieben etwas Saft, Salz und Pfeffer abschmecken.

Fenchel abtropfen lassen und auf vorgewärmten Tellern verteilen. Die Fischfilets darauf geben und mit der Zitronensauce beträufeln. Sofort servieren. Dazu schmeckt Brot am besten.

Makrele hat ein sehr würziges Fleisch, das gut mit der herben Säure der Zitrone harmoniert.

Alla pizzaiola – auf Art der Pizzabäcker – heißt ein Gericht, wenn Tomatensauce mit im Spiel ist, ähnlich wie die auf der Pizza. Gut schmeckt der Tomatensugo auch zu Lamm- oder Schweinekoteletts, aber auch zu kräftigem Fisch.

Der Süden Italiens *ist reich an Pilzen, gibt es hier doch viele Wälder und Berge. Zwar gestehen selbst manche Süditaliener, dass ihre Steinpilze nicht ganz so aromatisch schmecken wie die aus der Toskana oder aus Umbrien, aber köstlich sind sie allemal. Und in jedem Fall ein Grund, die Pilzsaison so richtig zu genießen. Mit diesem Kalbsbraten beispielsweise, den wir in Bagno Irpino kennen gelernt haben.*

Bistecche alla pizzaiola

Rinderscheiben mit Tomatensugo

Zutaten für 4 Personen
Zubereitungszeit: 35 Min.
Pro Portion: 370 kcal

4 Scheiben Rindfleisch zum Kurzbraten
(je ca. 180 g, am besten Lende)
600 g Tomaten
2 Knoblauchzehen
1/2 Bund frischer Oregano oder Thymian
4 EL Olivenöl
Salz, schwarzer Pfeffer
1/8 l trockener Rotwein

Das Fleisch mit dem Handballen etwas flacher drücken, trockentupfen. Die Tomaten waschen und sehr klein würfeln, Stielansätze dabei herausschneiden. Knoblauch schälen und in dünne Scheiben schneiden. Oregano waschen, abzupfen und fein hacken.

Das Öl in einer Pfanne erhitzen. Die Rindfleischscheiben darin bei starker Hitze von jeder Seite 1–2 Min. kräftig anbraten, herausnehmen, salzen, pfeffern und zwischen zwei Tellern warm halten.

Knoblauch im Öl kurz andünsten. Tomaten und Wein dazuschütten. Oregano untermischen und alles bei schwacher bis mittlerer Hitze unter gelegentlichem Rühren in 10–15 Min. leicht einkochen lassen.

Tomatensugo salzen und pfeffern, das Fleisch darauf legen und in etwa 5 Min. wieder erhitzen.

Brasato di vitello ai funghi

Kalbsbraten mit Pilzen

Zutaten für 4–6 Personen
Einweichzeit: 30 Min.
Zubereitungszeit: 30 Min.
Garzeit: 1 1/2 Std.
Pro Portion (bei 6): 280 kcal

25 g getrocknete Steinpilze
1 kg Kalbsbraten ohne Knochen
Salz, schwarzer Pfeffer
6 EL Olivenöl
4 Zweige frische Kräuter (Rosmarin oder Salbei)
3/8 l trockener Weißwein
400 g frische Pilze (am besten Steinpilze)
2 Knoblauchzehen
1 Bund Petersilie

Die getrockneten Steinpilze in 1/4 l lauwarmem Wasser 30 Min. quellen lassen. Abtropfen lassen und klein schneiden. Das Einweichwasser durch eine Filtertüte gießen.

Den Backofen auf 150° vorheizen. Braten trockentupfen, salzen und pfeffern. In einer großen Pfanne 3 EL Öl erhitzen. Den Braten darin kräftig anbraten, dann in die Fettpfanne des Backofens legen. Die eingeweichten Pilze und die Kräuterzweige dazugeben, das Einweichwasser und erst einmal 1/4 l Wein angießen. Den Braten im Ofen (unten, Umluft 130°) 1 1/2 Std. braten, dabei immer mal wieder mit dem Bratfond begießen. Eventuell noch etwas Wein angießen.

Nach gut 1 Std. Garzeit die frischen Pilze putzen und in Scheiben schneiden. Knoblauch schälen und in feine Scheiben schneiden. Die Petersilie waschen und fein hacken. Die Pilze im übrigen Öl unter Rühren 10 Min. braten. Knoblauch und Petersilie untermischen, kurz weiterschmoren.

Den Braten in Alufolie wickeln und 10 Min. ruhen lassen. Die Sauce zu den Pilzen gießen und alles mit Salz und Pfeffer abschmecken. Den Braten in Scheiben schneiden und mit der Pilzsauce servieren.

Ischia ist *keine Insel der Fischer, sondern eine der Bauern. Viele Einheimische halten Hühner oder haben einen »fosso di coniglio«. In dieser Kaninchengrube leben die Tiere halbwild, sie können sich Höhlen und Gänge bauen. Gerichte mit Geflügel und Kaninchen haben eine größere Tradition als solche mit Fisch, sind echte Spezialitäten der Insel.*

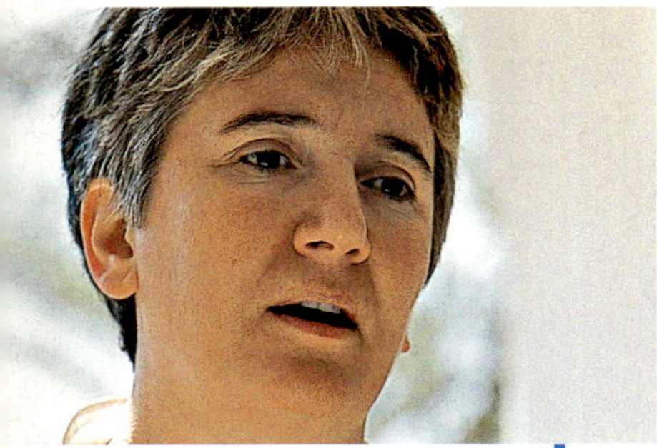

Ein paar wunderschöne Stunden haben wir auf Ischia im Ristorante »Il Melograno« verbracht. Libera Mazzella (Bild unten) steht am Herd, ihr Mann Giovanni ist für den Wein zuständig und hilft auch beim Bedienen.

Coniglio all'ischitana

Geschmortes Kaninchen

Zutaten für 4–6 Personen
Zubereitungszeit: 20 Min.
Schmorzeit: 50 Min.
Pro Portion (bei 6): 520 kcal

1 Kaninchen (vom Händler in 10–12 Stücke teilen lassen)
1 große Zwiebel
je 1/2 Bund Thymian, Oregano und Petersilie
einige Salbeiblätter (nach Belieben)
6 EL Olivenöl
200 ml trockener Weißwein (am besten aus Ischia)
Salz, schwarzer Pfeffer
200 g Cocktailtomaten (nach Belieben)

Kaninchenstücke mit einem feuchten Tuch abreiben, damit keine Knochensplitter mehr daran haften. Zwiebel schälen, halbieren und in feine Streifen schneiden. Kräuter waschen, trockenschütteln und von den Stielen zupfen. Stiele aber nicht wegwerfen.

Öl in einem großen Schmortopf erhitzen. Kaninchenstücke darin rundherum leicht anbraten. Die Hälfte vom Wein dazuschütten, die Kräuterstiele und Zwiebelstreifen in den Topf geben und alles mit Salz und Pfeffer würzen. Kaninchen zugedeckt bei schwacher Hitze 25 Min. schmoren.

Kräuter dazugeben, den übrigen Wein dazugießen. Deckel wieder auflegen und die Kaninchenstücke weitere 25 Min. schmoren. Wer die Tomaten verwenden will, wäscht sie und gibt sie 10–15 Min. vor Ende der Garzeit mit in den Topf. Das geschmorte Kaninchen mit Weißbrot servieren.

TIPP

Damit das Kaninchen nicht trocken wird, sollte man es immer in kleine Stücke teilen. Das Fleisch nimmt dann genügend von der Garflüssigkeit an.

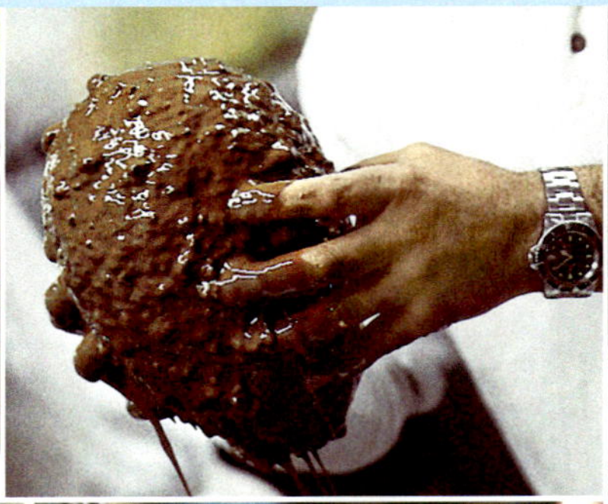

Vor Ostern arbeiten alle Mitarbeiter von »Dolce idea« mehr als sonst. Kleine und große Eier werden mit flüssiger Schokolade überzogen und dann mit fein gehackten Haselnüssen oder Pistazien bestreut.

Frisch und hausgemacht schmecken Pralinen nochmal so gut

Schokolade

Eine süße Idee

Schon wenn man am Anfang steht, stutzt man, zieht doch ein ganz besonderer Duft durch die Via Solitaria. Man kommt nicht gleich drauf, doch bald wird es zur Gewissheit – es kann nur Schokolade sein.

Schon stehen wir in Neapel vor einer der kleinsten Schokoladenfabriken der Welt: »Dolce idea« – süße Idee – heißt der Kleinbetrieb. Laden und Produktionsstätte liegen sich in der engen Gasse direkt gegenüber.

Besitzer Gennaro Bottone, ein echter »maestro cioccolataio«, erzählt uns stolz von den zahlreichen Preisen, die er für seine Schokolade und seine Pralinen bekommen hat. Seine Visitenkarte ziert eine Kakaopflanze, und um sie dreht sich alles bei diesem Geschäft: Je mehr Kakao eine Schokolade enthält, desto feiner ist sie. Gesetzlich vorgeschrieben ist ein Anteil von 8 %, hochwertig ist eine Schokolade mit 35 %. Die erlesenen Schokoladespezialitäten von Dolce idea bringen es auf 80 %.

Die dunkle Schokolade »fondente« enthält neben Kakao auch noch Kakaobutter und Zucker, die Milchschokolade »cioccolato al latte« zusätzlich Milch. Weiße Schokolade »cioccolato bianco« stellt Gennaro Bottone nur aus Kakaobutter, Milch und Zucker her.

Den Kakao, den er verwendet, bezieht er aus Holland, denn dort verkauft man in ganz Europa die beste Qualität, meist stammt er aus Costa Rica. Kakao wird aus den getrockneten Samen eines immergrünen Baumes hergestellt. Wahrscheinlich liegt sein Ursprung im Amazonasgebiet, heute gedeiht der Baum in allen tropischen Gebieten. Die Kakaobohne galt früher als heilig und war so wertvoll, dass man sie auch als Zahlungsmittel einsetzte. Teuer und den Reichen vorbehalten blieb sie auch in Europa lange Zeit. Zu Beginn des 19. Jahrhunderts galt Italien als das Land, das die beste Schokolade herstellte. Der berühmte Schweizer Schokoladenmacher Cailler soll sein Handwerk in Turin erlernt haben.

Beste Schokolade wie die des »maestro cioccolataio« hat auch heute noch ihren Preis. Signore Bottones Tipp, um Qualität zu erkennen: Steht der Kakao in der Zutatenliste an letzter Stelle, enthält die Schokolade mit Sicherheit nur den Mussanteil, dafür aber Zusatzstoffe wie Kokosöl und andere Fette.

So reichhaltig die Vitrine, so vielfältig die Geschmäcker.

Echte Schokofans essen auch gern Auberginen mit Schokolade.

Melanzane fritte con cioccolata

Frittierte Auberginen mit Schokoladensauce

Das Dessert kommt nicht aus Neapel, sondern von der Amalfiküste. Zugegeben, die Kombination von Gemüse und Schokolade klingt ein bisschen seltsam, basiert aber auf einem sehr alten Rezept und schmeckt köstlich.

Zutaten für 4 Personen
Zubereitungszeit: 1 Std.
Kühlzeit: mind. 24 Std.
Pro Portion: 350 kcal

2 Auberginen (ca. 500 g)
1/4 l Olivenöl zum Frittieren
1 unbehandelte Zitrone
1/2 l Milch
1 winzige Prise gemahlener Chili
50 g ungesüßtes Kakaopulver
50 g Bitterschokolade in Stücken
120 g Zucker
3 EL Pinienkerne
Puderzucker zum Bestäuben

Auberginen waschen und putzen, dann längs in dünne Scheiben schneiden. Das Öl in einem Topf erhitzen. Die Auberginenscheiben darin nacheinander von beiden Seiten goldbraun frittieren. Auberginen nach dem Frittieren zwischen Küchenpapier gut pressen, um das überschüssige Fett zu entfernen.

Für die Schokoladensauce die Zitrone heiß waschen und abtrocknen. Die Hälfte der Schale fein abreiben. Mit Milch, Chili, Kakaopulver, den Schokoladestückchen und dem Zucker in einem Topf unter Rühren erhitzen, bis die Schokolade schmilzt. Dann bei mittlerer Hitze 15 Min. leicht kochen lassen, bis die Sauce dickflüssig wird.

Die Auberginenscheiben nach und nach durch die Schokoladensauce ziehen und in eine eckige Form schichten. Übrige Sauce darüber verteilen, Auberginen mindestens 24 Std. im Kühlschrank durchziehen lassen. Zum Servieren Pinienkerne rösten. Von den Auberginen Portionen abschneiden (wie bei Tiramisu), auf einen Teller geben und mit Pinienkernen bestreuen. Mit Puderzucker bestäubt als Dessert servieren.

Sein Ursprung liegt in Frankreich und in Polen. Wahrscheinlich hat ein Schweizer den Babà nach Napoli gebracht. Heute zählt er dort zu den heimischen Spezialitäten. Und sagt ein Neapolitaner »Tu si nu babà« – du bist ein Babà –, so ist das ein Riesenkompliment.

Früher gab es *die Pastiera nur zur Osterzeit. Vor allem die Weizenkörner symbolisieren Neuanfang und Wiedergeburt. Ursprünglich wurde sie nur mit Weizen und Ricotta, ganz ohne Eier gemacht. Um Zeit zu sparen, nehmen heute manche Kuchenbäcker vorgekochten Weizen aus dem Glas oder aus der Dose. Lassen Sie sich davon besser nicht inspirieren.*

Babà al rhum

Hefekuchen mit Rumsirup

Zutaten für eine Napfkuchen- oder Savarinform
Zubereitungszeit: 40 Min.
Ruhezeit: 1 Std. + 1/2 Std.
Backzeit: 45 Min.
Pro Stück (bei 12): 300 kcal

Für den Kuchen:
250 g Mehl (+ Mehl für die Form)
1 EL Zucker, 20 g frische Hefe
100 g weiche Butter (+ Butter für die Form)
1 Prise Salz
abgeriebene Schale von 1 unbehandelten Orange
5 Eier

Für den Sirup:
250 g Zucker, 1/4 l Rum
Saft von 1 großen Orange

Für den Kuchen das Mehl mit dem Zucker mischen. Die Hefe zerkrümeln und mit wenig lauwarmem Wasser und 1 EL Mehl verrühren. Zugedeckt 15 Min. stehen lassen.

Inzwischen die Butter schaumig schlagen, Salz und Orangenschale unterrühren. Die Eier nach und nach unterrühren, jeweils so lange, bis keine Eispuren mehr zu sehen sind. Das Mehl portionsweise unterrühren, zum Schluss auch die aufgegangene Hefe. Den Teig zugedeckt an einem warmen Ort 1 Std. gehen lassen, bis sich sein Volumen verdoppelt hat.

Die Form mit Butter ausstreichen und mit Mehl ausstäuben. Den Teig hineinfüllen und noch einmal 15–30 Min. gehen lassen. Den Backofen auf 180° vorheizen.

Den Kuchen im heißen Ofen (unten, Umluft 160°) 45 Min. backen, bis er aufgegangen und gebräunt ist. Stäbchenprobe machen! Inzwischen für den Sirup den Zucker mit 1/2 l Wasser zum Kochen bringen und bei mittlerer Hitze 20–25 Min. kochen lassen, bis die Masse dickflüssig wird. Den Rum und den Orangensaft untermischen.

Kuchen aus dem Ofen nehmen, mit einem Stäbchen mehrmals einstechen und noch heiß in der Form mit dem Rumsirup tränken. Den Kuchen erkalten lassen, dann vorsichtig stürzen und in Scheiben schneiden. Er schmeckt besonders gut mit Eis und/oder Schlagsahne.

Pastiera

Neapolitanischer Osterkuchen

Zutaten für eine Springform von 28 cm Ø
Quellzeit: 3 Tage
Garzeit: 2 Std.
Zubereitungszeit: 40 Min.
Backzeit: 50 Min.
Pro Stück (bei 6): 340 kcal

Für die Füllung:
130 g Weizenkörner, 1 unbehandelte Zitrone
gut 1/2 l Milch, 1 Stück Zimtstange
1 Päckchen Vanillezucker, 5 Eier
100 g kandierte Früchte (z. B. Orangen, Quitten)
1 unbehandelte Orange
150 g Zucker, 500 g frische Ricotta
50 ml Orangenblütenwasser (aus der Apotheke)

Für den Teig:
300 g Mehl, 100 g Zucker
150 g kalte Butter, 2 Eigelbe, Salz

Für die Füllung den Weizen in eine Schüssel füllen, mit reichlich Wasser bedecken und 3 Tage quellen lassen.

Zitrone heiß waschen, Schale dünn abschälen. Weizen mit Zitronenschale, Milch, Zimt und Vanillezucker zugedeckt bei schwacher Hitze in 2 Std. weich kochen. Dabei immer wieder durchrühren und bei Bedarf Wasser nachgießen. Abkühlen lassen. Zimt und Zitronenschale entfernen.

Für den Teig Mehl mit Zucker, Butter, Eigelben, 1 Prise Salz und 2 EL eiskaltem Wasser verkneten, zu einer Kugel formen, in Folie packen und 1 Std. kühl stellen.

Eier trennen. Kandierte Früchte fein würfeln. Orange heiß waschen und abtrocknen. Die Schale fein abreiben. Eiweiße steif schlagen. Eigelbe mit Zucker schaumig schlagen, Ricotta löffelweise kräftig untermixen. Orangenblütenwasser, kandierte Früchte, Orangenschale und Weizen unterrühren.

Drei Viertel vom Teig rund ausrollen. Springform damit auskleiden. Übrigen Teig ausrollen, in Streifen schneiden.

Den Backofen auf 180° vorheizen. Eischnee unter die Ricottafüllung heben, auf dem Teigboden verstreichen. Die Teigstreifen gitterförmig darauf legen. Osterkuchen im heißen Ofen (Mitte, Umluft 160°) 50 Min. backen.

Torta all'arancia

Orangenkuchen

Zutaten für 1 Springform von 28 cm Ø
Zubereitungszeit: 45 Min.
Backzeit: 55 Min.
Pro Stück (bei 16): 220 kcal

Für den Teig:
220 g Mehl, Salz, 50 g Zucker
110 g kalte Butter, 1 Eigelb
Pergamentpapier und Hülsenfrüchte zum Blindbacken

Für den Belag:
4 Orangen (2 davon unbehandelt)
4 kandierte Orangenscheiben (ca. 70 g)
4 Eier, 100 g Zucker
2 EL Orangenlikör, 150 g Sahne
2–3 EL Pinienkerne, 2 EL Puderzucker

Für den Teig Mehl mit 1 Prise Salz, Zucker, Butter und Eigelb zu einem glatten Teig verkneten. Teig rund ausrollen, Springform damit auskleiden, 1 Std. kühl stellen.

2 unbehandelte Orangen heiß abwaschen und abtrocknen. Die Schale fein abreiben. 1 Orange auspressen. Kandierte Orangen würfeln.

Den Backofen auf 180° vorheizen. Den Teig mit Pergamentpapier belegen und mit Hülsenfrüchten beschweren. Im heißen Ofen (Mitte, Umluft 160°) 10 Min. vorbacken.

Inzwischen Eier mit Zucker, Orangensaft und -likör schaumig rühren. Sahne steif schlagen und mit Orangenschale und kandierten Orangen unterheben. Hülsenfrüchte und Papier vom Teig nehmen, Eiermasse darauf schütten. Kuchen bei 160° (Mitte, Umluft 140°) 45 Min. backen, bis die Masse fest ist. Abkühlen lassen.

Übrige Orangen filetieren, auf den Kuchen legen, die Pinienkerne darauf streuen, den Puderzucker darüber sieben. Kuchen für 1–2 Min. unter die heißen Grillschlangen schieben, bis der Zucker karamellisiert.

Limoncello

Zitronenlikör

Zutaten für gut 2 l
Zubereitungszeit: 1 Std.
Ruhezeiten: 1 Woche + 2 Tage

8 größere unbehandelte Zitronen
700 ml Doppelkorn (38 %)
200 ml Alkohol (70 %, aus der Apotheke)
900 g Zucker

Die Zitronen heiß waschen und abtrocknen. Die Schale dünn abschneiden. Dabei nur die gelbe, nichts von der weißen Schale abschneiden, denn die schmeckt bitter.

Die Zitronenschalen mit dem Doppelkorn und dem Alkohol mischen. Alles zugedeckt 1 Woche durchziehen lassen.

Dann 900 ml Wasser mit dem Zucker zum Kochen bringen und offen 10 Min. kochen. Die Zitronenschalen aus dem Alkohol fischen und in den Sirup geben. 1–2 Tage darin ziehen lassen. Den Alkohol gut verschlossen aufbewahren.

Danach die Schalen entfernen. Alkohol und Sirup mischen und den Likör in Flaschen füllen. Gut verschlossen und kühl lagern.

Wer heute in Sorrento durch die Straßen flaniert, hat den Eindruck, dass viele der kulinarischen Besonderheiten der wundervollen Küste gerade hier entstanden sind. Doch beim Limoncello ist es wohl anders gewesen – in Sorrento wuchsen nämlich in früheren Zeiten hauptsächlich Orangen- und Haselnussbäume. Zitronenbäume aber gab es damals schon lange an der Amalfiküste, z.B. in Minori. Grund genug, zu glauben, dass der Limoncello dort erfunden wurde.

Apulien
Fruchtbare Vielfalt

Olivenbäume – soweit das Auge reicht: junge, die im Sonnenlicht zart und silbrig glitzern, alte, knorrige Persönlichkeiten – Skulpturen gleich –, denen man ihr langes Leben auf beeindruckende Weise ansieht. Anhalten möchte man, ein paar Schritte tun, es sich schließlich unter einem der Bäume bequem machen. Und ihn bitten, eine lange Geschichte zu erzählen.

Puglia
madre dell' olio

Olivenbäume prägen das Bild Apuliens.

Vielleicht könnte er berichten von den vielen fremden Völkern, die begehrlich nach Apulien gegriffen haben und teils Schlechtes, teils Gutes brachten, von Friedrich II., der vielleicht einst hier vorbeigeritten ist, mit seinem Falken, bereit zur Jagd oder auf dem Weg zu einem seiner Kastelle. Oder auch einfach nur von den unterschiedlichen Landstrichen dieser vielfältigen Region.

Besonders groß ist Apulien ja nicht, aber lang und ziemlich flach für den Süden Italiens. Reichlich Küste haben Absatz und Sporn des italienischen Stiefels – fast 800 Kilometer. Der flache Tavoliere, nach der Po-Ebene die größte Ebene Italiens, hatte schon in der Antike Bedeutung, war er doch schon damals die Kornkammer des ganzen Landes. Auch heute wächst hier noch viel Getreide, inzwischen baut man aber auch Tomaten und anderes Gemüse an. In der Murge gedeihen Oliven, Wein, Gemüse und Obst, vor allem die Kirschen schmecken hier köstlich. Und im Salento, der südlichen Halbinsel, gibt es außer Oliven den ganzen Winter über Artischocken – vor allem rund um Brindisi kann man sich daran satt sehen – und auch anderes Gemüse, Wein und sogar Tabak.

Castel del Monte – die Krone Apuliens

Schon von weitem sieht man auf der Anhöhe einen imposanten Komplex. Fast zu modern wirkt er aus der Entfernung, aber schließlich gibt es keinen Zweifel mehr: Es muss Castel del Monte sein, das beeindruckende Gebäude aus Kalksandstein, das je nach Tageszeit und -licht gelblich, weiß oder sogar rosa schimmert.

Ganz frei thront das Kastell, das fast ein Wahrzeichen Apuliens ist, über der weiten Landschaft der Murge. Achteckig und an jeder Ecke von wiederum achteckigen Türmen flankiert, ist der Bau einfach einzigartig.

Ob Friedrich II. es als Schloss für die Falkenjagd oder als Demonstration seiner kaiserlichen Macht erbauen ließ, kann niemand sicher sagen. Große Räume und die für damalige Zeiten luxuriösen sanitären Anlagen weisen darauf hin, dass Castel del Monte durchaus als Aufenthaltsort für den Kaiser gedacht war. Dort gelebt hat er aber wohl nicht.

Friedrich II. (geboren 1194 in Jesi und gestorben 1250 in Fiorentino bei Lucera) war ein Kaiser mit vielfältigen Interessen: Architektur, Mathematik, Astrologie, Musik und Literatur interessierten ihn ebenso wie fremde Länder und ihre Bewohner. Zahlreiche Bauten hat er in Apulien und anderen süditalienischen Regionen hinterlassen, Castel del Monte gilt als das größte Meisterwerk. Astronomische, geometrische und mathematische Zusammenhänge sollen beim Bau eine Rolle gespielt haben. So wirft die Sonne beispielsweise bei jedem Wechsel in ein anderes Tierkreiszeichen ihren Schatten an einer ganz bestimmten Stelle. Unser Tipp: Unbedingt Zeit einplanen für eine Reise in die Vergangenheit!

Trulli – Häuser mit Charakter

Unser nächster Weg führt uns ins Itria-Tal zu einer weiteren Attraktion Apuliens: rote Erde, das silbrige Grün der Olivenbäume, blauer Himmel und dazwischen weiße Häuschen mit schiefergraunen Dächern – ein schönes Bild, einzigartig in Italien.

Die kleinen Häuschen werden Trulli genannt. Und so ein typischer Trullo ist rund oder eckig und hat meterdicke Mauern aus massiven Steinen. Wurde das Gebäude früher nur als Stall genutzt, bestand es aus einem einzigen Raum. Wohnte eine ganze Familie darin, gab es häufig mehrere Räume, jeder hatte ein eigenes Dach. Und vor allem das macht den besonderen Reiz der Trulli aus. Die runden Dächer laufen spitz zu und sind ganz ohne Mörtel aufgebaut. Flache Steine liegen aufeinander, jede Reihe etwas nach innen versetzt.

Fenster gab es früher nicht im Trullo – zusammen mit dem weißen Anstrich ergab diese Tatsache optimale Bedingungen für die heißen

An den Stränden Apuliens kann man manchmal Traber beim Training beobachten.

Von den zahlreichen Kastellen, die Friedrich II. in Apulien bauen ließ, ist Castel del Monte sicher das beeindruckendste.

Die weiße Stadt wird sie genannt, und tatsächlich präsentieren sich nur die Kirchen in Ostuni in einem anderen Farbgewand.

Mal flach, manchmal steinig, mal felsig und mit wunderschönen Buchten – das ist die Küste Apuliens. Und überall mit traumhaften Plätzen gesegnet, wo man sich gern niederlässt – wie hier in Porto Badisco.

Sandfarbener Kalkstein und barocke Baukunst prägen das Bild der Provinzstadt Lecce.

Jeder Trullo hat einen anderen Abschlussstein auf dem Dach – je nach Erbauer des Steinhäuschens.

Früher waren es große Güter, auf denen Landwirtschaft betrieben wurde. Heute werden viele der »masserie« zu teils noblen Herbergen umgebaut. Dort – wie hier auf der »Masseria Spagnuolo« – findet man Ruhe in romantischer Atmosphäre.

Außen wie innen ein Juwel: die Kathedrale Santa Maria Annunziata von Ótranto.

Überall entlang der Küste zeugen ehemalige Wehrtürme – einst 365, heute noch 85 – von den vielen Angriffen, denen Apulien jahrhundertelang ausgesetzt war.

Gemächliche Stunden mit Freunden und natürlich viel Genuss, das lieben wir an Süditalien. Das gemeinsame Essen zählt in Apulien noch immer sehr viel. Die Geschäfte sind sogar im Winter mindestens von ein Uhr bis vier Uhr geschlossen, und von zwei bis vier sollte man auch niemanden zu Hause anrufen, wenn man nicht sehr unhöflich sein will. Der Grund: »Pancia piena cerca riposo« – ein voller Bauch braucht Ruhe.

Sommer, denn im Inneren der Häuschen blieb es auch bei großer Hitze angenehm kühl.
Die meisten der pittoresken Häuschen stehen in Alberobello. Wer allerdings dort eintrifft, findet alles vor – außer einer idyllischen und beschaulichen Atmosphäre. Stattdessen in jedem Trullo einen anderen Laden, mit Andenken, Kunst oder Spezialitäten der Region. Und geschäftstüchtige Menschen, die einen in das einzige originalgetreue Trullo führen oder den besten Wein der Gegend anbieten möchten. Für viele Grund genug, kehrtzumachen und sich eins der wundersamen Häuschen woanders anzusehen, schließlich gibt es in der Umgebung eine ganze Menge davon.
Wir wollen in Alberobello noch wissen, welchen Ursprung die Trulli haben. Gehört haben wir schon, dass die Bauweise aus dem Mittleren Orient stammen soll und durch frühere Einwanderer nach Apulien kam. Eine andere These geht davon aus, dass die Trulli Weiterentwicklungen antiker Strohhütten und Baumhäuser waren.
Hier in Alberobello erfahren wir eine dritte Geschichte: Die Trulli waren so gebaut, dass ein Stein über dem Eingang das ganze Dach zum Einsturz bringen konnte. Ein solcher Radikalabbau war nötig, wenn der Steuereintreiber des Weges kam. Steuern bezahlte man nämlich nur für alle überdachten Räume. Kontrolliert wurde alle fünf bis sechs Jahre, so dass sich für die Steuerersparnis der Einsturz durchaus lohnte. War der unliebsame Besucher weitergezogen, wurde das Dach einfach neu aufgebaut, bis zum nächsten Mal. »Se non è vero, e ben' trovato«, denken wir. Wenn diese Geschichte also nicht stimmt, ist sie zumindest gut ausgedacht.

Im Mittelpunkt: Gemüse

Die landwirtschaftliche Vielfalt der Region zeigt sich auch in der Küche Apuliens. Die Hauptzutaten wie Getreide, Gemüse und Hülsenfrüchte sind zwar einfach, und viele Gerichte stammen aus der Küche der Armen, aber an Abwechslungsreichtum und Fantasie kann es die Küche in Apulien mit vielen anderen im Land problemlos aufnehmen.
Wo so viel Getreide angebaut wird, backt man natürlich auch fantastisches Brot, in vielen köstlichen Varianten. Und bei der Pasta gibt es eine ganz besondere Spezialität: Die Orecchiette, die die Form kleiner Öhrchen haben, werden noch immer handgemacht. Sie sind auf einer Seite aufgeraut, so haftet die Sauce besonders gut.
In keiner anderen Region Italiens, auch Süditaliens, haben wir so oft als Primo Gemüse serviert bekommen. Und sogar nach dem Essen wurde uns in einer Familie einmal roher Fenchel angeboten. Wer wollte, tauchte ihn in frisches Olivenöl und knabberte ihn so. Ungewöhnlich, aber auch ebenso erfrischend nach dem Essen!

Dolce far niente – das fällt in Lecce gar nicht schwer. Auf dem Weg zur Arbeit einen »caffè« genießen und vielleicht auch eine Brioche. Und irgendwann am Tag einfach mit der Zeitung in der Sonne sitzen. Da stört nicht einmal der forschende Blick der steinernen Dame.

Apulien und sein *flüssiges Gold*

Ein Olivenbaum liebt Sonne, im Sommer auch hohe Temperaturen, in den kälteren Monaten des Jahres ausreichend Regen und möglichst auch ein paar frostige Tage. Denn Kälte, wenn sie nicht zu stark ist und nur kurz dauert, stärkt seine Widerstandskraft.

Zwei Arme umfassen den Baum ganz fest, rütteln ihn kurz, aber heftig. Daneben steht ein Mann mit einem langen Stock und schlägt leicht auf die Äste des Baums ein. Es ist November, Olivenernte in Apulien. Die Arme gehören einer Maschine, die heutzutage auf vielen modernen Plantagen die Oliven von den Bäumen schüttelt. Der Mann unterstützt sie dabei, damit möglichst keine Frucht am Baum hängen bleibt.
Auf dem Boden sind – wie eh und je – Netze ausgebreitet. Darin werden die Oliven gesammelt, so dass sie später leichter abtransportiert werden können. Und die Netze dienen auch zum Schutz der empfindlichen Früchte: So fallen sie weicher und werden nicht so schmutzig. Denn Oliven wollen pfleglich behandelt werden, damit sie gutes Öl hervorbringen.
Ideal wäre es, wenn die Oliven zum richtigen Zeitpunkt per Hand gepflückt und noch am selben Tag in die Presse gebracht würden. Dann

Ob per Hand gepflückt, geschüttelt oder heruntergeschlagen: Aufgefangen werden die Oliven immer in Netzen. Wie mühsam die Ölgewinnung in früheren Zeiten war, kann man in unterirdischen Mühlen (Bild rechts) noch heute sehen. Im Salento soll es früher um die 1800 davon gegeben haben, heute findet man noch etwa 80.

nämlich wären sie kaum verletzt, und die Pflücker könnten die schlechten oder zu reifen Früchte gleich aussortieren. Doch solche Handarbeit hat ihren Preis. Und schon rund ums Jahr braucht ein Olivenbaum aufwändige (und damit kostspielige) Pflege: Man muss ihn zuschneiden, damit genügend Sonne an die Zweige kommt, und alle wilden Triebe entfernen. Man muss die Erde rund um den Stamm lockern, damit der Baum genügend Nährstoffe aufnehmen kann. Und die Ausbeute ist nicht riesig, für einen Liter bestes Öl braucht man in der Regel mindestens 5 kg Oliven. Per Hand gepflückt wird in Hanglagen, wo man Maschinen gar nicht einsetzen kann, und in Betrieben, die sehr hochwertige und damit auch teure Olivenöle herstellen.

Ernte zur richtigen Zeit

Zählte früher vor allem die Quantität – immerhin kamen und kommen 40 Prozent der italienischen Olivenölproduktion aus Apulien –, setzt man heute

Bauern, die nur wenige Bäume besitzen, pflücken meist per Hand, unterstützt von der ganzen Familie.

Natürlich sind an jedem Baum Früchte unterschiedlicher Reife – schließlich haben manche Zweige mehr Sonne abbekommen als andere.

In der Ölmühle laufen die Oliven über ein Band, werden verlesen, von den Zweigen befreit und gewaschen. Ein paar Blätter stören nicht, sie können mitgemahlen werden.

zunehmend auch in größeren Betrieben auf Qualität. Um ein hochwertiges Öl mit niedrigem Säuregehalt zu bekommen, kann man nicht darauf warten, dass die Oliven so reif sind, dass sie – wie früher oft üblich – von selbst vom Baum fallen. Denn zu diesem Zeitpunkt liegt ihr Säuregehalt oft bei über 3 g pro 100 g Öl. Die Oliven müssen früher geerntet werden. Der richtige Zeitpunkt ist erreicht, wenn sich ihre Farbe langsam von Grün zu Violett ändert, sie also zweifarbig ist. Sie jetzt herunterzuschlagen hat aber den Nachteil, dass dabei viele der Früchte verletzt werden. Und jede Beschädigung führt dazu, dass der Gärungsprozess in Gang kommt und sich Säure bildet. Das kann auch bei zu langer Lagerung geschehen, z. B. durch Insektenstiche oder das Eigengewicht der Oliven.

So züchtet man heute vielerorts Bäume, die nicht so groß werden, damit man sie gut mit Hilfe der Rüttelmaschinen abernten kann, bevorzugt solche, die jedes Jahr tragen. Die meisten Sorten haben nämlich von Natur aus einen Zwei-Jahres-Rhythmus – liefern ein Jahr viele, ein Jahr weniger Früchte. Außerdem nimmt man heute hauptsächlich Sorten, deren Früchte nicht zu klein sind und im Verhältnis zum Stein ausreichend Fruchtfleisch haben. Zusätzlich lässt man die Bäume nicht mehr so alt werden. Denn dann wird der Stamm so dick und stabil, dass man nicht mehr schütteln kann. Ohnehin hat ein Baum seinen besten Ertrag zwischen dem 20. und 40. Lebensjahr. Eine kurze Spanne, wenn man bedenkt, dass die Bäume bis zu 500 Jahre und älter werden können.

Gute Öle werden in der Regel aus verschiedenen Olivensorten gemacht. Und die wachsen dann auch schon gemeinsam in einem Hain. Eine der bekanntesten Sorten Apuliens ist die »Coratina«, die allerdings ziemlich bitter schmeckt, so dass sie selten allein verwendet wird. Ausgleich bringen unter anderen die robuste und fruchtige »Frantoio«, die milden Sorten »Leccino« und »Olivastro« sowie regionale Oliven wie etwa die feine »Cima di Bitonto« oder die »Oliarola«.

In der Ölmühle

Die Methode, aus den prallen Früchten goldenes Öl zu gewinnen, hat sich im Laufe der Jahrtausende nicht sehr verändert, mit der Ausnahme, dass früher vieles von Mensch und Tier gemacht werden musste, was heute moderne Maschinen übernehmen. Zuerst wurden und werden die Oliven von Zweigen befreit und gründlich gewaschen, dann mit Hilfe großer Mahlsteine aus Granit mitsamt den Olivensteinen zu einem festen Brei zermahlen. Dieser Brei kommt auf Matten, die gepresst werden. Das Öl und das Fruchtwasser der Oliven sammeln sich dabei und müssen nun noch voneinander getrennt werden. Als es noch keine Zentrifugen gab, wartete man einfach ab, bis sich Wasser und Öl voneinander trennten und man das leichtere Öl oben abschöpfen konnte. Heute wird diese Methode nur mehr ganz selten angewandt.

Nach einer anderen Methode (Sinolea) macht man sich beim Trennen von Öl und Fruchtwasser das unterschiedliche Gewicht der beiden zunutze. Zum Schluss gibt es nur noch eine Restzentrifugierung. Wie die Ölgewinnung in einer modernen Anlage vonstatten geht, sehen wir in Martano in der Ölmühle der Fratelli Turi. Aldo Turi führt uns durch die Anlage: Hier laufen die verlesenen und gewaschenen Oliven über ein Förderband in die Zerkleinerungsanlage. Darin werden die Oliven schneller zerkleinert als früher. Das hat den Vorteil, dass der Olivenbrei nicht so lange der Luft ausgesetzt wird, aber auch einen Nachteil: Die sekundären Pflanzenstoffe, also Farb-, Aroma- und Duftstoffe, bleiben nicht ganz so gut erhalten – die traditionellen Methoden sind da schonender. Man muss Wasser dazugeben, damit die Enzyme in der kürzeren Zerkleinerungszeit besser aufgeschlossen werden. Wichtig ist in jedem Fall, dass das Wasser nicht zu warm ist. In der Regel kommt diese Mischung anschließend in die Zentrifuge, die Öl und Fruchtwasser voneinander trennt.

Danach kann das Öl abgefüllt werden. Da viele Verbraucher ein klares Öl vorziehen, wird es meist noch gefiltert, also von allen trüben Bestandteilen befreit. Wird das nicht gemacht, bleibt das Öl zunächst trüb, wird aber nach einigen Monaten trotzdem fast klar und es setzt sich auf dem Boden der Flasche ein bräunlicher Satz ab. Da Trübheit vielfach auch als Qualitätsmerkmal angepriesen wird, greifen manche Betriebe zu einem Trick: Sie setzen dem Öl Emulgatoren oder Wasser zu und es bleibt dadurch trüb. Der Verbraucher erkennt solche Täuschung an einem weißen Bodensatz.

In jeder Kiste liegt ein Zettel, auf dem der Besitzer der kostbaren Ernte vermerkt ist. Und dieser Zettel wandert bei jedem Produktionsschritt mit.

Um festzustellen, welcher Güteklasse das Öl zuzuordnen ist, wird es von Fachleuten nach Geschmack, Farbe, Geruch und Säuregehalt beurteilt.

Öl mit Klasse

»Natives Olivenöl extra« darf laut Europäischer Union einen Säuregehalt von höchstens 1 g je 100 g (ab November 2003 nur mehr 0,8 g) haben, bei dem Öl mit der Bezeichnung »Natives Olivenöl« darf der Säuregehalt die 2-g-Grenze nicht übersteigen. Öle, die beide Grenzwerte überschreiten, müssen raffiniert werden. Heraus kommt ein ziemlich neutrales Öl, das mit Nativem Olivenöl gemischt wird, damit es überhaupt nach Olivenöl schmeckt. Verkauft wird es unter der schlichten Bezeichnung »Olivenöl«.

Noch etwas ist wichtig: Nicht jedes Öl, das als italienisches Öl verkauft wird, stammt auch wirklich aus Italien. Innerhalb der EU ist der Markt ziemlich frei und auch aus Nicht-EU-Ländern wird zugekauft. So kann es passieren, dass das apulische Öl, das man gekauft hat, z. T. aus Griechenland oder Spanien kommt. Wer das verhindern möchte, muss das Etikett genau lesen. Darauf sollte stehen: »produziert und abgefüllt in Apulien«. Noch besser sind Öle mit geschützter Ursprungsbezeichnung (DOP). Steht nur »abgefüllt in Italien« auf der Flasche, also »imbottigliato in Italia«, kann vieles dahinter stecken.

Wo man gutes Öl kaufen kann, wollen wir von Mühlenbesitzer Aldo Turi wissen. Er gibt uns einen Tipp: Einfach bei jeder Gelegenheit, in jedem Restaurant z. B., vom angebotenen Öl probieren, am besten auf einem Stück Weißbrot, dann schmeckt es am reinsten. Und fragen, wo es herkommt. So findet man am besten das Öl, das einem zusagt und das man vielleicht mit nach Hause nehmen mag. Und dort sollte man es täglich auf den Tisch stellen. Denn nicht nur Aldo Turi weiß, wie gesund Olivenöl ist. Es enthält bis zu 80 Prozent einfach ungesättigte Fettsäuren, die den Cholesterinspiegel günstig beeinflussen. Und ist durch diese Fettsäuren auch ein sehr stabiles Fett, das man sehr gut hoch erhitzen kann. Bietet außerdem Vitamine, sekundäre Pflanzenstoffe, Mineralstoffe und Spurenelemente. Schließlich leiden die Menschen in seiner Region nicht ohne Grund seltener an Herz- und Kreislauferkrankungen.

Unterirdisch

Dass die Ölgewinnung in Apulien eine lange Tradition hat – die Griechen, die die Oliven über Sizilien auch auf dem Festland heimisch gemacht haben, kamen bereits im 8. Jahrhundert nach Apulien – kann man in unterirdischen Ölmühlen sehen.

In den Mühlen unter der Erde wurden nicht nur die Oliven verarbeitet, sondern die Arbeiter wohnten und schliefen auch da. Keine leichte Arbeit – durchaus mit Minenarbeit zu vergleichen. Besitzer der Mühlen waren private Feudalherren und Landbesitzer, die ihre Mühlen vielfach verpachtet haben – gegen die Pacht von 40 Prozent des Ertrages. Das Öl wurde in Lederbeuteln nach Gallipoli transportiert, von wo aus es nach ganz Europa gebracht wurde – zur Seifenherstellung und als Brennstoff für Lampen. In Gallipoli wurde auch alljährlich der Ölpreis festgelegt, traditionell am 6. Dezember.

In die Ölmühlen – viele davon gehören übrigens Genossenschaften – werden Oliven von unterschiedlicher Qualität geliefert. Wer sein eigenes Öl presst, bringt seine Oliven meist persönlich in die Mühle, geht bei jedem Arbeitsschritt mit, um sicherzustellen, dass am Ende auch wirklich das eigene Öl in den Kanister läuft. Was der Olivenbauer selbst nicht braucht, bleibt für die Genossenschaft oder wird der Mühle verkauft. So kommen oft viele verschiedene Olivensorten und -qualitäten zusammen, die dann ein Öl ergeben.

Große Mahlsteine aus Granit oder Metallschwingräder in speziellen Maschinen zerkleinern die Oliven mitsamt den Steinen zu einem feinen Brei.

Frisches ungefiltertes Öl ist noch trüb und duftet einfach köstlich.

Gleich nach dem Zentrifugieren wird das flüssige Gold in Flaschen abgefüllt. Damit der Käufer die Farbe sehen kann, sind diese oft aus hellem Glas. Stellen Sie das lichtempfindliche Öl zu Hause besser an einen dunklen Ort, beispielsweise in den Schrank.

Als kleine Happen gegen den ersten Hunger sind in Apulien – wie überall in Italien – geröstete Brotscheiben, Bruschette, beliebt, auch einfach zum Probieren des neuen Öls.

Taralli *sind knusprig wie Grissini und passen ideal zum Aperitif. Ähnlich macht man Friselle: Dafür werden Teigstücke wie flache Semmeln geformt, langsam gebacken, halbiert und noch mal gebacken. So werden sie lange haltbar und können leicht transportiert werden. Das war vor allem in früheren Zeiten wichtig für die Bauern, die in den Städten lebten und sich frühmorgens mit Karren und Esel auf den Weg zu den Feldern machten. Und mittags ein frugales Mahl zu sich nahmen, z. B. Taralli oder in Wasser getauchte Friselle mit Tomaten.*

Bruschette alle cipolline

Bruschette mit jungen Zwiebeln

Zutaten für 4 Personen
Zubereitungszeit: 25 Min.
Pro Portion: 285 kcal

2 Bund Frühlingszwiebeln
3 EL schwarze Oliven (am besten ohne Stein)
5 EL Olivenöl
Salz, schwarzer Pfeffer
12 Scheiben Weißbrot

Frühlingszwiebeln waschen, putzen und mit dem zarten Grün fein hacken. Oliven – falls nötig – entsteinen und klein würfeln. Beides mit dem Öl mischen, salzen und pfeffern.

Brotscheiben im Toaster oder im Ofen bei 250° (Umluft 230°) in knapp 5 Min. rösten. Zwiebelmischung darauf verteilen. Bruschette warm servieren, am besten mit kräftigem Rotwein, z.B. einem Primitivo.

Variante: Bruschetta salentina

1 kleine Paprikaschote waschen, putzen und in feine Streifen schneiden. 1 kleines Bund Rucola verlesen, waschen und trockenschütteln. 12 Brotscheiben rösten, mit halbiertem Knoblauch einreiben und mit ganz wenig Rotweinessig beträufeln. Paprika und Rucola darauf verteilen und mit Salz und Pfeffer würzen. Mit frischem Olivenöl beträufeln und servieren. Dazu schmecken Oliven und Stückchen von Pecorino.

Taralli

Teigkringel

Zutaten für ca. 140 Stück
Zubereitungszeit: 1 1/2 Std.
Ruhezeit: 2 Std.
Backzeit: 4 x 20 Min.
Pro Stück: 15 kcal

500 g Mehl
50 ml Olivenöl
50 ml Weißwein
Salz, 15 g frische Hefe
2 TL Fenchelsamen
4–5 getrocknete Peperoncini
Olivenöl oder Backpapier für das Blech

Das Mehl in eine Schüssel schütten. Das Öl mit dem Weißwein zum Kochen bringen, 1 gehäuften TL Salz hinzufügen. Diese Mischung zum Mehl geben und mit einem Löffel gut verrühren. Die Hefe zerkrümeln, in 150 ml Wasser anrühren und zum Mehl geben. Alles zu einem glatten, geschmeidigen Teig verkneten und zu einer Kugel formen. Den Teig zugedeckt 2 Std. gehen lassen.

Den Teig halbieren, unter eine Hälfte die Fenchelsamen kneten, unter die andere die zerkrümelten Peperoncini. Vom Teig kleine Stücke abnehmen, zu bleistiftdünnen Teigsträngen rollen, diese in ca. 9 cm lange Stücke teilen und zu Ringen zusammenlegen, die Enden gut zusammendrücken. Die Teigkringel auf ein Brett legen.

In einem weiten Topf Salzwasser zum Kochen bringen. Die Teigkringel portionsweise hineingeben und nur so lange darin lassen, bis sie auf den Boden sinken und wieder an die Oberfläche steigen. Mit dem Schaumlöffel wieder herausheben.

Wenn alle Taralli gekocht sind, den Backofen auf 200° (Umluft 180°) vorheizen. Ein Backblech einölen oder mit Backpapier belegen, Taralli darauf legen und im Ofen (Mitte) 20 Min. backen, bis sie knusprig sind. Abkühlen lassen und in Blechdosen oder Plastiktüten aufbewahren.

Gar nicht schwierig ist die Zubereitung von Hefeteig. Einfach die Hefe anrühren und mit den übrigen Zutaten mischen. Wichtig: ausreichend kneten und genügend Zeit zum Gehen geben. Wenn der Teig Blasen zeigt und schön hoch ist, ist er fertig.

Kornkammer Italiens war und ist Apulien. Weizen gedeiht hier besonders gut.

Apulisches Brot

Knusprige Vielfalt

Große Laibe gibt es und kleine, runde und ovale, Brot mit Kartoffeln im Teig, mit Oliven, manchmal auch eins mit Nüssen. Und jede Menge Focaccia. Die einfache mit Tomaten drauf ebenso wie die gefüllte.

Wie überall war wohl auch in Apulien der einfache Fladen, auf einem heißen Stein gebacken, der Ursprung von allem. Die Ägypter haben den gegärten Teig erfunden, mit dem sie ein lockeres Brot backen konnten, das länger haltbar war.

Nicht in jedem Haushalt stand früher ein Backofen. Aus Sicherheitsgründen war es in vielen apulischen Städten lange Zeit sogar verboten, sich einen anzuschaffen. So knetete und formte man daheim große Laibe, brachte den Teig ins öffentliche Backhaus und ließ ihn dort gegen eine geringe Gebühr backen. Damit man sein Brot nachher auch wieder erkennen konnte, markierte man es mit einem Buchstaben oder einem Siegel.

Wurde das Brot mal nicht aufgegessen, durfte man es keinesfalls wegwerfen – für die Älteren in Süditalien gilt das noch heute als große Sünde. Nein, man kochte eine Suppe damit, machte eine feine Bruschetta oder einfach Brösel.

Um nichts verderben zu lassen, knetete man auch das übrige Gemüse vom Vortag, Oliven, Nüsse oder Lampascioni unter den Brotteig. Aus der Not geboren erfand so mancher Bäcker die feinsten Brotspezialitäten.

Das Brot in Apulien muss gut aufgehen und soll eine dünne Kruste von schöner Farbe haben.

Ein prächtiges Meerfest feiert man in Bari alljährlich zu Ehren des heilige Nikolaus, der nicht nur hier als Schutzheiliger der Bäcker verehrt wird. Er war Bischof von Myra in Kleinasien, wo er auch starb. 1087 entwendeten Bareser Seeleute seine Gebeine und brachten sie nach Bari in Apulien. Dort errichtete man ihm eine Kirche – Basilika San Nicola – um seinen Gebeinen einen würdigen Ort zu geben. Einer Legende zufolge soll der heilige Nikolaus seine Gemeinde in Myra mit Getreide vor dem Hungertod errettet haben. 100 Scheffel des Getreides, das für den Transport nach Rom bereit stand, erbat er und versicherte durch sein Gebet, dass bei der Ankunft in Rom nichts vom Getreide fehlen würde. Es bewahrheitete sich, und der Heilige konnte seine Gemeinde über Jahre hinweg ernähren. Gefeiert wird nicht am 6. Dezember, sondern am 8. Mai. Denn an diesem Tag kamen die Gebeine an.

Schön locker und durch die Oliven besonders würzig sind die feinen Olivenbrötchen.

Panini alle olive

Olivenbrötchen

Die Panini kann man mit Käse oder Schinken belegen, besonders gut passen sie aber auch zu Antipasti.

Zutaten für 6–8 Brötchen
Zubereitungszeit: 20 Min.
Ruhezeiten: 1 Std. + 1/2 Std.
Backzeit: 20 Min.
Pro Stück (bei 8): 380 kcal

750 g Mehl (+ Mehl zum Bestäuben)
Salz
1 Würfel frische Hefe (42 g)
4 EL Olivenöl
100 g schwarze Oliven (am besten ohne Stein)
Backpapier oder Öl und Mehl fürs Blech

Das Mehl in eine Schüssel füllen, mit 2 TL Salz mischen. Die Hefe zerkrümeln und in 400 ml lauwarmem Wasser verrühren. Diese Mischung mit dem Olivenöl zum Mehl geben und alles zu einem glatten, geschmeidigen Teig kneten. Den Teig zu einer Kugel formen, mit einem Tuch abdecken und mindestens 1 Std. ruhen lassen.

Dann die Oliven nach Wunsch entsteinen und unter den Teig kneten. Den Teig in 6–8 Stücke schneiden und zu ovalen oder runden Brötchen formen. Mit Mehl bestäuben und noch einmal 15–30 Min. gehen lassen.

Den Backofen auf 200° (Umluft 180°) vorheizen. Ein Backblech mit Backpapier auslegen oder fetten und mit Mehl bestäuben. Die Brötchen darauf legen.

Etwas Wasser auf den Boden des heißen Ofens schütten. Das Blech mit den Brötchen in den Ofen (Mitte) schieben und die Brötchen 20 Min. backen. Abkühlen lassen.

Die Focaccia ai pomodorini am besten lauwarm anbieten, etwa als Imbiss zum Wein. Aber auch kalt schmeckt sie fein.

Focaccia rustica *ist meistens gefüllt, wird allerdings nicht immer aus einem Kartoffelteig zubereitet. Als Füllung verwendet man das, was man gerade zu Hause hat: So schmecken Gemüsereste vom Vortag darin ebenso gut wie verschiedene Käsesorten, Salami oder Schinken. Sie können den Focaccia-Teig auch mit Mehl zubereiten. Dazu das Teigrezept von Focaccia ai pomodorini einfach verdoppeln.*

Focaccia ai pomodorini

Fladen mit Cocktailtomaten

Zutaten für 4–6 Personen
Zubereitungszeit: 25 Min.
Ruhezeit: 1 Std.
Backzeit: 20 Min.
Pro Portion (bei 6): 350 kcal

400 g Mehl, Salz
20 g frische Hefe
6 EL Olivenöl
200 g Cocktailtomaten
2 EL Oliven
1 TL getrockneter Oregano
2 Knoblauchzehen (nach Belieben)
2 getrocknete Peperoncini (nach Belieben)

Das Mehl in eine Schüssel schütten, mit 2 TL Salz vermischen. Die Hefe zerkrümeln und in 200 ml lauwarmem Wasser anrühren. Mit 2 EL Olivenöl zum Mehl geben und alles gründlich zu einem glatten Teig verkneten. Falls er zu trocken ist, noch etwas Wasser unterarbeiten. Den Teig in eine Schüssel legen und zugedeckt 1 Std. gehen lassen.

Dann den Backofen auf 230° (Umluft 200°) vorheizen. Das Backblech mit Öl bepinseln. Den Teig noch einmal durchkneten und auf dem Backblech ca. 1 cm dick ausrollen. Der Fladen füllt das Backblech nicht ganz aus.

Die Tomaten waschen und halbieren. Die Oliven nach Wunsch entsteinen. Die Tomaten mit der Schnittseite nach oben und die Oliven mit jeweils ca. 2 cm Abstand voneinander auf dem Teig verteilen und leicht in den Teig drücken. Oregano zerkrümeln und darauf streuen. Nach Belieben den Knoblauch schälen und in feine Scheiben schneiden. Die Peperoncini zerkrümeln. Mit dem Knoblauch auf die Focaccia streuen und mit dem übrigen Öl beträufeln.

Die Focaccia im heißen Ofen (Mitte) 20 Min. backen, bis sie aufgegangen und leicht gebräunt ist. Dabei nach der Hälfte der Zeit die Tomaten mit einem Löffel noch etwas tiefer in den Teig drücken.

Focaccia rustica di patate

Gefüllter Fladen mit Kartoffeln

Zutaten für 6 Personen
Zubereitungszeit: 50 Min.
Backzeit: 40 Min.
Pro Portion: 545 kcal

Für den Teig:
1,5 kg mehlig kochende Kartoffeln
100 g Mehl, 100 g frisch geriebener Parmesan
100 g Semmelbrösel
2 Eier, Salz, schwarzer Pfeffer

Für die Füllung:
2 Zucchini, 1 kleine Aubergine, 4 rote Zwiebeln
4 EL Olivenöl + Olivenöl zum Bestreichen und Beträufeln, 3 Tomaten
100 g schwarze Oliven (am besten ohne Stein)
8–10 Sardellenfilets in Öl
1 EL Kapern, 1 TL getrockneter Oregano
1 getrockneter Peperoncino (nach Belieben)
50 g geriebener Parmesan, Salz

Für den Teig Kartoffeln in der Schale in Wasser weich kochen. Kartoffeln etwas ausdampfen lassen, noch heiß pellen und durch die Kartoffelpresse drücken. Leicht abkühlen lassen, dann mit Mehl, Parmesan, 50 g Semmelbröseln und Eiern mischen, salzen und pfeffern.

Für die Füllung Zucchini waschen und in Scheiben schneiden. Aubergine waschen und würfeln. Zwiebeln schälen und halbieren, in feine Streifen schneiden. Auberginenwürfel im Öl braten. Zucchini und Zwiebeln kurz mitbraten, in eine Schüssel füllen. Tomaten waschen und klein würfeln. Oliven – falls nötig – entsteinen und mit den Sardellen klein würfeln. Mit Kapern und Oregano zum Gemüse geben. Eventuell Peperoncino zerkrümeln und hinzufügen. Käse untermischen und die Mischung salzen.

Das Backblech mit Öl bepinseln. Backofen auf 220° vorheizen. Teig halbieren. Eine Hälfte mit bemehlten Händen auf dem Blech ausrollen. Füllung darauf verstreichen. Restlichen Teig auf Mehl (eventuell portionsweise) ausrollen, darauf legen und mit einer Gabel mehrmals einstechen. Mit restlichen Semmelbröseln bestreuen und mit Öl beträufeln. Im Ofen (Mitte, Umluft 200°) 40 Min. backen.

Frittierte Leckerbissen *wie Crocchette oder Carciofini werden in Süditalien gern als Snack zum »aperitivo« serviert. In Apulien können Sie auf jedem Fischmarkt bereits eingeweichten Baccalà kaufen, bei uns nur sehr selten. Hier zu Lande also schon zwei Tage vorher an die Bällchen denken und den Stockfisch selbst einweichen.*

Crocchette di baccalà

Stockfischbällchen

Zutaten für 4 Personen
Einweichzeit: 1–2 Tage
Zubereitungszeit: 40 Min.
Pro Portion: 650 kcal

1 Stück Baccalà (Stockfisch, ca. 350 g)
300 g mehlig kochende Kartoffeln
1 Bund Petersilie
4 Zweige frischer Oregano
2 Knoblauchzehen
1 getrockneter Peperoncino
2 Eier
1 EL Olivenöl + 3/4 l Olivenöl zum Frittieren
Salz, schwarzer Pfeffer
80 g Semmelbrösel
Zitronenschnitze zum Servieren

Den Baccalà mit kaltem Wasser bedecken. Fisch 1–2 Tage einweichen und dabei das Wasser häufig wechseln, damit möglichst viel Salz ausgeschwemmt wird.

Dann den Baccalà in frischem Wasser etwa 5 Min. kochen, abschrecken und abtropfen lassen. Die Kartoffeln waschen und in der Schale weich kochen. Etwas ausdämpfen lassen, pellen und durch die Kartoffelpresse drücken. Den Baccalà häuten, entgräten und fein zerkrümeln.

Die Kräuter waschen und trockenschütteln, die Blättchen abzupfen und sehr fein hacken. Den Knoblauch schälen und mit dem Peperoncino sehr fein zerkleinern.

Die Kartoffeln mit dem Baccalà, 1 Ei, den Kräutern und der Knoblauchmischung zu einem Teig verkneten. 1 EL Olivenöl untermischen und alles mit Salz (vorsichtig) und Pfeffer abschmecken. Aus der Masse tischtennisballgroße Kugeln formen. Das restliche Ei aufschlagen und leicht verquirlen. Die Bällchen erst im Ei, dann in den Semmelbröseln wälzen.

Das Öl zum Frittieren gut erhitzen. Die Bällchen darin portionsweise in 3–4 Min. rundherum schön knusprig frittieren. Auf Küchenpapier abfetten lassen, mit Zitronenschnitzen servieren.

Die knusprig frittierten Artischocken und Oliven schmecken gut zum Aperitif.

TIPP

Das Öl muss sehr heiß sein, damit sich die Bällchen nicht mit Fett vollsaugen. Zur Probe einen hölzernen Kochlöffelstiel ins heiße Öl halten. Wenn sich rasch viele kleine Bläschen bilden, ist das Fett heiß genug.

Fritto di carciofini e olive

Frittierte Artischocken und Oliven

Zutaten für 4 Personen
Zubereitungszeit: 45 Min.
Pro Portion: 470 kcal

100 g Mehl
Salz, schwarzer Pfeffer
2 Eier, 1/4 l trockener Weißwein
8 kleine Artischocken
Saft von 1 Zitrone
150 g große grüne Oliven ohne Stein und Füllung
6 Sardellenfilets in Öl
3/4 l Olivenöl zum Frittieren
Zitronenschnitze zum Servieren

Mehl mit 1 TL Salz und reichlich Pfeffer mischen. Die Eier und den Wein mit einem Schneebesen unterrühren. Der Teig soll geschmeidig, aber nicht zu flüssig sein.

Die Artischocken waschen, die äußeren Blätter großzügig entfernen, die Spitze und den Stiel abschneiden. Die Artischocken der Länge nach achteln und mit dem Zit-ronensaft mischen. Die Oliven abtropfen lassen. Die Sardellen in Stücke schneiden und in die Oliven verteilen.

Das Öl zum Frittieren gut erhitzen. Die Artischocken und Oliven portionsweise durch den Teig ziehen und nach und nach im heißen Öl in 3–4 Min. knusprig frittieren. Auf einer dicken Lage Küchenpapier abfetten lassen. Mit Zitronenschnitzen servieren.

Caviale di melanzane

Auberginenpüree

Zutaten für 4 Personen
Zubereitungszeit: 35 Min.
Kühlzeit: 2 Std.
Pro Portion: 175 kcal

2 Auberginen (ca. 700 g)
2 Zwiebeln, 6 EL Olivenöl, 2 Tomaten
1 getrockneter Peperoncino
3 EL Zitronensaft
Salz, schwarzer Pfeffer

Backofen auf 220° vorheizen. Auberginen waschen, mit einer Gabel mehrmals einstechen. Auf dem Blech im Ofen (Mitte, Umluft 200°) in 25–30 Min. weich backen.

Inzwischen Zwiebeln schälen, sehr fein hacken. In 1 EL Olivenöl bei mittlerer Hitze andünsten, dann bei schwacher Hitze in 15 Min. weich dünsten. Sie sollen nicht braun werden. Tomaten waschen und klein würfeln. Zu den Zwiebeln geben, 10 Min. weitergaren.

Auberginen aufschneiden. Fruchtfleisch mit einem Löffel von den Schalen kratzen und mit Peperoncino pürieren. Nach und nach restliches Olivenöl dazumixen. Zwiebelmischung unterrühren, alles mit Zitronensaft, Salz und Pfeffer abschmecken und mindestens 2 Std. kühl stellen.

Zum Servieren geröstete Weißbrotscheiben mit dem gekühlten Kaviar bestreichen, der in Apulien übrigens auch »caviale dei poveri« – Kaviar der Armen – genannt wird.

Zuppa di grano

Suppe mit Weizen und Frühlingszwiebeln

Zutaten für 4 Personen
Quellzeit: über Nacht
Garzeit: 1–1 1/2 Std.
Zubereitungszeit: 20 Min.
Pro Portion: 360 kcal

250 g Weizenkörner
2 große Bund Frühlingszwiebeln
200 g Tomaten
6 EL Olivenöl
Salz, schwarzer Pfeffer
2 getrocknete Peperoncini
2 Knoblauchzehen
Basilikumblättchen zum Garnieren
frisch geriebener Pecorino zum Bestreuen

Den Weizen mit Wasser bedeckt über Nacht quellen lassen.

Am nächsten Tag die Frühlingszwiebeln putzen, waschen und mit dem frischen Grün in Ringe schneiden. Die Tomaten waschen und fein würfeln.

2 EL Öl erhitzen, die Zwiebelringe darin andünsten. Die Tomaten hinzufügen und kurz mitdünsten. Den Weizen abtropfen lassen und mit 1 1/4 l frischem Wasser zu den Zwiebelringen geben. Mit Salz und Pfeffer abschmecken und zugedeckt bei schwacher Hitze 1–1 1/2 Std. leicht kochen lassen, bis die Körner weich sind.

Die Peperoncini zerkrümeln, den Knoblauch schälen und fein hacken. Das übrige Öl in einem Pfännchen erhitzen. Knoblauch und Peperoncini darin andünsten. Suppe abschmecken und in vorgewärmte Teller füllen. Mit etwas scharfem Öl und den Kräuterblättchen garnieren, mit dem Käse servieren.

Purea di fave

Bohnenpüree mit Gemüse

Zutaten für 4 Personen
Quellzeit: über Nacht
Garzeit: 1–1 1/2 Std.
Zubereitungszeit: 30 Min.
Pro Portion: 460 kcal

400 g getrocknete dicke Bohnen
800 g Zichorie, Mangold oder Löwenzahn
Salz, schwarzer Pfeffer
4 EL Olivenöl

Die dicken Bohnen in einer Schüssel mit reichlich Wasser bedecken und über Nacht quellen lassen. Dann die dickere äußere Schale entfernen.

Dicke Bohnen in einen Topf füllen und etwa 1 fingerbreit Wasser darüber füllen. Zum Kochen bringen und zugedeckt bei mittlerer Hitze 1–1 1/2 Std. kochen, bis die Bohnen fast zerfallen.

Zichorie, Mangold oder Löwenzahn waschen und putzen. In einem Topf Salzwasser zum Kochen bringen. Gemüse darin zugedeckt 5–6 Min. kochen.

Inzwischen Bohnen mit dem Kochlöffel sehr kräftig durchrühren, bis ein Püree daraus wird. Wenn es nicht glatt wird, mit dem Pürierstab nachhelfen. Püree mit Salz und Pfeffer abschmecken.

Gemüse abgießen, mit 1–2 EL Olivenöl mischen, salzen und pfeffern. Das Püree in Teller füllen, das Gemüse darauf verteilen und bei Tisch mit restlichem Öl nach Geschmack beträufeln.

Sehr gut schmeckt zum Bohnenpüree auch karamellisierter Chicorée, der im Geschmack der Zichorie etwas ähnelt.

Orecchiette werden in Apulien auch »stacchjòdde« genannt. Die »Öhrchen« sind auf der gewölbten Seite immer etwas rau, so haftet die Sauce besonders gut an ihnen.

Wer Orecchiette *einmal selbst herstellen möchte: 150 g Mehl aus Hartweizengrieß und 300 g weißes Mehl mit 1 TL Salz mischen. So viel lauwarmes Wasser unterkneten, dass ein geschmeidiger Teig entsteht. Bei Zimmertemperatur zugedeckt 1 Std. ruhen lassen. Dann zu dünnen Strängen formen, kleine Stücke abschneiden, rund rollen und über dem Daumen zu kleinen Öhrchen formen. 2 Std. trocknen lassen.*

Orecchiette con la rucola

Nudeln mit Rucola

Zutaten für 4 Personen
Zubereitungszeit: 20 Min.
Pro Portion: 600 kcal

2 Bund Rucola
2 Knoblauchzehen
200 g Cocktailtomaten
500 g Orecchiette
Salz
4 EL Olivenöl (+ Olivenöl zum Beträufeln)
1 getrockneter Peperoncino
frisch geriebener Parmesan oder Pecorino zum Bestreuen

Rucola waschen und trockenschütteln, alle dicken Stiele abknipsen. Rucolablätter grob hacken. Knoblauch schälen und in dünne Scheiben schneiden. Tomaten waschen und halbieren.

Für die Nudeln reichlich Wasser zum Kochen bringen. Kräftig salzen und die Nudeln darin nach Packungsaufschrift al dente garen. Immer mal wieder durchrühren, damit sie nicht am Topfboden kleben bleiben.

Nach der Hälfte der Nudelkochzeit das Öl erwärmen, Knoblauch darin goldgelb werden lassen. Tomaten untermischen, bei schwacher Hitze kurz garen. Mit Salz und zerkrümeltem Peperoncino würzen.

Nudeln abgießen und mit dem Rucola zu den Tomaten geben. Gut durchmischen, bis der Rucola zusammengefallen ist. Mit Käse servieren und bei Tisch noch mit etwas Öl beträufeln.

Orecchiette alla ricotta

Nudeln mit Ricotta

Zutaten für 4 Personen
Zubereitungszeit: 25 Min.
Pro Portion: 490 kcal

2 Knoblauchzehen
6 Sardellenfilets in Öl
400 g Tomaten
400 g Orecchiette
Salz, 2 EL Olivenöl
1 getrockneter Peperoncino
1/2 Bund Basilikum
150 g frische Ricotta

Knoblauch schälen und erst in Scheiben, dann in Stifte schneiden. Sardellen abtropfen lassen und klein würfeln. Tomaten waschen und ebenfalls würfeln, Stielansätze dabei herausschneiden.

Für die Nudeln reichlich Wasser zum Kochen bringen, salzen. Die Nudeln darin nach Packungsaufschrift al dente kochen.

Inzwischen das Öl in einer Pfanne erhitzen. Knoblauch und Sardellen darin andünsten. Tomaten dazugeben, mit Salz und zerkrümeltem Peperoncino würzen und offen bei mittlerer Hitze 10 Min. einkochen lassen.

Basilikumblättchen abzupfen und etwas kleiner zupfen. Ricotta unter die Tomatensauce mischen, mit Salz abschmecken. Die Nudeln abtropfen lassen und mit dem Basilikum untermischen. Heiß servieren.

TIPP

Die sonnenverwöhnten Tomaten in Italien sind meist süßer als die, die man bei uns kaufen kann. Oft haben Tomaten hier zu Lande so viel Säure, dass eine Prise Zucker in der Sauce den Geschmack harmonischer macht. Probieren Sie es einmal aus!

Spaghetti alla mollica

Spaghetti mit gerösteten Brotbröseln

Zutaten für 4 Personen
Zubereitungszeit: 20 Min.
Pro Portion: 550 kcal

60 g altbackenes Weißbrot
4 Stängel Petersilie, 1 Knoblauchzehe
6 Sardellenfilets in Öl
150 g Cocktailtomaten
400 g Spaghetti, Salz, 6 EL Olivenöl
1–2 getrocknete Peperoncini

Das Brot in Stücke brechen, die Petersilie waschen, Blättchen abzupfen. Den Knoblauch schälen. Brot mit Petersilie und Knoblauch in der Küchenmaschine fein zerkleinern. Die Sardellenfilets abtropfen lassen und grob hacken. Tomaten waschen und vierteln.

Für die Nudeln reichlich Wasser zum Kochen bringen und salzen. Die Nudeln darin nach Packungsaufschrift al dente kochen. Gleichzeitig die Hälfte des Öls erhitzen. Die Brotbrösel darin unter Rühren goldbraun braten, aber nicht zu dunkel werden lassen.

Sardellen im übrigen Öl anbraten, mit dem Kochlöffel zerkleinern. Tomaten hinzufügen. Tomaten mit Salz und zerkrümelten Peperoncini würzen. Nudeln abgießen, zu den Tomaten in den Topf geben, gut durchmischen. Spaghetti in vorgewärmte Teller verteilen und mit dem gerösteten Brot bestreuen.

INFO

Not macht erfinderisch! Wer sich früher nicht leisten konnte, geriebenen Käse über die dampfende Pasta zu streuen, der behalf sich mit gerösteten Bröseln – auch heute noch eine köstliche Art, altbackenes Brot zu verwerten.

Pasta e cavolfiore

Nudeln mit Blumenkohl

Zutaten für 4 Personen
Zubereitungszeit: 35 Min.
Pro Portion: 520 kcal

1 kleinerer Blumenkohl (ca. 900 g)
2 Knoblauchzehen
4 Blätter frischer Salbei
2 getrocknete Peperoncini
4 Sardellenfilets in Öl
4 EL Olivenöl (+ Olivenöl zum Beträufeln)
Salz, 400 g Orecchiette oder Cavatelli
1 Bund Petersilie

Den Blumenkohl waschen und in Röschen teilen. Größere Röschen noch einmal durchschneiden. Knoblauch schälen und in feine Scheiben schneiden. Salbei waschen und mit den Peperoncini fein hacken. Sardellenfilets grob hacken.

Das Öl in einem Topf erhitzen. Knoblauch und Sardellen darin anbraten, Sardellen dabei etwas zerdrücken. Salbei und Blumenkohl dazugeben und kurz braten. Dann 50 ml Wasser dazuschütten und den Blumenkohl salzen. Zugedeckt bei schwacher Hitze 20 Min. dünsten, bis er weich, aber nicht zerfallen ist. Falls die Flüssigkeit zu sehr einkocht, noch etwas Wasser angießen.

Inzwischen für die Nudeln reichlich Wasser zum Kochen bringen und salzen. Die Nudeln darin nach Packungsaufschrift al dente kochen.

Die Petersilie waschen und trockenschütteln. Die Blättchen abzupfen und fein hacken. Nudeln abgießen, mit Blumenkohl und Petersilie mischen und gleich servieren. Bei Tisch nach Wunsch mit frischem Öl beträufeln.

Das Nudelgericht ist auch unter der Bezeichnung »orecchiette alla pugliese« bekannt, wird dann allerdings meist mit Brokkoli zubereitet. Und statt Blumenkohl kann man außerdem auch Cime di rapa verwenden.

Wer große Miesmuscheln nicht mag, kann auch »vongole verace« – größere Venusmuscheln – für dieses Gericht verwenden.

In Apulien *werden Sie auf der Speisekarte oft Miesmuscheln entdecken. Kein Wunder, gibt es hier doch gleich zwei Miesmuschelzuchten: eine in der Lagune von Varano im Gargano und eine in der Lagune von Taranto, im so genannten »mar piccolo«, dem kleinen Meer. In beiden Lagunen ist flaches, relativ warmes Wasser, das Muscheln gern mögen. Die gratinierten Muscheln werden meist als Antipasto oder Primo serviert, z. B. in einem ausgiebigen Fischmenü.*

Cozze al sugo piccante

Muscheln in würziger Tomatensauce

Zutaten für 4 Personen
Zubereitungszeit: 30 Min.
Pro Portion: 540 kcal

2 kg Miesmuscheln
400 g Tomaten
4 Knoblauchzehen
8 EL Olivenöl
2 getrocknete Peperoncini
2 TL Fenchelsamen
1/4 l trockener Weißwein
Salz, 1 Bund Petersilie
4 große Scheiben Weißbrot (oder 8 kleinere)
schwarzer Pfeffer

Die Muscheln unter fließendem kaltem Wasser waschen. Geöffnete Muscheln wegwerfen. Die Tomaten waschen und sehr klein würfeln, dabei die Stielansätze entfernen. Den Knoblauch schälen und in dünne Scheiben schneiden.

In einem weiten Topf 3 EL Olivenöl erhitzen. Peperoncini zerkrümeln und mit Knoblauch und Fenchelsamen kurz im Öl dünsten. Die Tomaten dazugeben und kurz garen. Mit dem Wein und 1/8 l Wasser ablöschen, salzen und aufkochen. Die Muscheln in diesen Sud legen und zugedeckt bei starker Hitze etwa 15 Min. garen. Den Topf zwischendurch gut rütteln.

Inzwischen die Petersilie waschen und trockenschütteln. Die Blättchen abzupfen und sehr fein hacken. Das übrige Öl in einer großen Pfanne erhitzen, die Brote darin bei mittlerer Hitze von beiden Seiten braten.

Die Muscheln gut durchrühren. Sie sollen sich beim Garen öffnen. Geschlossene aussortieren und wegwerfen. Die Muscheln mit der Petersilie bestreuen. Die Brote pfeffern und zu den Muscheln servieren.

Cozze gratinate

Überbackene Miesmuscheln

Zutaten für 4 Personen
Zubereitungszeit: 40 Min.
Backzeit: 5 Min.
Pro Portion: 310 kcal

1 kg Miesmuscheln
Salz, 1 Bund Petersilie
2 Eier, 80 g Semmelbrösel
3 EL frisch geriebener Pecorino
schwarzer Pfeffer, 2 Tomaten
1 getrockneter Peperoncino
1 Knoblauchzehe
2 EL Olivenöl

Die Muscheln unter fließendem kaltem Wasser waschen. Geöffnete Muscheln wegwerfen. In einem Topf ca. 3 cm hoch Wasser zum Kochen bringen und salzen. Die Muscheln hineinwerfen und den Deckel auflegen. Muscheln bei starker Hitze 5 Min. kochen lassen. Sie sollen sich dabei öffnen. Geschlossene jetzt ebenfalls wegwerfen.

Den Backofen auf 250° (Umluft 220°) vorheizen. Die leeren Muschelschalen ablösen und wegwerfen. Die übrigen Muscheln in der Schale nebeneinander in eine feuerfeste Form oder auf das Backblech legen.

Die Petersilie waschen und trockenschütteln. Die Blättchen abzupfen und sehr fein hacken. Mit den Eiern, den Semmelbröseln und dem Käse verrühren und mit Salz und Pfeffer würzen. Die Tomaten waschen und würfeln. Peperoncino zerkrümeln. Den Knoblauch schälen und grob hacken. Die Tomaten mit Peperoncino und Knoblauch in der Küchenmaschine pürieren, mit dem Öl mischen und mit Salz abschmecken.

Die Eiermasse auf den Muscheln verteilen. Jeweils etwas Tomatensauce darauf geben. Die Muscheln in den heißen Ofen (Mitte) schieben und etwa 5 Min. überbacken.

Von links nach rechts:
Seppioline, Krake, Sepia und Oktopus

Große Netze kommen an der Küste täglich zum Einsatz, außer es stürmt.

Fisch

Frisch aus dem Meer

Wenn es das Wetter zulässt, machen sich die Fischer täglich auf den Weg und kehren mit einem mehr oder weniger großen Fang zurück.

Nicht nur eine 800 Kilometer lange Küste hat Apulien aufzuweisen, man fischt in dieser süditalienischen Region auch gleich in zwei Meeren, dem Adriatischen und dem Ionischen. Kein Wunder, dass der Fischfang hier eine große Rolle spielt und Fisch auch häufiger auf den Teller kommt als Fleisch. Die Fischer Apuliens haben zwei verschiedene Methoden, um Beute einzufangen: Entweder sie fahren weit hinaus und fischen mit großen Netzen. Oder aber sie bleiben in Ufernähe und legen weite Netze direkt auf dem Meeresgrund aus. Einer der Fischer muss nun genau beobachten, wann ein Fischschwarm erscheint. Ist er da, gibt er Kommando, und das Netz wird rasch zusammengezogen. Trabucco nennt sich diese Methode und wurde wahrscheinlich schon von den Sarazenen angewandt.
Brassen gehen vor Apulien ins Netz und Sardinen und Rotbarben, am Ionischen Meer auch Tunfisch und Schwertfisch. Und Tintenfische in vielen Variationen: Unter dem Oberbegriff kann sich der Sepia, also der gemeine Tintenfisch, verbergen. Den bekommt man z. B., wenn man beim Italiener Seppia alla griglia, also vom Grill, bestellt. Im Gegensatz zum Sepia hat der Kalmar einen zarteren Körper und mehr Arme. Man nimmt ihn gern für Salate und Ragouts. Der größte Tintenfisch ist der Oktopus. Er hat beeindruckende Arme mit zweireihigen Saugnäpfen dran. Große Oktopusse werden nach dem Fangen etwas weicher geklopft und müssen lange garen, bis sie weich werden. Dabei hilft etwas Essig im Wasser oder auch Rotweinkorken. Die Gerbstoffe des Rotweins sollen helfen, den Oktopus weicher zu machen.
Und diese Namen finden Sie in Süditalien auf der Speisekarte: Calamaretti oder Seppioline sind kleine Tintenfische, Calamari Kalmar-Tintenfische. Pol(i)petti heißen kleine Kraken und Polpi die größeren.
Mit Branzino und Spigola ist Wolfsbarsch gemeint, mit Cefalo und Muggine Meeräsche. Capone heißt Knurrhahn, Dentice Zahnbrasse, Merluzzo Kabeljau, Orata Goldbrasse, Pesce spada Schwertfisch, Sogliola Seezunge, Tonno Tunfisch und Triglia Rotbarbe.

Große Schiffe kommen ebenso zum Einsatz wie kleine Fischerboote.

Fagioli bianchi con le seppie

Als uns diese Kombination im Ristorante Picton in Lecce angeboten wurde, waren wir erst skeptisch. Doch Bohnen und Tintenfisch passen wirklich gut zusammen!

Weiße Bohnen mit Tintenfisch

Zutaten für 4 Personen
Quellzeit: über Nacht
Zubereitungszeit: 30 Min.
Garzeiten: 2 x 1 Std.
Pro Portion: 390 kcal

250 g getrocknete weiße Bohnen
400 g Tomaten
600 g Tintenfisch
4 EL Olivenöl (+ Olivenöl zum Beträufeln)
2 getrocknete Peperoncini
Salz
1/2 Bund Petersilie

Die weißen Bohnen in einer Schüssel mit Wasser bedecken und über Nacht quellen lassen.

Am nächsten Tag die Bohnen abtropfen lassen und in einen Topf füllen. So viel Wasser angießen, dass die Bohnen davon bedeckt sind. Alles zum Kochen bringen und zugedeckt bei mittlerer Hitze 1 Std. garen.

Die Tomaten waschen und sehr klein würfeln. Den Tintenfisch waschen, den Körper nach harten Stellen abtasten und diese herausschneiden. Tintenfisch in Streifen schneiden. Das Öl in einer Pfanne erhitzen, Tintenfischstreifen darin anbraten. Die Peperoncini zerkrümeln.

Tintenfisch mit Tomaten und Peperoncini zu den Bohnen geben. Alles salzen und weitere 40 Min. garen, bis die Bohnen weich sind. Petersilie waschen und die Blättchen sehr fein hacken. Tintenfisch abschmecken, mit Petersilie bestreuen und mit frischem Öl beträufelt servieren.

Einfach gut: Servieren Sie die Rotbarben gleich im Papier. Wer kein Butterbrotpapier hat, kann auch Alufolie nehmen. Dann zwei Fische in ein Päckchen packen.

Alla pugliese *wird die Goldbrasse im Kartoffelbett in der italienischen Küche genannt, in Apulien selbst findet man das Gericht allerdings auch unter der Bezeichnung »alla tarantina« oder einfach als »pesce con le patate al forno« auf der Speisekarte.*

Triglie al cartoccio

Rotbarben in Papier

Zutaten für 4 Personen
Zubereitungszeit: 20 Min.
Backzeit: 20 Min.
Pro Portion: 365 kcal

1 Bund Petersilie
2 Zweige frischer Salbei
2 Zweige frischer Rosmarin
2 TL Fenchelsamen
4 Knoblauchzehen
4 EL Olivenöl
Salz, schwarzer Pfeffer
8 kleinere Rotbarben (je ca. 140 g oder 4 größere)
8 Blatt Butterbrotpapier
8 EL Weißwein

Die Kräuter waschen und trockenschütteln. Die Blättchen abzupfen und mit den Fenchelsamen und dem geschälten Knoblauch sehr fein hacken. Mit dem Öl mischen und mit Salz und Pfeffer würzen.

Den Backofen auf 200° (Umluft 180°) vorheizen. Die Rotbarben waschen und eventuell schuppen. Fische mit der Hälfte der Kräutermischung füllen. Jeweils 1 Fisch auf 1 Stück Papier legen, mit etwas Kräutermischung bedecken und mit 1 EL Wein beträufeln. Alle Fischpäckchen sehr gut verschließen.

Die Päckchen auf dem Backblech in den heißen Ofen (Mitte) schieben und 20 Min. garen. Zunächst jeweils 4 Rotbarben im Papier servieren, die übrigen Fische im abgeschalteten Ofen warm halten. Die Sauce, die sich in der Folie gesammelt hat, mitservieren. Und die Fische vorsichtig essen, denn Rotbarben haben viele Gräten.

Orata alla pugliese

Goldbrasse mit Kartoffeln

Zutaten für 4 Personen
Zubereitungszeit: 25 Min.
Backzeit: 50 Min.
Pro Portion: 535 kcal

1 kg vorwiegend fest kochende Kartoffeln
4 Knoblauchzehen, 1 großes Bund Petersilie
1 Goldbrasse (800–1000 g)
Salz, schwarzer Pfeffer
2 EL Zitronensaft, 6 EL Olivenöl
4 EL frisch geriebener Pecorino

Die Kartoffeln schälen, waschen und in dünne Scheiben hobeln. Den Knoblauch schälen, die Petersilie waschen. Die Blättchen abzupfen und mit dem Knoblauch sehr fein hacken. Den Fisch – falls nötig – schuppen, innen und außen waschen und trockentupfen. Mit Salz und Pfeffer würzen, innen mit Zitronensaft beträufeln.

Den Backofen auf 180° vorheizen. Eine ausreichend große feuerfeste Form mit 1 EL Olivenöl auspinseln. Die Hälfte der Kartoffelscheiben dachziegelartig in die Form schichten, salzen und pfeffern und mit der Hälfte der Petersilienmischung bestreuen. Den Fisch darauf legen, mit den übrigen Kräutern bestreuen. Die restlichen Kartoffeln auf dem Fisch verteilen, salzen, pfeffern und mit 3–4 EL Olivenöl beträufeln.

Den Fisch in den Ofen (Mitte, Umluft 160°) schieben und etwa 25 Min. backen. Dann den Pecorino auf die Kartoffeln streuen, mit restlichem Olivenöl beträufeln und alles noch 20–25 Min. garen, bis die Kartoffeln weich und gebräunt sind.

TIPP

Schon einmal am Kartoffelstand die Sorte »Galatina« entdeckt? Die ersten Frühkartoffeln, die vor allem im Süden Deutschlands auf den Märkten erscheinen, stammen aus der Gegend rund um diese Stadt, die in der Provinz Lecce in Apulien liegt.

NOTARPANAR
ROSSO DEL SALENTO
VINO DA TAVOLA

Pollo ai carciofi

Hähnchen mit Artischocken

Zutaten für 4 Personen
Zubereitungszeit: 30 Min.
Marinierzeit: 1 Std.
Garzeit: 45 Min.
Pro Portion: 560 kcal

1 küchenfertiges Brathähnchen (ca. 1,2 kg)
2 unbehandelte Zitronen
Salz, schwarzer Pfeffer
4 EL Olivenöl, 8 kleine Artischocken
2 rote Zwiebeln, 2 Knoblauchzehen
4 Zweige frischer Rosmarin
1/8 l trockener Weißwein

Das Hähnchen kalt abspülen, trockentupfen und in 8–10 Stücke schneiden. 1 Zitrone heiß waschen und abtrocknen, die Schale dünn abschneiden. Beide Zitronen auspressen. Die Hälfte des Saftes mit Salz, Pfeffer, Zitronenschale und Öl mischen und über die Hühnerstücke gießen. 1 Std. ziehen lassen.

Den Backofen auf 200° vorheizen. Die Artischocken waschen und putzen: die äußeren Blätter großzügig entfernen, den Stiel abschneiden, die Artischockenspitzen abschneiden, die Artischocken dann der Länge nach vierteln. Kontrollieren, ob im Inneren Heu ist. Falls ja, das Heu herauslösen. Die Artischocken auf ein Backblech legen, mit dem übrigen Zitronensaft beträufeln.

Die Zwiebeln schälen, halbieren und in Streifen schneiden. Den Knoblauch schälen und in Scheiben schneiden. Den Rosmarin waschen. Diese Zutaten auf den Artischocken verteilen und mit Salz und Pfeffer würzen. Die Hähnchenteile mit der Hautseite nach oben darauf verteilen, den Wein angießen.

Das Blech in den Ofen (Mitte, Umluft 180°) schieben und das Hähnchen 45–50 Min. backen. Dazu schmecken gebratene Kartoffeln oder einfach nur Brot.

Pignatta d'agnello

Lammragout mit Gemüse

Zutaten für 4 Personen
Zubereitungszeit: 30 Min.
Garzeit: 1 1/2 Std.
Pro Portion: 850 kcal

800 g Lammfleisch (Schulter, Brust oder Keule, möglichst nicht zu fett)
1 Zwiebel
800 g Zichorie oder Löwenzahn
500 g fest kochende Kartoffeln
3 EL schwarze Oliven (ohne Stein)
1 TL Fenchelsamen
2 getrocknete Peperoncini
Salz, 6 EL Olivenöl
1/4 l trockener Weißwein

Das Fleisch von größeren Fettstücken und Sehnen befreien und in mundgerechte Stücke schneiden. Die Zwiebel schälen, vierteln und in Streifen schneiden. Zichorie oder Löwenzahn waschen und grob schneiden. Die Kartoffeln schälen und vierteln.

Alle diese Zutaten mit den Oliven, den Fenchelsamen und den zerkrümelten Peperoncini mischen und mit Salz abschmecken. Öl und Wein untermischen und alles erhitzen.
Den Eintopf zugedeckt bei schwacher Hitze 1 1/2 Std. schmoren, dabei immer mal wieder durchrühren und – falls nötig – etwas Wasser angießen. Den Eintopf abschmecken und mit geröstetem Brot servieren.

Zichorien wachsen wie Cime di rapa und Artischocken überall in Apulien. Oft kocht man daraus Beilagen und Hauptgerichte, manchmal auch mit Fleisch wie hier mit Lamm kombiniert.

Gemüsespezialitäten *aus dem Ofen sind leicht gemacht und schmecken als Antipasto oder Beilage. Vegetarische Klassiker aus Süditalien sind Cardy, die auch Kardonen oder Gemüse-Artischocken heißen und aussehen wie eine Kreuzung aus Stangensellerie und Artischocken. Mit der Artischocke sind Cardy auch verwandt, allerdings verwendet man die fleischigen Stiele. Die Blätter haben meist Stacheln und werden entfernt.*

Cardi al forno

Gratinierte Cardy

Zutaten für 4 Personen
Zubereitungszeit: 40 Min.
Backzeit: 15 Min.
Pro Portion: 180 kcal

600 g Cardy
Salz
1 unbehandelte Zitrone
1/2 Bund Petersilie
4 Zweige frischer Oregano
2 Knoblauchzehen
3 EL schwarze Oliven (am besten ohne Stein)
1 getrockneter Peperoncino (nach Belieben)
100 g Semmelbrösel
50 g frisch geriebener Pecorino
3 Eier
4 EL Olivenöl
schwarzer Pfeffer

Die Cardy waschen und die Enden abschneiden. Die Stangen in ca. 10 cm lange Stücke schneiden und in kochendem Salzwasser 15 Min. vorkochen. Dann kalt abschrecken, abtropfen lassen und die Haut abziehen. Die Cardy in eine feuerfeste Form legen.

Den Backofen auf 220° (Umluft 200°) vorheizen. Die Zitrone heiß waschen und abtrocknen, die Schale sehr dünn abschneiden. Die Kräuter waschen und trockenschütteln, die Blättchen abzupfen. Knoblauch schälen und mit den Kräutern und der Zitronenschale sehr fein hacken. Oliven – falls nötig – entsteinen. Das Olivenfleisch in Streifen schneiden. Eventuell den Peperoncino zerkrümeln.

Die Semmelbrösel mit der Kräutermischung, dem Pecorino, den Oliven, nach Belieben dem Peperoncino, den Eiern und dem Öl mischen und mit Pfeffer würzen. Auf den Cardy verteilen. Das Gemüse im heißen Ofen (Mitte) 10 Min. backen, bis es schön gebräunt ist.

Ofenkartoffeln mit Artischocken schmecken toll zu Lamm.

TIPP

Statt Cardy können Sie auch Stangensellerie, kleine Artischocken, halbierte Zwiebeln oder Zucchini nehmen.

Carciofi e patate al forno

Ofenkartoffeln mit Artischocken

Zutaten für 4 Personen
Zubereitungszeit: 25 Min.
Backzeit: 1 Std.
Pro Portion: 380 kcal

1 Zitrone, 6 kleine Artischocken
600 g Kartoffeln
1 Bund Petersilie
1 Bund Frühlingszwiebeln
Salz, schwarzer Pfeffer
1/8 l milde Brühe oder trockener Weißwein, 8 EL Olivenöl
80 g frisch geriebener Caciocavallo
2 EL Semmelbrösel

Die Zitrone auspressen. Die Artischocken waschen, die äußeren Blätter großzügig entfernen, den Stiel abschneiden. Artischocken von der Spitze befreien, dann halbieren und – falls nötig – das Heu entfernen.

Artischocken der Länge nach in dünne Scheiben schneiden und mit dem Zitronensaft mischen. Kartoffeln waschen, schälen und in dünne Scheiben schneiden. Petersilie waschen, Blättchen fein hacken. Frühlingszwiebeln putzen, waschen und in feine Ringe schneiden.

Den Backofen auf 180° vorheizen. Artischocken und Kartoffeln lagenweise in eine feuerfeste Form mit Deckel schichten. Jede Schicht salzen und pfeffern, mit Petersilie und Zwiebeln bestreuen. Brühe oder Wein mit Öl mischen und angießen. Käse mit Semmelbröseln auf der Oberfläche verteilen.

Gemüse verschließen. In den Ofen (Mitte, Umluft 160°) schieben und 1 Std. backen. Dann offen noch 15 Min. backen, bis die Kartoffeln weich sind.

Cucuzze al forno

Zucchini aus dem Ofen

Zutaten für 4 Personen
Zubereitungszeit: 25 Min.
Backzeit: 30 Min.
Pro Portion: 245 kcal

700 g junge, zarte Zucchini
500 g Tomaten (am besten kleine, in Apulien nimmt man auch gelbe kleine)
1 weiße Zwiebel
2 EL schwarze Oliven (am besten ohne Stein)
2 frische Peperoncini
1/2 Bund Oregano, Salz
8 EL Olivenöl

Zucchini waschen, putzen und der Länge nach in Scheiben schneiden. Tomaten häuten und in Stücke schneiden. Mit einer Gabel leicht zerdrücken.

Zwiebel schälen und sehr fein hacken. Oliven entsteinen und würfeln. Peperoncini waschen und hacken. Oregano waschen, Blättchen abzupfen und ebenfalls hacken. Alle diese Zutaten mit den Tomaten mischen. Backofen auf 250° (Umluft 230°) vorheizen.

Eine feuerfeste Form mit Deckel (kann auch ein Römertopf sein) lagenweise mit Zucchini und Tomatenmischung füllen, jede Lage mit Salz würzen und mit etwas Öl beträufeln. Übriges Öl darüber träufeln. Form verschließen, alles 15 Min. im Ofen (Mitte) backen. Dann Deckel abnehmen und weitere 15 Min. garen.

Involtini di melanzane

Auberginenröllchen

Zutaten für 4 Personen
Zubereitungszeit: 50 Min.
Pro Portion: 480 kcal

2 längliche Auberginen (ca. 500 g)
Salz, 1 EL Kapern
1 EL Rosinen, 2 EL Pinienkerne
2 Knoblauchzehen, 2 Sardellenfilets in Öl
1 Bund Petersilie
4 Zweige Oregano (nach Belieben)
800 g Tomaten, 80 g Semmelbrösel
50 g frisch geriebener Parmesan
2 Eier, schwarzer Pfeffer
10 EL Olivenöl

Die Auberginen waschen, putzen und der Länge nach in knapp 1/2 cm dicke Scheiben schneiden. Salzen, kurz ziehen lassen.

Die Kapern mit Rosinen und Pinienkernen fein hacken. Knoblauch schälen und dazupressen. Sardellen würfeln. Die Kräuter waschen und trockenschütteln, fein hacken. Kräuter und Sardellen zu der Kapernmischung geben.

Die Tomaten häuten, entkernen und klein würfeln. 2 EL Tomatenwürfel mit einer Gabel fein zerdrücken und mit Semmelbröseln, Käse und Eiern unter die Kapernmasse mischen. Mit Salz und Pfeffer würzen.

Den Backofen auf 220° (Umluft 200°) vorheizen. Die Auberginen trockentupfen und portionsweise in insgesamt 8 EL Olivenöl jeweils kurz braten. Die Auberginenscheiben mit der Füllung bestreichen, zusammenrollen und in eine feuerfeste Form legen.

Die übrigen Tomaten mit Salz, Pfeffer und 2 EL Olivenöl mischen und über den Auberginenröllchen verteilen. Die Röllchen im heißen Ofen (Mitte) 20 Min. backen.

Peperoni ai pomodori

Paprika mit Tomatensauce

Zutaten für 4 Personen
Zubereitungszeit: 30 Min.
Pro Portion: 130 kcal

500 g Tomaten
2 getrocknete Peperoncini
4 Knoblauchzehen
2 große Paprikaschoten (rot und gelb oder grün)
4 EL Olivenöl
1 EL Kapern
Salz
1 Bund Petersilie

Die Tomaten waschen und sehr klein würfeln, Stielansätze dabei herausschneiden. Die Peperoncini zerkrümeln, den Knoblauch schälen und sehr fein hacken.

Die Paprika waschen, halbieren und putzen. Die Hälften der Länge nach in breite Streifen schneiden. In einem Topf 2 EL Olivenöl erhitzen. Knoblauch und Peperoncini darin anbraten. Die Tomaten untermischen und mit Kapern und Salz würzen. Offen bei mittlerer Hitze 15 Min. leicht kochen lassen.

Inzwischen das übrige Öl in einer Pfanne erhitzen. Die Paprikastreifen darin bei mittlerer bis starker Hitze von beiden Seiten kräftig anbraten. Die Tomatenmischung dazugeben und alles noch 5 Min. zusammen schmoren.

Die Petersilie waschen und trockenschütteln. Die Blättchen abzupfen und fein hacken. Das Paprikagemüse damit bestreuen.

Das würzige Paprikagemüse schmeckt warm als Beilage z.B. zu gegrilltem Fisch oder zu Lamm, lauwarm oder abgekühlt als Vorspeise.

In Apulien, der Kornkammer Italiens, wird Weizen nicht nur zu Pasta verarbeitet und im Brot verbacken, sondern auch auf vielfältige Art zubereitet. Wie diese ungewöhnliche und feine Süßspeise Grano dolce zeigt.

Frisch frittiert *schmecken die Ricottabällchen am besten, z. B. zum Dessert oder einfach zwischendurch. Wer möchte, kann sie zusätzlich mit etwas flüssigem Honig, am besten von Kastanien- oder Thymianblüten, beträufeln.*

Grano dolce

Süßer Weizen

Zutaten für 4–6 Personen
Quellzeit: über Nacht
Garzeit: 1–1 1/2 Std.
Zubereitungszeit: 20 Min.
Pro Portion (bei 6): 190 kcal

100 g Weizenkörner
2 EL Zucker
40 g gehäutete Mandeln
40 g Walnusskerne
50 g Zartbitter-Schokolade
100 ml Vin cotto (Rezept Seite 159 oder
1/4 l Rotwein mit 1 EL Zucker auf die Hälfte
einkochen lassen)
1 kräftige Prise Zimtpulver
50 g kandierte Früchte
Minzeblättchen zum Garnieren (nach Belieben)

Den Weizen in einer Schüssel mit Wasser übergießen und über Nacht quellen lassen. Den Weizen am nächsten Tag abgießen und mit frischem Wasser und Zucker in einem Topf zum Kochen bringen. Die Körner in 1–1 1/2 Std. weich kochen, abgießen und abkühlen lassen.

Die Mandeln und die Walnüsse grob hacken und in einer Pfanne ohne Fett bei mittlerer Hitze goldgelb rösten. Die Schokolade reiben oder ebenfalls ganz klein würfeln.

Den Weizen mit dem Vin cotto, dem Zimt und den zerkleinerten Zutaten mischen, in Schälchen füllen, mit den kandierten Früchten belegen und eventuell der Minze garnieren.

TIPP

Statt kandierter Früchte schmecken auch Granatapfelkerne ausgezeichnet zum süßen Weizen. Dafür 1 Granatapfel halbieren und die Kerne mit einem Löffelstiel herauslösen. Weizen mit den Kernen bestreut servieren.

Frittelle di ricotta

Frittierte Ricottabällchen

Zutaten für 24 Bällchen
Zubereitungszeit: 30 Min.
Pro Bällchen: 95 kcal

1 unbehandelte Orange
1/2 unbehandelte Zitrone
250 g frische Ricotta
50 g Semmelbrösel
50 g Zucker
2 Eigelbe
2 Eier
Mehl zum Wenden
3/4 l Olivenöl zum Frittieren
Puderzucker zum Bestäuben

Die Orange und die Zitronenhälfte heiß waschen und abtrocknen, die Schale dünn abreiben. Ricotta mit Semmelbröseln und Zucker verrühren. Eigelbe und Zitrusschalen gut untermischen.

Die Eier in einem Teller verquirlen, etwas Mehl in einen zweiten Teller geben. Von der Ricottamasse mit zwei Teelöffeln Bällchen abstechen und diese erst im Mehl wälzen, dann im Ei wenden.

Das Öl zum Frittieren erhitzen. Die Bällchen darin portionsweise jeweils in etwa 4 Min. goldgelb frittieren. Herausheben und auf einer dicken Lage Küchenpapier abfetten lassen. Mit Puderzucker bestäubt servieren.

Der köstliche Kuchen *schmeckt nicht nur gut – vor allem mit einem feinen Dessertwein – sondern ist ganz einfach zu machen und das auch schon 1–2 Tage vorher.*

Crostata con mandorle e ricotta

Ein leichtes Menü lässt Platz für die knusprige Torte: Caviale di melanzane (Seite 73), Orecchiette con la rucola (Seite 77) und Triglie al cartoccio (Seite 85).

Mürbeteigkuchen mit Mandeln und Ricotta

Zutaten für eine Tarteform von 30 cm Ø
Zubereitungszeit: 45 Min.
Kühlzeit: 1 Std.
Backzeit: 50 Min.
Pro Stück (bei 16): 350 kcal

Für den Teig:
200 g Mehl (+ Mehl zum Ausrollen)
100 g geriebene Mandeln
1 Prise Salz
2 Päckchen Vanillezucker
125 g kalte Butter
1 Ei
1 Eigelb

Für den Belag:
250 g geschälte Mandeln
150 g Zucker
1 unbehandelte Orange
1/2 unbehandelte Zitrone
350 g frische Ricotta
3 Eier
2 EL Orangenmarmelade (ersatzweise Aprikosenmarmelade)
Puderzucker zum Bestäuben

Für den Teig das Mehl mit den gemahlenen Mandeln, dem Salz und dem Vanillezucker mischen. Die Butter in kleinen Stücken dazugeben, alles mit Ei und Eigelb zu einem glatten Teig verkneten. Den Teig in Folie wickeln und 1 Std. kühl stellen.

Dann für den Belag die Mandeln mit dem Zucker in der Küchenmaschine fein zerkleinern. Die Orange und die Zitronenhälfte heiß waschen und abtrocknen, die Schale fein abreiben. Die Ricotta mit der Mandelmischung, den Zitrusschalen und den Eiern gut verrühren.

Den Backofen auf 180° vorheizen. Den Teig dritteln. Zwei Drittel zu einer Kugel formen und zwischen zwei Lagen Klarsichtfolie rund ausrollen. Die Tarteform damit auskleiden, rundherum einen Rand hochziehen.

Den Teig mit der Marmelade bestreichen, die Ricottamasse darauf verteilen. Den übrigen Teig auf wenig Mehl zu einer dünnen Platte ausrollen und in gut 1 cm breite Streifen schneiden. Die Teigstreifen gitterförmig auf die Ricottamasse legen, am Rand andrücken.

Die Crostata im heißen Ofen (Mitte, Umluft 160°) 50 Min. backen, bis sie schön gebräunt ist. In der Form abkühlen lassen und mit wenig Puderzucker bestäubt servieren.

TIPP

Zur Deko Mandelblättchen vor dem Backen in die Torte stecken.

Basilikata –
unbekannte Schönheit

Einen Reiseführer im eigentlichen Sinne hatten wir nicht im Gepäck. Denn bislang gibt's kaum einen. So als wäre diese kleinste Region Süditaliens tatsächlich am Ende der Welt. Stattdessen begleitete uns ein anderes Buch: Carlo Levis »Cristo si è fermato a Eboli« – Christus kam nur bis Eboli.

Basilicata
piccola e bella

Einsam und seit Jahren verlassen liegt Craco auf dem Hügel.

Der Bericht des Piemontesen über die Jahre, die er in der Basilikata verbracht hat, ist so eindrucksvoll, dass man einige seiner Stationen unbedingt kennen lernen möchte. Die italienischen Faschisten schickten Carlo Levi (1902 bis 1975) Mitte der dreißiger Jahre in die Verbannung, in Sicherheitsverwahrung, weil er politisch anders dachte als Mussolini. Drei Jahre sollte er als so genannter Konvertierter verbringen.
Einsperren musste man ihn dazu nicht, sondern schlicht an einen Ort abschieben, der von der Außenwelt abgeschnitten war. Zuerst brachte man ihn nach Grassano, doch dieser Ort hatte schließlich noch zu viel Anbindung an die übrige Region. Also musste er nach Aliano umziehen. Ein einziges Auto gab es dort, die Straße endete am Ausgang des Dorfes. Levi durfte Aliano nicht verlassen. Jeden Tag musste er sich bei der Polizei melden. Im Ort selbst allerdings konnte er sich frei bewegen und auch in einem eigenen Haus wohnen, mit Hund und von einer Haushälterin betreut. Im Buch heißt dieser Ort Gagliano, und wir hatten ihn vergeblich auf der Karte gesucht.
Wer heute nach Aliano fährt, findet die Calanchi, das Faltengebirge rund um den Ort beeindruckend und auf karge Weise schön. Kann sich aber auch vorstellen, dass ein Piemontese, der in Turin ein abwechslungsreiches und komfortables Leben geführt hat, seine in Aliano zwangsverbrachte Zeit zumindest anfangs als sehr bedrückend empfunden haben muss. Das Haus, in dem Carlo Levi lebte, steht noch und wurde bei unserem Besuch gerade renoviert. Ein kleines Museum ganz in der Nähe gibt Hinweise auf die Zeit seiner Anwesenheit. Übrigens liegt Carlo Levi auch in Aliano begraben.
Sein Buch wurde von Francesco Rosi 1978 verfilmt. Nicht in Aliano, sondern hauptsächlich in Craco, einer Stadt auf dem Hügel, die heute nur noch am Rand von einigen Schaf- und Ziegenherden bevölkert ist. Die Häuser drohten einzustürzen, und die Bewohner wurden evakuiert.

Matera und die Sassi – Armut und Schönheit

Sehr alt sind viele der Behausungen, die man in und um Matera einfach in den Tuffstein geschlagen hat. Ursprünglich waren diese Höhlen ideal in einer Region mit extrem heißen Sommern und ihrer unerbittlich brennenden Sonne. Tier und Mensch fanden in ihnen eine angenehme und lebenserhaltende Frische vor. Ab dem 17./18. Jahrhundert verkamen die Sassi aber zu einem großen Elendsviertel.
Auch darüber schreibt Carlo Levi in seinem bewegenden Bericht, wie Mensch und Tier rund um eine Feuerstelle in einem oder zwei Räumen ohne Fenster mehr schlecht als recht lebten. Er erzählt, was seine Schwester (eine Ärztin) bei einem Besuch in Matera erlebte, wie grauenvoll dort die gesundheitlichen und wirtschaftlichen Zustände waren.
Nach und nach verfielen die Höhlenwohnungen und auch viele der etwa 150 Höhlenkirchen und -klöster, die es in Matera und Umgebung gab. Ende der 50er Jahre wurden die Bewohner aus dem Stadtteil der Sassi in moderne Neubauten umgesiedelt.
Heute gehört Matera zu den Attraktionen der Region, 1993 wurde sie von der UNESCO zum Weltkulturerbe erklärt. Die Sassi werden renoviert, einige sind schon wieder mit Leben erfüllt.

Klein und fein

Die Basilikata ist die kleinste Region des Mezzogiorno, besteht zu 90 Prozent aus Bergen und Hügeln und ist im Ausland fast unbekannt. Vielleicht liegt das daran, dass ihr die Nachbarregionen nur wenig Küste gelassen haben. Etwa 25 km geben Kalabrien und Kampanien am Tyrrhenischen Meer ab, Apulien und Kalabrien ca. 40 km am Ionischen. Dazu hat die ohnehin arme Region eine eher schlechte Verkehrsanbindung. Flughäfen gibt es in der Basilikata nicht, das Schienennetz ist nur spärlich ausgebaut. Gründe

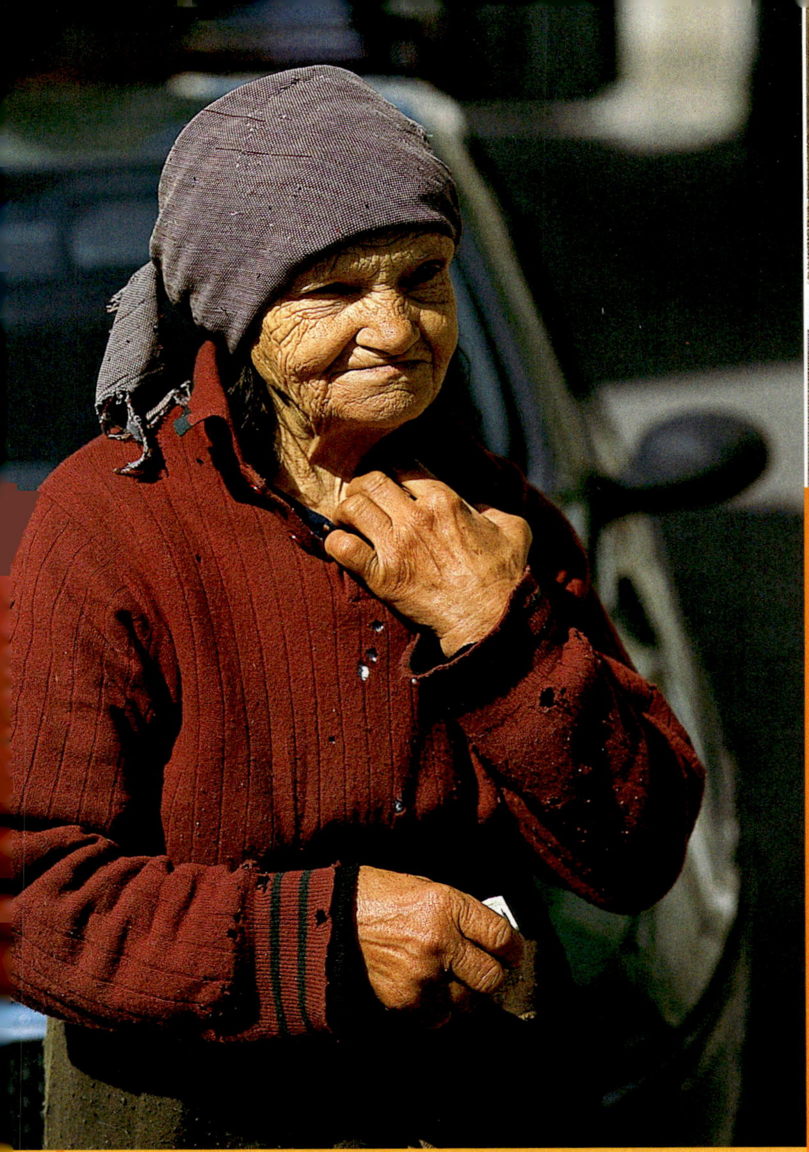

An der Piazza Umberto I in Venosa gibt es ein paar Bars, ansonsten lebt es sich in der kleinen Stadt am Rande des Vulturegebietes noch ziemlich beschaulich.

Armut existiert in der Basilikata auch heute noch, allerdings nicht mehr eine so bedrückende wie in früheren Zeiten.

Ruhe und Ursprünglichkeit – weite, oft karge Landschaften, wohin das Auge in der Basilikata blickt.

Hügel und Berge bestimmen das Bild in der Basilikata, Landwirtschaft und Viehzucht sichern die Existenz vieler Bewohner. Beeindruckendes Zeugnis früherer Zeiten gibt Matera, die Stadt der in den Stein geschlagenen Höhlenwohnungen.

genug, dass die Basilikata für viele Besucher nicht gerade anziehend wirkt.
Ein Glück für alle, die Ruhe suchen und auch eine Ursprünglichkeit, die es nicht mehr an vielen Orten Italiens gibt. Sie finden beides hier in einer wunderschönen Natur, den Lukanischen Dolomiten zum Beispiel oder dem Monte Vulture, einem erloschenen Vulkan, an dessen Hängen nicht nur die Reben für den köstlichen Rotwein Aglianico reifen, sondern auch Gemüse, Obst und Oliven prächtig gedeihen.
Die Bevölkerung begegnet uns zuerst einmal zurückhaltend, aber freundlich. Kaum ein Mensch auf den Landstraßen, der uns nicht den »saluto cristiano« – den christlichen Gruß – erweist. Und oftmals erreicht uns unverhohlenes Erstaunen, wenn wir auf die Frage nach unserer Heimat München in Bayern nennen. So weit her? Einfach unvorstellbar für viele.

Früher und heute

Früher hieß die Basilikata Lucania, man sagt, weil die Lukanier etwa 1300 v.Chr. in die Region eingewandert sind und sie nach ihrem Volk benannt haben. Der Name Basilikata wiederum soll unter byzantinischer Herrschaft entstanden sein, von Basilikos, dem rechtlichen Verwalter der Gegend. Andere meinen, dass der alte Name sich von Lukus – Terra di Boschi, bewaldete Gegend – ableitet und der neue von Basiliski – Länge der Gegend – komme.
Dass die Basilikata einst voller ausgedehnter Wälder war, scheint heute angesichts der weiten kargen Flächen kaum vorstellbar. Bei Horaz aber, geboren im heutigen Venosa, kann man nachlesen, dass seine Heimat zu seiner Zeit so ausgesehen haben muss: waldreich und ein Paradies für Jäger. Kaninchen und Füchse soll es ebenso im Überfluss gegeben haben wie Stachelschweine, Marder und Wölfe. Doch die Wälder wurden abgeholzt, die Tiere verloren einen Teil ihrer natürlichen Lebensbedingungen, und eine verheerende Plage konnte sich ausbreiten: die Malaria. Den letzten Fall dieser Krankheit gab es in den 50er Jahren.
Unter der faschistischen Herrschaft wurde der alte Name Lukanien wieder eingeführt, die Umbenennung 1947 aber per Verfassung rückgängig gemacht. Dennoch nennen viele Bewohner ihre Region nach wie vor Lucania. Abzulesen auch an den Bezeichnungen vieler lokaler Spezialitäten wie zum Beispiel der Wurst, die man schlicht »lucanica« nennt.

Der Reichtum der Cucina povera

Hülsenfrüchte, allen voran »fave« und »ceci« – dicke Bohnen und Kichererbsen –, Gemüse, Pilze und Kräuter bilden das Fundament einer Küche, die einfach, aber nie langweilig ist. Neben Tomaten, Auberginen und besonders aromatischen Paprikaschoten locken in der Basilikata vor allem Zichorie, Cime di rapa und (wilder) grüner Spargel. Da die Küsten nicht lang sind, findet man bei den Secondi weit mehr Fleisch als Fisch. Schweine, Ziegen und Schafe, die hier auf natürliche Weise aufwachsen dürfen, sorgen für manch kulinarisches Erlebnis. Nudeln und Brot – vor allem das aus Matera ist bis über die Grenzen der Region hinaus berühmt – runden die Küche ab.
Überzeugen können wir uns von der Güte der Küche unter anderem in Matera im Ristorante »Le Botteghe«. Hier genießen wir typische Spezialitäten wie z.B. »marro« – gewickelter Lammdarm mit Lamminnereien gefüllt und auf dem Grill zubereitet.
Und lernten wir bei Carlo Levi die Basilikata der dreißiger Jahre kennen, so erzählt uns der Besitzer des Lokals vieles über das heutige Leben in diesem Landstrich. Er betont, welch hohen Stellenwert das gemeinsame Essen in der Familie hat und wie wichtig die Gemeinschaft überhaupt gerade hier in der Basilikata ist, damit es vorwärts geht und die Dinge gut gelingen. Wir erfahren, dass die Armut heute nicht mehr so ausgeprägt ist wie früher, dass die Bewohner Rioneros beispielsweise von allen Städten Italiens die meisten Autos besitzen, nämlich etwa zwei pro Kopf. Der Padrone erwähnt, dass in der Basilikata vieles ein bisschen anders läuft als in den anderen süditalienischen Regionen. Weil es hier keinen Ableger der Mafia gibt, da es für sie in der früher so bitterarmen Gegend wohl wirklich nichts zu holen gab.
Es wird spät, aber er tröstet uns: »A tavola non si invecchia.« – Bei Tisch wird man nicht älter.
Obwohl man sich das gerade hier in der Basilikata gut vorstellen kann – in der für uns schönsten Region Süditaliens.

Horaz wurde in Venosa geboren, man kann sein Geburtshaus in einer kleinen Straße aber heute nur noch von außen bestaunen.

Im Salumificio –
La Lucanica eccetera

Die Metzger stülpen den Anfang eines vorher eingelegten Naturdarms über das Rohr einer Maschine, durch das die Wurstmasse in die natürliche Hülle gedrückt wird. Ist die Wurst lang genug, wird der Darm zusammengedreht und abgetrennt.

Nach Venosa – città di Orazio, in einer eher flachen Gegend am Rande des Vulture gelegen, reich an Weizenfeldern, Weingärten und Olivenhainen – sollen wir fahren. Raten uns die Experten einer Vereinigung von Köchen aus der Gegend. Zu Tonino und Giannino Sileno in ihren Salumificio, zu echten Könnern ihres Handwerks, die Traditionen pflegen und einfach gute Produkte anbieten. Angemeldet waren wir nicht, wurden aber – wie so oft – mit offenen Armen empfangen. Und gleich dorthin geführt, wo die Würste gemacht werden.

Die »lucanica« oder »luganega« – was nichts anderes bedeutet, als Wurst aus Lukanien, dem alten Namen für die Basilikata – wurde schon in früheren Zeiten von zahlreichen Dichtern gelobt. So hat Marco Gavio Apicio sie bereits im 1. Jahrhundert n.Chr. gerühmt als eine Spezialität, die aus gehacktem Schweinefleisch, gewürzt mit gestoßenem Pfeffer, römischem Kümmel, Salz,

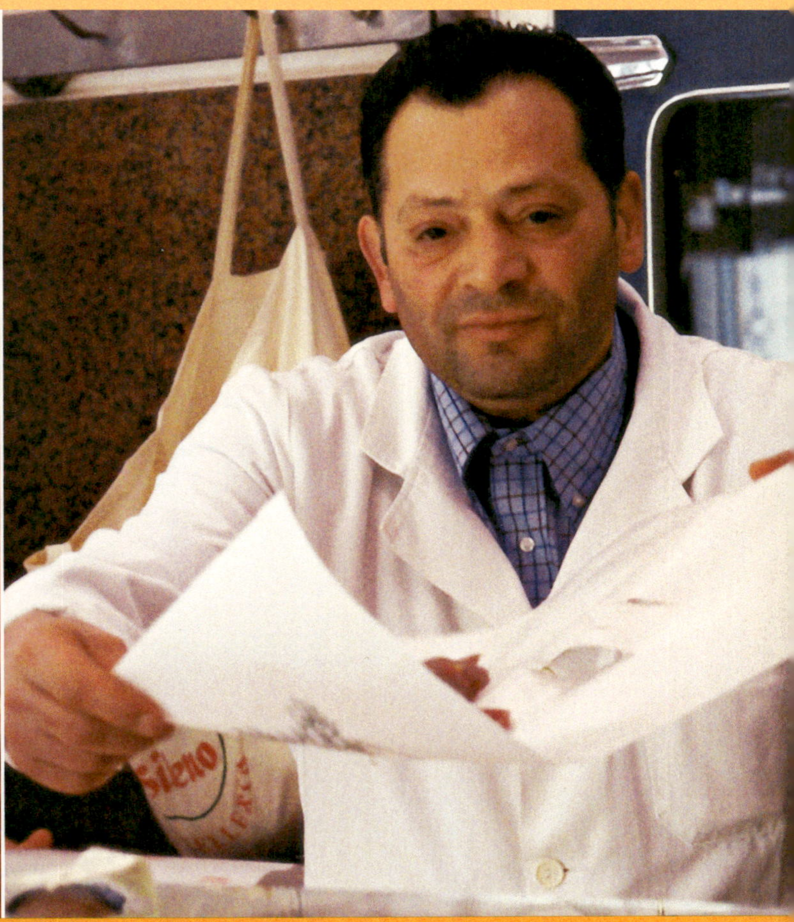

Mit Schnüren an Stangen gehängt und getrocknet. Was so einfach scheint, erfordert doch Erfahrung. Schließlich muss von Tag zu Tag entschieden werden, wie lange die Würste an welcher Stelle reifen sollen. Und wann sie fertig sind.

Rucola, Lorbeer und Fett gemacht und in Därme gefüllt wurde. Das Ganze zog man schön lang, damit die Wurst nicht so dick war, und hängte diese zum Konservieren über den Rauch.

Die Klassische und die Wurst der Armen

Ganz ähnlich machen die Fratelli Sileno auch heute noch »la Lucanica«. Für die echte Wurst darf das Fleisch – immer vom Schwein – nicht durch den Wolf gedreht, sondern muss mit dem Messer klein geschnitten werden. Dazu geben Tonino und Giannino Samen von wildem Fenchel, Salz und Peperoncino. Soll die Wurst mild werden, kommt der Peperoncino als Pulver dazu, für die »piccante« werden ganze Schoten im Mörser zerstoßen und beigemischt. Alle Zutaten werden in Naturdarm gefüllt. In der Salumificio Sileno liegen diese natürlichen Hüllen in flachen Schalen bereit, zusammen mit Wasser und Orangenscheiben. Die Früchte geben dem Darm eine feine Note, die sich ganz leicht auf

Die Brüder Sileno fertigen ihre Spezialitäten mit sehr viel Sorgfalt nach alter Tradition.

Speck und Würste, Schinken und Soppressata hängen einträchtig auf der Stange. Und alles ist hier von bester Qualität.

Die feinen Fettstücke in der Wurst bringen erst das richtige Aroma. Und die natürliche Hülle kann man mitessen.

die Wurst überträgt. Fast nicht wahrnehmbar, aber doch eine wichtige Ingredienz. Konservierungs- und Farbstoffe haben in der Wurst natürlich nichts verloren.
In der klassischen Lucanica stecken nur die besten Stücke vom Fleisch. Nur ein bisschen Fett darf als Aromaträger dabei sein. Die weniger edlen Fleischteile, die zurückbleiben, werden natürlich nicht weggeworfen, sondern zu »pezzente« – Wurst der Armen – verarbeitet. Arm deshalb, weil die preiswerteren Stücke verwendet werden, die aber auch einen ausgeprägteren Fleischgeschmack haben. Diese Wurst wird übrigens – sofern man sie frisch verwendet – selten im Ganzen gebraten oder gegrillt, sondern meist zu einem Ragout geschmort, das man dann beispielsweise mit Polenta isst.

Speck und andere Spezialitäten

Außer diesen beiden Wurstarten machen die meisten Metzger in der Basilikata – und so auch die Signori in Venosa – noch Speck, flach oder gerollt, Prosciutto crudo und die Soppressata. Diese Wurst besteht hauptsächlich aus Schweinefilet, wird nur mit schwarzen Pfefferkörnern und Salz gewürzt und eine Zeitlang gepresst, bevor sie kurz getrocknet wird.

Reifezeit

Werden die Würste nicht frisch verkauft, kommen sie im Betrieb der Brüder in den Nebenraum. Er ist von unten bis oben mit Stangen bestückt. An einer Seite des Raumes glühen im Kamin Eichenscheite, sorgen für Hitze. Die Zeit der Reife beginnt für die Würste an den Stangen, die am weitesten vom Feuer entfernt sind, und zwar unten, denn dort ist es kühler als oben im Raum. Die Würste werden dann mitsamt den Stangen immer wieder umgehängt, erst weiter nach oben und dann immer näher in Richtung Kamin. Das alles geschieht in Handarbeit und unterliegt keinem festen Muster. Der Metzger muss von Fall zu Fall entscheiden, wann eine Wurst so weit ist, dass sie an einen anderen Platz gehört. Dieses Gefühl liegt den beiden Brüdern im Blut, schließlich war schon die Großmutter die Tochter eines Metzgers. Ganz nah beim Feuer bleiben die Würste nicht länger als 48–72 Stunden, kommen schließlich in den Verkauf. In der Regel braucht eine Wurst 18–21 Tage Zeit zum Reifen, kann aber natürlich auch in halb getrocknetem Zustand oder auch ganz frisch, nicht mehr als ein paar Stunden alt, verkauft werden, wenn jemand das wünscht.
Pancetta – Speck, ob flach oder gerollt – und Capocollo – Schweinenacken – werden nur eingesalzen und dadurch gereift.
Dass das Fleisch für alle Spezialitäten nur von Tieren aus der Umgebung stammt, die auf natürliche Weise aufgezogen und selbst geschlachtet wurden, ist für die Brüder eine Selbstverständlichkeit. Zurück im Laden werden uns all die Köstlichkeiten aufgetischt, mit einem Glas Wein – natürlich Aglianico – und Taralli, den knusprigen Teigkringeln, die ursprünglich aus Apulien kommen. Etwas ganz Besonderes entdecken wir hier noch: kleine »lucaniche«, in feinstem Olivenöl eingelegt.

Würste zu Hause genießen

Damit wir alles noch einmal in Ruhe genießen können, bekommen wir Kostproben mit auf den Weg. Sowohl Würste in Öl, als auch andere, die für den Transport in Folie eingeschweißt werden. Und die Brüder geben uns noch einen Tipp: Damit die eingeschweißten Würste daheim ihr Aroma wieder voll entfalten, sollte man sie nach dem Öffnen mindestens 20 Minuten Luft atmen lassen. Was man nicht gleich aufisst, wird locker in Butterbrotpapier aufbewahrt – in einer kühlen Speisekammer oder im Kühlschrank. Und die in Öl konservierten Würste sind mindestens ein Jahr lang haltbar. Man läßt sie gut abtropfen und schneidet sie in Scheiben. Frische Würste könen wir leider nicht mitnehmen. Aber ein paar Tipps, was man mit ihnen macht: braten oder grillen, zerkrümelt zum Sugo kochen oder auch als Füllung für Gemüse verwenden.

Venosa: Città di Orazio

Nach unserem Besuch im Salumificio genießen wir die Ruhe der geschichtsträchtigen Kleinstadt Venosa, wandern über die Piazza, bewundern ihre Arkaden und das wuchtige Kastell auf der anderen Seite und schauen uns schließlich noch das Haus an, in dem Orazio (Horaz) im Jahre 65 v.Chr. das Licht der Welt erblickt haben soll. Der berühmteste Sohn der Stadt wuchs zu einem Dichter heran, der erst nach seinem Tod zu Weltruhm gelangen sollte.

Geschäfte mit Ambiente – Waage mit Zierde.

Ob als Imbiss *oder kleines Mittagessen: Die Focaccia lucana ist schnell fertig und schmeckt einfach köstlich. Frittata und Zucchini lassen sich gut vorbereiten und machen auch auf einem Antipasti-Buffet Eindruck.*

Focaccia lucana

Würzig gefülltes Brot

Zutaten für 4 Personen
Zubereitungszeit: 25 Min.
Pro Portion: 285 kcal

1 mittelgroßer Endiviensalat
2 frische Salsicce (Schweinewürstchen, ca. 200 g)
2 Knoblauchzehen
2 getrocknete Peperoncini
2 EL Olivenöl
150 g Käse (Pecorino oder Caciocavallo)
4 flache Ciabattabrötchen

Vom Endiviensalat die äußeren Blätter entfernen, den Salatkopf vierteln, waschen und in feine Streifen schneiden. Die Wurstmasse in möglichst kleinen Stücken aus der Haut drücken. Den Knoblauch schälen und erst in Scheiben, dann in feine Stifte schneiden. Die Peperoncini fein zerkrümeln.

Den Backofen auf 200° (Umluft 180°) vorheizen. Das Öl in einer größeren Pfanne erhitzen. Knoblauch und Peperoncini darin andünsten. Die Wurststücke hinzufügen und alles unter Rühren ein paar Min. braten.

Die Wurst dabei noch weiter zerkleinern. Salatstreifen dazugeben und bei mittlerer Hitze unter gelegentlichem Wenden 10 Min. schmoren.

Den Käse – falls nötig – entrinden und in dünne Scheiben schneiden. Die Brötchen durchschneiden. Die unteren Brötchenhälften mit der Salat-Wurstmischung belegen. Käse darauf verteilen. Die belegten Hälften auf ein Backblech legen, die oberen umgedreht daneben verteilen. Die Brötchen für 5 Min. in den heißen Ofen (Mitte) schieben, bis der Käse zerläuft. Brötchen zusammenklappen und warm essen.

Die gefüllten Zucchini lassen sich gut vorbereiten.

TIPP

Wer Zeit und Lust hat, backt selbst eine Focaccia. (Rezept Seite 71, Tomaten und Oliven weglassen). Die Wurstmischung schmeckt auch auf Bruschetta-Art auf frisch gerösteten Brotscheiben. Oder als schnelles Hauptgericht mit frisch gekochter Pasta. Statt Endiviensalat können Sie auch gut Cime di rapa oder Zichorie nehmen.

Zucchini ripieni

Gefüllte Zucchini

Zutaten für 4 Personen
Zubereitungszeit: 45 Min.
Pro Portion: 210 kcal

400 g Tomaten, 4 EL Olivenöl
Salz, schwarzer Pfeffer
4 junge Zucchini
40 g weiche Brotkrume (Weißbrot ohne Rinde), 1/2 Bund Basilikum
70 g mittelalter Pecorino oder Ziegenkäse

Tomaten waschen, die Stielansätze herausschneiden. Tomaten mit kochendem Wasser überbrühen, kurz darin ziehen lassen, kalt abschrecken und häuten. Tomaten sehr klein würfeln, mit 2 EL Öl, Salz und Pfeffer in einem Topf zum Kochen bringen und bei mittlerer Hitze 10 Min. leicht kochen lassen. Pürieren.

Den Backofen auf 180° vorheizen. Die Zucchini waschen, die Enden abschneiden. Zucchini der Länge nach halbieren, mit einem Teelöffel leicht aushöhlen. Das Ausgehöhlte sehr fein hacken. Brotkrume zerzupfen. Basilikum waschen, trockenschütteln, Blättchen abzupfen und kleiner zupfen. Käse reiben. Gehackte Zucchini, Brot, Basilikum, Käse und übriges Öl mischen, mit Salz und Pfeffer abschmecken und in die Zucchini füllen.

Zucchinihälften nebeneinander in eine feuerfeste Form füllen. Zucchini im Ofen (Mitte, Umluft 160°) 15 Min. garen, dann das Tomatenpüree über die Brotfüllung löffeln und die Zucchini noch einmal 15 Min. garen, bis sie weich sind. Abkühlen lassen.

Frittata alla menta

Minz-Omelett

Zutaten für 4–6 Personen
Zubereitungszeit: 30 Min.
Pro Portion (bei 6): 125 kcal

1 großes oder 2 Bund frische Minze
6 Eier
1 EL Mehl
1 EL Milch
Salz, schwarzer Pfeffer
3 EL Olivenöl

Die Minze waschen und trockenschütteln. Die Blättchen abzupfen und fein hacken. Die Eier in eine Schüssel aufschlagen. Das Mehl darüber sieben und die Milch dazugießen. Alles mit einer Gabel verschlagen, bis sich Eigelb und Eiweiß verbunden haben. Minze untermischen, die Masse mit Salz und Pfeffer würzen.

Öl in einer Pfanne erhitzen. Die Eiermasse hineingießen und bei schwacher Hitze in 15 Min. stocken lassen. Frittata auf einen Teller gleiten lassen, umgedreht in die Pfanne geben und noch einmal bei mittlerer Hitze 5 Min. braten. Frittata kurz ruhen lassen, dann in Tortenstücke schneiden.

Die Frittata schmeckt lauwarm oder kalt. Dazu passen Cocktailtomaten.

Frittelle di melanzane

Auberginenbällchen

Zutaten für 4 Personen
Zubereitungszeit: 30 Min.
Pro Portion: 400 kcal

1 mittelgroße Aubergine (ca. 250 g)
Salz
1 EL schwarze Oliven (am besten ohne Stein)
1/2 Bund Petersilie
1 frischer Peperoncino
80 g Semmelbrösel
100 g frische Ricotta
2 Eier
schwarzer Pfeffer
3/4 l Olivenöl zum Frittieren
Zitronenschnitze zum Servieren

Die Aubergine waschen und abtrocknen, das Stielende abschneiden. Die Aubergine im Ganzen in kochendem Salzwasser 8 Min. vorgaren. Kalt abschrecken, abkühlen lassen und ganz fein würfeln.

Die Oliven – falls nötig – entsteinen. Die Petersilie waschen, trockenschütteln und abzupfen, den Peperoncino waschen und vom Stielansatz befreien. Diese drei Zutaten sehr fein hacken und mit der Aubergine, den Semmelbröseln, der Ricotta und den Eiern gründlich verrühren. Salzen und pfeffern.

Öl in einem weiten Topf heiß werden lassen. Von der Auberginenmasse mit zwei Teelöffeln Bällchen abstechen und portionsweise im heißen Öl jeweils 3–4 Min. frittieren. Auf einer dicken Lage Küchenpapier abtropfen lassen und heiß oder abgekühlt servieren. Zitronenschnitze dazu reichen und die Bällchen mit Zitronensaft beträufeln.

Cipolle marinate

Marinierte Zwiebeln

Zutaten für 4 Personen
Zubereitungszeit: 40 Min.
Marinierzeit: 4 Std.
Pro Portion: 70 kcal

10 flache weiße Zwiebeln
10 Gewürznelken
1 EL Honig
Saft von 1/2 Zitrone
2 EL Olivenöl
Salz, schwarzer Pfeffer
2 EL kleine Kapern

Zwiebeln schälen oder waschen, die Enden abschneiden. In jede Zwiebel 1 Gewürznelke stecken.

In einer weiten hohen Pfanne oder im Topf 1/4 l Wasser mit Honig, Zitronensaft, Olivenöl, Salz und Pfeffer aufkochen. Zwiebeln hineinsetzen und zugedeckt bei mittlerer Hitze 15 Min. schmoren. Wenden und offen noch einmal 15 Min. garen. Falls der Sud noch zu flüssig ist, diesen noch etwas einkochen lassen.

Zwiebeln im Sud erkalten lassen und mindestens 4 Std. marinieren. Herausheben, Gewürznelken entfernen. Zwiebeln mit dem Sud in eine Schale füllen, mit den Kapern bestreuen und servieren.

Die Zwiebeln können Sie ohne Probleme schon ein paar Tage vorher zubereiten. Sie passen gut auf ein Antipasti-Buffet.

Suppen *sind in ganz Süditalien beliebt, und Gemüse spielt dabei immer eine Hauptrolle. Eine einfache Gemüsesuppe heißt wie überall im Land Minestra, geht diese Suppe mit einem Stück Fleisch eine Verbindung ein, heißt sie »minestra maritata« – verheiratete Suppe.*

Feine Minestra-Varianten mit Kichererbsen und Schinken (oben) oder Fenchel und Sellerie (unten)

Minestra di baccalà

Stockfischsuppe

Zutaten für 4 Personen
Einweichzeit: 1–2 Tage
Zubereitungszeit: 1 Std.
Pro Portion: 645 kcal

500 g Baccalà
1 EL Rosinen
500 g Tomaten
1/2 Blumenkohl
4 Sardellenfilets in Öl
3 getrocknete Peperoncini
6 EL Olivenöl
2 EL Pinienkerne
Salz, schwarzer Pfeffer aus der Mühle
1 Bund Petersilie

Den Baccalà in eine Schüssel legen und mit kaltem Wasser bedecken. Den Baccalà 1–2 Tage einweichen, dabei das Wasser mehrmals auswechseln.

Dann den Baccalà häuten und entgräten und in mundgerechte Stücke teilen. Die Rosinen kurz in lauwarmem Wasser einweichen.

Die Tomaten waschen oder häuten und in sehr kleine Würfel schneiden. Den halben Blumenkohl waschen und in die einzelnen Röschen teilen. Die Sardellenfilets und die Peperoncini fein hacken.

In einem großen Topf 2 EL Olivenöl erhitzen. Sardellen, Peperoncini und Pinienkerne darin anrösten. Tomaten dazugeben und mit 1 l Wasser auffüllen. Fisch dazugeben, mit Salz und Pfeffer würzen. Die Suppe zugedeckt bei mittlerer Hitze etwa 10 Min. garen.

Den Blumenkohl und die abgetropften Rosinen dazugeben und die Suppe noch etwa 15 Min. garen, bis der Blumenkohl bissfest ist. Die Petersilie waschen und trockenschütteln. Die Blättchen fein hacken. Die Suppe abschmecken und mit der Petersilie bestreuen. Mit dem übrigen Öl beträufelt servieren.

Varianten:

Gekochte Kichererbsen, passierte Tomaten, Schinken und Endiviensalat in Brühe erhitzen, mit geriebenem Käse bestreut servieren. Oder 1 Stück Schweinefleisch und Suppenknochen 1 Std. von Wasser bedeckt kochen lassen. Sieben und mit 400 g Endiviensalat und Kräutern, 1 Fenchelknolle, 1 Stange Sellerie und 1 Kartoffel (alles klein geschnitten) aufkochen. Bissfest garen. Gehackten Knoblauch und Peperoncini in Öl braten, Suppe damit beträufelt servieren.

Die Milch von Ziegen und Schafen enthält keine Carotinoide, Käse daraus ist daher immer weiß und nicht gelblich wie der aus Kuhmilch. Man erkennt also am Farbton, ob die Käsesorten rein aus Ziegen- oder Schafmilch gemacht sind oder ob Kuhmilch mit im Spiel war.

Alle Käsespezialitäten, die wir auf der Azienda »Viola« kennen gelernt haben, kann man in Matera bei »Il Buongustaio« erstehen.

Käse
Vielfalt mit Sorgfalt

»L'occhio del padrone ingrassa il cavallo« – die Pflege des Besitzers macht das Pferd fett. So lautet einer der Grundsätze des Leiters der kleinen Käserei Viola.

Der Padrone achtet darauf, dass es seinen Tieren gut geht. Bei unserem Besuch sehen wir rund um die Käserei zwar keine Pferde, aber reichlich Ziegen und Schafe und auch Schweine und Kühe. Die Tiere dürfen auf die Wiesen und fressen dort Kräuter, z. B. Thymian, Salbei, Klee, Minze, wilde Erdbeeren oder wilden Rucola. Die machen die Milch der Ziegen, Schafe und Kühe besonders aromatisch. Und außer aromatischer Milch braucht man nicht viel mehr, um Käse zu machen, betont der aufmerksame Signore. Ein Gerinnungsmittel und gutes (!) Salz – basta.

Grundlage für die Käse-Entwicklung war sicher der Wunsch, das kostbare Lebensmittel Milch haltbar zu machen. Und da der Mensch nach Abwechslung verlangt, wurden immer neue Sorten erfunden. In der kleinen Käserei lernen wir Gorgonzola aus Ziegenmilch kennen: »verde lucano«. Der helle Käse sieht durch die grünen Einstiche attraktiv aus und schmeckt auch köstlich. Ricotta wird hier in vielen Variationen hergestellt – aus Ziegen- und Schafmilch getrennt, aber auch vermischt. »Cacio ricotta«, ein etwa 5 Tage alter Ziegenfrischkäse, schmeckt besonders gut mit Radicchio und etwas Olivenöl beträufelt. »Ricotta moliterno« hingegen lässt man reifen, bis sich der Käse reiben lässt.

Caciocavallo kann man nicht aus reiner Ziegenmilch herstellen, denn der fehlt ein bestimmtes Kasein, dass man für den Brühkäse braucht. Auch in der kleinen Käserei besteht der Caciocavallo deshalb nur zum Teil aus Ziegenmilch. Bei idealen Bedingungen – 8° Temperatur und 87 % Luftfeuchtigkeit – kann man solch einen Käse bis zu 7 Jahren lagern. Weitere Spezialitäten hier sind schön rot gefärbte Käse. Sie baden während der Reifungszeit zweimal in Aglianico. Früher legte man sie einfach in die zerkleinerten Traubenschalen und ließ sie dort reif werden. In der kleinen Käserei hören wir noch vom »marcetto«, einem Käse mit Larven. Eine Mücke bohrt sich ein Loch durch die weiche Rinde und legt ihre Eier im Käse ab. Die geschlüpften Larven ziehen Bahnen durch den Käse und machen ihn besonders aromatisch. Eine Spezialität, die offiziell nicht mehr verkauft werden darf.

Signore Viola nimmt sich Zeit und erklärt ausführlich, wie er seine köstlichen Käse herstellt.

Torta di formaggi

Käsekuchen

Zutaten für eine Springform von 28 cm Ø
Zubereitungszeit: 50 Min.
Kühlzeit: 30 Min.
Backzeit: 45 Min.
Pro Portion (bei 8): 550 kcal

Für den Teig:
400 g Mehl
100 g Schmalz oder Olivenöl
2 Eigelbe, Salz

Für die Füllung:
100 g roh geräucherter Schinken
250 g frische Ricotta
150 g Ziegenfrischkäse
150 g frisch geriebener mittelalter Käse (z.B. Caciocavallo oder auch Pecorino), 3 Eier
50 g Gorgonzola (nach Belieben)
schwarzer Pfeffer
Salz (nach Belieben)
1 Eigelb zum Bestreichen

Für den Teig das Mehl mit dem weichen Schmalz oder dem Öl, den Eigelben, etwa 100 ml Wasser und 1 kräftigen Prise Salz zu einem geschmeidigen Teig verkneten. Den Teig zur Kugel formen und 30 Min. kühl stellen.

Inzwischen für die Füllung Schinken klein würfeln. Ricotta, Ziegenfrischkäse und geriebenen Käse mit den Eiern gut verrühren. Nach Belieben den Gorgonzola würfeln und mit dem Schinken untermischen. Füllung pfeffern und abschmecken. Falls nötig, leicht salzen.

Den Backofen auf 180° vorheizen. Den Teig halbieren und jeweils rund ausrollen. Die Springform mit einer Teigplatte auslegen, dabei einen kleinen Rand hochziehen. Die Füllung darauf verstreichen. Die zweite Teigplatte mit einer Gabel mehrmals einstechen und auf die Füllung legen.

Die Torte im Ofen (Mitte, Umluft 160°) etwa 45 Min. backen. Dabei nach 30 Min. mit dem Eigelb bepinseln.

Grano con il ragù braucht etwas Zeit. Das Fleischragout schmeckt übrigens nicht nur zu Weizenkörnern, sondern auch zu frisch gekochter Pasta.

Von Pan cotto *gibt es viele Abwandlungen. Mal werden Speck oder Stückchen von Wurst mitgegart, mal nimmt man Brühe statt Wasser. Im Sommer und Herbst kocht man die Brotsuppe gern mit Tomaten und reichert sie zusätzlich mit Eiern an: dazu das Brot einweichen, eine Tomatensauce kochen und die Eier darin pochieren. Beides mischen, abschmecken und servieren.*

Grano con il ragù

Weizen mit Fleischragout

Zutaten für 4 Personen
Quellzeit: 1–2 Tage
Zubereitungszeit: 25 Min.
Garzeit: 5 Std.
Pro Portion: 740 kcal

350 g Weizenkörner
500 g mageres Fleisch zum Schmoren (am besten Schwein und Rind oder Lamm gemischt)
2 Zwiebeln, 4 EL Olivenöl
1/8 l trockener Weißwein
400 g Tomatenpüree (selbst gemacht aus ca. 500 g Tomaten oder aus der Packung)
2 frische Salsicce (Schweinewürstchen, ca. 200 g)
1/4 l trockener Rotwein
je 2 Zweige Rosmarin, Oregano und Thymian
Salz, schwarzer Pfeffer
frisch geriebene Ricotta salata (feste Ricotta) oder Pecorino zum Bestreuen

Weizen waschen, in eine Schüssel füllen und gut mit Wasser bedecken. Die Körner 1–2 Tage quellen lassen.

Dann das Fleisch klein würfeln. Die Zwiebeln schälen und fein würfeln. Das Öl erhitzen, die Zwiebeln dazugeben und die Hitze zurückschalten. Etwas Weißwein angießen und die Zwiebeln dünsten, bis sie so weich sind, dass sie zu Mus zerfallen. Dabei nach und nach den restlichen Wein dazuschütten. Die Hitze etwas höher schalten und das Fleisch zum Zwiebelmus geben. Kurz anschmoren, dann das Tomatenpüree dazurühren, die Würste in kleinen Stückchen aus der Haut drücken und dazugeben.

Rotwein angießen, die Kräuter abspülen und in den Topf legen. Alles leicht salzen und pfeffern und bei ganz schwacher Hitze 5 Std. schmoren. Dabei immer mal wieder durchrühren und eventuell Wein oder Wasser nachgießen.

Nach 3 1/2 Std. Garzeit den Weizen mit frischem Wasser bedecken und zum Kochen bringen. Salzen und bei mittlerer Hitze zugedeckt in 1 1/2 Std. weich schmoren. Dabei – falls nötig – Wasser nachgießen. Weizen abtropfen lassen. Das Ragout abschmecken. Ragout und Körner mischen und mit Käse servieren.

Pan cotto

Brotsuppe

Zutaten für 4 Personen
Zubereitungszeit: 30 Min.
Pro Portion: 270 kcal

200 g altbackenes Brot
500 g grünes Gemüse (Zichorie, Cime di rapa, Wurzelspinat oder auch Brokkoli)
4 Knoblauchzehen
1 Bund Frühlingszwiebeln oder 1 junge rote Zwiebel
5 EL Olivenöl (+ Öl zum Beträufeln)
Salz, 1 getrockneter Peperoncino

Das Brot in kleine Würfel schneiden. Das Gemüse waschen und putzen, in kleinere Stücke schneiden oder in Röschen teilen. Den Knoblauch schälen und halbieren, die Frühlingszwiebeln waschen und putzen oder die rote Zwiebel schälen. Die Zwiebeln fein hacken.

Das Olivenöl in einem Topf erhitzen. Den Knoblauch hineingeben und anbraten, dann wieder herausfischen. Das Gemüse ins Öl geben und zusammenfallen lassen oder kurz andünsten, das Brot hinzufügen und kurz anbraten. 1 l Wasser angießen, aufkochen und alles weitergaren, bis das Brot zerfällt. Mit Salz und dem zerkrümelten Peperoncino würzen. Die Zwiebeln untermischen und Pan cotto noch ganz kurz weitergaren.

Zum Servieren in Teller füllen und mit frischem Öl begießen. In der Basilikata nimmt man »olio santo«, das ist Olivenöl, in das man Peperoncini eingelegt und das man dadurch »geschärft« hat.

Pasta *gibt es überall in Italien. Im Süden werden die beliebten Primi besonders häufig mit Gemüse zubereitet oder auch mit Hülsenfrüchten wie »ceci« – Kichererbsen.*

Cavatelli con le rape

Nudeln mit Cime di rapa

Zutaten für 4 Personen
Zubereitungszeit: 25 Min.
Pro Portion: 630 kcal

400 g Cavatelli
oder andere kurze Nudeln
700 g Cime di rapa
4 Knoblauchzehen
Salz, 6 EL Olivenöl
100 g Semmelbrösel
schwarzer Pfeffer

Für die Nudeln reichlich Wasser zum Kochen bringen.

Inzwischen Cime di rapa waschen. Von den dicken Stielen die Blätter abzupfen und grob zerschneiden, die zarten Blätter an den Stielen lassen. Die Knoblauchzehen schälen und hacken. Das Gemüse mit Knoblauch und ca. 2 cm hoch Wasser in einen Topf füllen.

Das Nudelwasser salzen. Die Nudeln darin nach Packungsaufschrift al dente kochen. Cime di rapa salzen und zum Kochen bringen. Zugedeckt bei schwacher Hitze 8 Min. garen.

In einer Pfanne 3 EL Olivenöl erhitzen und die Semmelbrösel darin schön knusprig braten. Das Gemüse abgießen und mit Salz und Pfeffer würzen.

Die Nudeln ebenfalls abgießen und mit dem Gemüse und dem übrigen Öl mischen. Die Nudeln in Teller füllen, die gerösteten Semmelbrösel extra dazu reichen und beim Essen statt Parmesan draufstreuen.

Wunderbar aromatisch und fein schmecken die gebackenen Cocktailtomaten zur Pasta.

Pasta con pomodori al forno

Nudeln mit Ofentomaten

Zutaten für 4 Personen
Zubereitungszeit: 30 Min.
Pro Portion: 520 kcal

350 g Cocktailtomaten
2 Knoblauchzehen
1/2 Bund Petersilie
1/2 Bund Basilikum
5 EL Olivenöl
2–3 EL frisch geriebener Pecorino
2 EL Semmelbrösel
Salz, schwarzer Pfeffer
400 g Fusilli, Orecchiette oder Bucatini

Den Backofen auf 220° (Umluft 200°) vorheizen. Die Tomaten waschen und halbieren. Mit der Schnittstelle nach oben in eine feuerfeste Form legen. Den Knoblauch schälen und durch die Presse drücken oder ganz fein hacken. Die Kräuter waschen und trockenschütteln, die Blättchen abzupfen und sehr fein schneiden. Knoblauch und Kräuter mit Öl, Käse und Semmelbröseln verrühren und mit Salz und Pfeffer abschmecken. Auf den Tomaten verteilen.

Die Tomaten in den Ofen (Mitte) schieben und 15 Min. backen. Gleichzeitig für die Nudeln reichlich Wasser zum Kochen bringen, salzen. Die Nudeln darin nach Packungsaufschrift al dente kochen. Nudeln abgießen und mit den heißen Tomaten in der Form mischen. Sofort servieren.

Pasta e ceci

Nudeln und Kichererbsen

Zutaten für 4 Personen
Quellzeit: über Nacht
Garzeit: 1–1 1/2 Std.
Zubereitungszeit: 30 Min.
Pro Portion: 540 kcal

200 g getrocknete Kichererbsen
2 Zweige frischer Rosmarin
1 Lorbeerblatt
2 getrocknete Peperoncini
400 g Tomaten, 4 Knoblauchzehen
4 EL Olivenöl, Salz, schwarzer Pfeffer
400 g Cavatelli oder Fusilli
1 Bund Petersilie

Kichererbsen in einer Schüssel mit Wasser bedecken, über Nacht quellen lassen. Mit Einweichwasser, Rosmarin, Lorbeer und Peperoncini bei schwacher Hitze zugedeckt in 1–1 1/2 Std. weich garen. Falls nötig, Wasser nachgießen.

Etwa 30 Min. vor Ende der Garzeit Tomaten häuten, klein würfeln. Knoblauch schälen, in Stifte schneiden. Knoblauch in 2 EL Öl andünsten. Tomaten und 150 ml Wasser dazugeben, bei mittlerer Hitze 10 Min. leicht kochen lassen. Salzen und pfeffern. Nudeln in reichlich Salzwasser al dente kochen.

Petersilie waschen, fein hacken. Kichererbsen abtropfen lassen, unter die Tomatensauce mischen, Petersilie unterrühren. Nudeln abgießen und unterrühren. Salzen, pfeffern, mit übrigem Öl beträufeln.

Nicht nur in der Basilikata stehen Nudeln und Kichererbsen auf der Speisekarte, auch in Sizilien, Kampanien oder Kalabrien.

Ein Essen *für besondere Tage und liebe Freunde. Alles lässt sich nämlich wunderbar vorbereiten. Dann einfach in den Ofen schieben, die erste Flasche Wein entkorken und anschließend entspannt genießen.*

Zum Lamm als Antipasti mal Zucchini ripieni (Seite 107), als Contorni Carote al scapece (Seite 123) und als Dessert Torta all'arancia (Seite 51) servieren.

Agnello al forno

Lamm aus dem Ofen

Zutaten für 6 Personen
Zubereitungszeit: 30 Min.
Backzeit: 1 1/2 Std.
Pro Portion: 620 kcal

1 kg fest kochende Kartoffeln
Salz, schwarzer Pfeffer
1/2 Bund Rosmarin
4 Zweige frischer Thymian
10 Knoblauchzehen
300 g junge Zwiebeln
2 getrocknete Peperoncini
1,2 kg nicht zu fette Lammschulter oder -keule ohne Knochen
500 g Tomaten
4 Stangen Staudensellerie
8 EL Olivenöl

Kartoffeln schälen oder gründlich waschen (wenn es neue sind, kann man sie mit Schale verwenden). Die Kartoffeln je nach Größe halbieren oder vierteln und nebeneinander auf ein Backblech legen. Salzen und pfeffern.

Den Backofen auf 180° vorheizen. Kräuter waschen, trockenschütteln und grob zerkleinern. Knoblauch schälen und ganz lassen. Zwiebeln schälen, halbieren und in Streifen schneiden. Peperoncini im Mörser zerstoßen oder zerkrümeln.

Lamm in mundgerechte Stücke schneiden. Tomaten waschen und würfeln. Sellerie waschen und in Scheiben schneiden. Lamm mit Salz und Pfeffer würzen und auf die Kartoffeln legen. Darauf Tomaten, Zwiebeln, Knoblauch und Sellerie verteilen. Dazwischen Peperoncini, Kräuter und Knoblauch streuen. Zum Schluss Olivenöl darüber träufeln.

Blech in den heißen Ofen (Mitte, Umluft 160°) schieben, das Lamm 1 1/2 Std. garen, bis es schön zart ist. Dabei Lamm und Gemüse an der Oberfläche einmal etwas umrühren, damit nichts trocken wird.

CANNETO

Stinco di vitello al aglianico

Kalbshaxe in Rotwein

Zutaten für 6 Personen
Marinierzeit: 1–2 Tage
Zubereitungszeit: 15 Min.
Garzeit: 1 1/2 Std.
Pro Portion: 590 kcal

4 Zwiebeln, 4 Knoblauchzehen
2 Stangen Staudensellerie
je 3 Zweige frischer Rosmarin, Thymian, Majoran und Minze
2 getrocknete Peperoncini
1 Flasche Aglianico del Vulture oder anderer süditalienischer Rotwein
1 Kalbshaxe (ohne Schwarte mit Knochen, ca. 1,8 kg)
Salz, schwarzer Pfeffer
4 EL Olivenöl

Die Zwiebeln schälen und vierteln, den Knoblauch schälen und ganz lassen. Den Sellerie waschen, putzen und in 2 cm lange Stücke schneiden. Die Kräuter waschen und trockenschütteln. Alle diese Zutaten mit den Peperoncini und dem Wein in einer Porzellanschüssel mischen. Die Kalbshaxe hineinlegen und an einem kühlen Ort 1–2 Tage darin marinieren. Dabei gelegentlich wenden.

Dann trockentupfen und mit Salz und Pfeffer einreiben. Das Öl in einem Schmortopf erhitzen, die Haxe darin kräftig anbraten. Mit der Marinade mitsamt allen Zutaten ablöschen und zugedeckt bei schwacher Hitze 1 1/2 Std. schmoren. Ab und zu wenden.

Die Kalbshaxe aus der Schmorflüssigkeit heben und in Alufolie wickeln. Die Sauce passieren, wieder in den Topf füllen und eventuell etwas einkochen lassen. Mit Salz und Pfeffer abschmecken. Das Kalbfleisch vom Knochen schneiden und mit der Sauce servieren.

Maiale con i peperoni

Schweineragout

Zutaten für 4 Personen
Zubereitungszeit: 25 Min.
Garzeit: 1 Std.
Pro Portion: 290 kcal

1 rote Paprikaschote
2 Knoblauchzehen
125 g Perlzwiebeln oder italienisch eingelegte Zwiebeln aus dem Glas
100 g eingelegte Paprikaschoten
700 g nicht zu mageres Schweinegulasch
4 EL Olivenöl, Salz
1 getrockneter Peperoncino
2 Stängel frische Minze

Die Paprikaschote waschen, halbieren und putzen. Dann in kleine Würfel schneiden. Den Knoblauch schälen und fein hacken. Die Zwiebeln und die eingelegten Paprika abtropfen lassen, Paprika und größere Zwiebeln etwas kleiner schneiden. Das Gulasch von größeren Fettstücken befreien.

Das Öl in einem Schmortopf erhitzen. Das Fleisch darin portionsweise gut anbraten und wieder herausfischen. Wenn alles Fleisch gebraten ist, die Paprikawürfel und den Knoblauch darin andünsten. Fleisch mit Zwiebeln und eingelegtem Paprika wieder dazugeben. Mit Salz und zerkrümeltem Peperoncino abschmecken.

Das Fleisch zugedeckt bei sehr schwacher Hitze 1 Std. schmoren. Gelegentlich überprüfen, ob nichts anbrennt. Falls nötig, etwas Wasser angießen. Die Minze waschen und trockenschütteln. Die Blättchen fein hacken und das Ragout damit bestreuen.

In der Basilikata nimmt man für dieses würzige Ragout Lampascioni, die man bei uns kaum bekommt.

Von der Sonne *verwöhnt schmeckt Gemüse noch mal so gut. Kein Wunder also, dass es in Süditalien hoch im Kurs steht. Ob aus dem Ofen oder geschmort, ob heiß, lauwarm oder auch einmal kalt serviert.*

Patate al forno

Kartoffeln aus dem Ofen

Zutaten für 4 Personen
Zubereitungszeit: 25 Min.
Backzeit: 1 Std.
Pro Portion: 315 kcal

700 g vorwiegend fest kochende Kartoffeln
500 g Tomaten, 2 Zwiebeln
1/2 Bund frischer Oregano
80 g frisch geriebener Pecorino, Salz
1 getrockneter Peperoncino (nach Belieben)
4 EL Olivenöl

Die Kartoffeln schälen, waschen und – je nach Größe – vierteln oder achteln. Die Tomaten waschen oder häuten und würfeln. Die Zwiebeln schälen, vierteln und in Streifen schneiden. Den Oregano waschen und trockenschütteln. Die Blättchen abzupfen.

Den Backofen auf 180° vorheizen. Alle vorbereiteten Zutaten in einer feuerfesten Form mit dem Käse, Salz und eventuell dem zerkrümelten Peperoncino mischen. Das Olivenöl mit 1/8 l Wasser verrühren und darüber gießen.

Die Kartoffeln im Ofen (Mitte, Umluft 160°) 1 Std. backen. Falls sie zu dunkel werden, Kartoffeln mit Alufolie abdecken. Die Kartoffeln schmecken zu gegrilltem oder gebratenem Fleisch, aber auch zu Fisch.

Peperoni alle mandorle

Paprikagemüse mit Mandeln

Zutaten für 4 Personen
Zubereitungszeit: 25 Min.
Pro Portion: 230 kcal

4 Paprikaschoten (am besten gemischt oder nur rote und gelbe)
4 Tomaten
50 g gehäutete Mandeln
4 EL Olivenöl
2 EL Rosinen
1 EL Zucker
2 EL Essig
Salz, schwarzer Pfeffer

Die Paprikaschoten waschen, halbieren und putzen. Die Hälften noch einmal längs durchschneiden, dann quer in feine Streifen schneiden. Die Tomaten waschen und klein würfeln. Die Mandeln mittelgrob hacken.

Das Öl in einem Topf oder in einer Pfanne erhitzen. Die Paprikastreifen darin gut anbraten. Mandeln dazugeben und kurz mitbraten. Tomaten, Rosinen, Zucker und Essig dazurühren. Das Gemüse mit Salz und Pfeffer abschmecken und zugedeckt bei mittlerer Hitze 10 Min. schmoren. Es schmeckt am besten lauwarm.

Süßsäuerlich schmecken Paprikaschoten besonders gut.

TIPP

Statt Kartoffeln können Sie auch Artischocken nehmen, nach dem Putzen geviertelt und vom Heu befreit. Ebenfalls gut schmecken Auberginen und Tomaten. Die Garzeit verkürzt sich dann auf 40 Min.

Carote alla scapece

Möhrengemüse

Zutaten für 4 Personen
Zubereitungszeit: 30 Min.
Pro Portion: 130 kcal

500 g Möhren
Salz, 2 Knoblauchzehen
1 frischer roter Peperoncino
1/2 Bund Oregano
4 EL Olivenöl, 5 EL Essig
schwarzer Pfeffer

Die Möhren putzen und schälen, dann in wenig Salzwasser zugedeckt 10 Min. dünsten.

Den Knoblauch schälen und fein hacken. Den Peperoncino waschen, vom Stielansatz befreien und mit den Kernen fein hacken. Oregano waschen und trockenschütteln, die Blättchen abzupfen. Die gegarten Möhren abtropfen lassen und in Scheiben schneiden.

Das Öl in einem Topf erhitzen, Knoblauch, Peperoncino und Oregano darin andünsten. Möhren hinzufügen. Essig dazuschütten, die Möhren mit Salz und Pfeffer abschmecken und zugedeckt noch 1–2 Min. schmoren. Das Gemüse lauwarm oder abgekühlt servieren.

Leicht scharf und etwas säuerlich schmecken die Möhren als Beilage oder Antipasto.

Köstlich kombiniert: *Kichererbsen und Schokolade gehen hier eine süße Verbindung ein. Die kleinen Calzoni schmecken lauwarm als Dessert oder abgekühlt zum Kaffee. Länger als einen Tag sollten Sie sie aber nicht aufbewahren.*

Calzoni con ceci

Für die Füllung alles sehr fein hacken, mischen und auf den Teigkreisen verteilen. Die gut verschlossenen Taschen mit dem Schaumlöffel ins Öl geben und wieder herausfischen.

Teigtaschen mit Kichererbsenfüllung

Zutaten für 24 Stück
Zubereitungszeit: 1 1/4 Std.
Pro Stück: 150 kcal

200 g Mehl
1 EL Olivenöl + 3/4 l Olivenöl zum Frittieren
100 ml trockener Weißwein
100 g Zartbitterschokolade
50 g Zitronat
1 Dose gegarte Kichererbsen (265 g Abtropfgewicht)
100 g Honig (ca. 4 EL)
Puderzucker zum Bestäuben

Das Mehl mit 1 EL Öl und dem Wein zu einem glatten geschmeidigen Teig verkneten. Den Teig zu einer Kugel formen, mit einem feuchten Tuch bedecken und 30 Min. ruhen lassen.

Inzwischen für die Füllung die Schokolade und das Zitronat sehr fein hacken. Die Kichererbsen abtropfen lassen und mit dem Honig fein pürieren. Schokolade und Zitronat untermischen.

Den Teig noch einmal durchkneten und in 24 Stücke teilen. Jede Teigkugel auf wenig Mehl rund (8–10 cm Ø) und dünn ausrollen. Die Füllung auf einer Hälfte jedes Teigkreises verteilen, die Teigkreise zu Halbmonden zusammenklappen und die Ränder mit einer Gabel gut andrücken.

Das Öl zum Frittieren heiß werden lassen. Die Teigtaschen darin portionsweise in 4 Min. goldbraun frittieren. Mit dem Schaumlöffel herausheben, auf einer dicken Lage Küchenpapier abfetten lassen. Leicht abkühlen lassen, dann mit Puderzucker bestäubt servieren.

Die feinen Plätzchen sind lange haltbar. Genießen Sie sie zum »caffè« oder auch zu einem Gläschen Rotwein.

Eine ungewöhnliche Variante *des süßen Pasticcio pasquale enthält nur wenig Zucker, dafür wird Salami in kleinen Stücken unter die Ricottamasse gerührt. Die Füllung dieses herzhaften Osterkuchens wird aber trotzdem mit Vanille und Zimt gewürzt. Den Salami-Kuchen isst man lauwarm.*

Mostaccioli

Schokoladenplätzchen

Zutaten für ca. 60 Stück
Zubereitungszeit: 40 Min.
Backzeit: 3 x 15 Min.
Pro Stück: 60 kcal

300 g Mandeln
150 g Zartbitterschokolade in Stückchen
100 g Kakao
150 g Zucker
1 TL Zimtpulver
1 Prise gemahlene Gewürznelken
1/8 l kalter Espresso
Öl oder Backpapier fürs Blech

Mandeln und Schokoladestückchen in der Küchenmaschine fein zerkleinern.

Kakao, Zucker, Zimt und Nelkenpulver dazugeben. Den Espresso untermischen und alles zu einem glatten Teig verkneten.

Den Backofen auf 160° (Umluft 140°) vorheizen. Vom Teig mit den Händen oder zwei Teelöffeln walnussgroße Stücke abnehmen und zu kleinen Fladen formen. Auf das geölte oder mit Backpapier belegte Blech legen.

Die Schokoladenplätzchen im Ofen (Mitte) pro Blech 15 Min. backen. Plätzchen jeweils vom Blech heben und abkühlen lassen.

TIPP

Sehr gut schmecken die Plätzchen lauwarm mit etwas Vanille- oder Schokoladeneis.

Pasticcio pasquale

Osterkuchen

Zutaten für eine Tarteform von 30 cm Ø
Zubereitungszeit: 40 Min.
Backzeit: 50 Min.
Pro Stück (bei 12): 305 kcal

Für den Teig:
250 g Mehl
150 g kalte Butter in kleinen Stücken
100 ml trockener Weißwein
1/2 TL Zimtpulver
4 Päckchen Vanillezucker
1 Prise Salz

Für die Füllung:
500 g frische Ricotta
3 Eier
1 Prise Zimtpulver
1 Päckchen Vanillezucker
80 g Zucker

Für den Teig das Mehl mit den Butterstückchen, dem Wein, Zimt, Vanillezucker und Salz zu einem geschmeidigen Teig verkneten. Den Teig zu einer Kugel formen und 30 Min. kühl stellen.

Für die Füllung die Ricotta mit den Eiern, Zimt, Vanillezucker und Zucker gut verrühren.

Den Backofen auf 180° vorheizen. Den Teig halbieren und jeweils zwischen zwei Lagen Klarsichtfolie rund ausrollen. Die Tarteform mit einem Teigfladen auskleiden. Die Füllung darauf verteilen. Den Teigdeckel mit einer Gabel mehrmals einstechen und auf die Füllung legen. Die Ränder gut zusammen drücken.

Den Kuchen im Ofen (Mitte, Umluft 160°) 50 Min. backen. Abkühlen lassen.

GISPE
AJOS SELECCIONADOS DE MENDOZA
10 KG
FRUTTA SCELTA

Kalabrien –
reizvolle Spitze

Ein erster Eindruck: Häuser für ein paar Familien, ein Stockwerk fertig, das andere ohne Fenster und Türen. Das Ganze weder verputzt noch gestrichen. Menschen, die einen anscheinend argwöhnisch beäugen, die kaum Interesse zeigen, nicht einmal im Ristorante oder Alimentari. Strände, verbaut und verwahrlost. Ein zweiter Eindruck: Eine wunderschöne Landschaft, oft unberührt und wild oder auch sanft und malerisch.

Calabria *la misteriosa*

Kleiner Ort mit byzantinischen Wurzeln: Papasìdero in der Provinz Cosenza.

Widersprüche: Die Sila könnte mit ihren wunderschönen Seen, Wäldern und sogar einem Skigebiet auch in der Schweiz oder im Schwarzwald liegen. Und neben grauen Küstenabschnitten finden sich spektakuläre Buchten und herrliche »spiagge« – Strände. Nicht umsonst werden Teile der etwa 800 km langen Küste das Kalifornien Italiens genannt.

Wer sich in Kalabrien nicht vom ersten Eindruck leiten lässt, entdeckt Pflanzen, die es nur hier gibt, hört von Wölfen, die hier noch leben sollen. Aber von fast niemandem gesehen werden, denn die Tiere sind sehr scheu. Und trifft Menschen, die nach einiger Zeit auftauen und erzählen. Die sich darum kümmern, dass die mafiosen Strukturen aufgelöst werden, die Eigenintiative aufbringen und fördern. Und die bedauern, dass so viele junge Menschen Kalabrien verlassen. Ging die Auswanderungswelle früher in Richtung Amerika – »nelle Americhe« – wandern heute viele in den Norden des Landes ab, um zu studieren oder zu arbeiten. Und die meisten von ihnen kommen nicht zurück. Dabei wäre ihr Engagement so wichtig, ihre Tatkraft und ihr Wissen.

Einer der vielen Auswanderer, Luigi Falzetta, der in San Giovanni geboren wurde und heute mit seiner Familie in der Schweiz lebt, erklärt uns die Gründe:

Kalabrien wurde – wie andere süditalienische Regionen auch – von vielen verschiedenen Völkern beherrscht, jahrhundertelang von fremden Mächten bestimmt. Der Großteil der Bevölkerung steht auch heute noch der Regierung in Rom sehr skeptisch gegenüber – als wäre sie ebenfalls ein fremder Herrscher.

Viele seiner Landsleute haben sich zurückgezogen. Nicht umsonst ist Kalabrien die Region, wo an Traditionen noch besonders festgehalten wird, wo auch noch sehr wenige Frauen arbeiten gehen. Staatliche Gelder wurden für unsinnige Projekte bewilligt, flossen gleich in die Kanäle der Mafia, die hier 'Ndrangheta heißt und als besonders brutal und gefährlich gilt, oder wurden auf Grund der fatalistischen Mentalität nicht richtig eingesetzt. Sein Heimatort beispielsweise hatte 20000 Einwohner und 7000 davon sind in die Schweiz emigriert. Inzwischen kehren allerdings einige zurück in ihre Heimat.

Griechische Geschichte(n)

Im 8. Jahrhundert v. Chr. kamen griechische Kolonisatoren ins Land und brachten eine wirtschaftliche und kulturelle Blütezeit. Sie gründeten »Magna Grecia« – Großgriechenland. Und darauf ist man in Kalabrien auch stolz, nicht nur, weil es – mit griechischer Hilfe – in Cirò die ersten Weinstöcke Italiens gegeben haben soll.

In Crotone wundern wir uns über das Autokennzeichen »KR«, denn ein K ist in der italienischen Sprache eigentlich nicht zu finden. Es geht zurück auf den Ortsnamen Kroton, das im 6. und 5. Jahrhundert v. Chr. die wichtigste Stadt Großgriechenlands in ganz Süditalien war. Hier befand sich auch die berühmte Schule des Pythagoras. Und diese Andenken bewahrt man auch im Kennzeichen der Autos.

Auf Nebenwegen

Trotz vieler Bausünden entlang der Strände findet man an der Küste Kalabriens auch viele schöne Plätze. Am Tyrrhenischen Meer ist mehr los als am Ionischen, weil es über die Autobahn schneller zu erreichen ist, und weil man hier einen atemberaubenden Blick auf die Nachbarinsel Sizilien und den Ätna erhaschen kann.

Wer Einsamkeit sucht, braucht nur ein paar Kilometer ins Landesinnere zu fahren, um sie zu finden. In Kalabrien liegt nämlich kein Ort mehr als 50 km vom Meer entfernt. Und ein Plätzchen im Landesinneren kann sich vor allem im Hochsommer als angenehm erweisen. Denn in der Höhe der Berge erfreut man sich angenehmer Temperaturen und ist in kurzer Zeit am Meer

Die Kirche San Marco liegt am Stadtrand von Rossano. Hier war ein Zentrum byzantinischer Kunst, wie man an der Architektur der kleinen Kirche ablesen kann.

Wie Finger weisen die Felsen in die Höhe und beschützen Pentedàttilo. Ganz unnötig, denn hier lebt niemand mehr.

Ziegenherden ziehen durch die ursprüngliche Landschaft Kalabriens, hier in der Provinz Crotone.

Gegensätzlicher kann Natur kaum sein: Wie ein Fluss aus Stein wirkt der Fiumara Amendole im Aspromonte und tatsächlich fließt hier nur in den Wintermonaten Wasser. Ganz anders am Capo Vaticano. Kristallklares azurblaues Wasser lädt zum Baden ein.

mit seiner Gluthitze und dem quirligen Strandleben. Wer bei seiner Rundfahrt auf zweisprachige Orts- und Straßenschilder stößt, befindet sich in der Sila Greca oder im Aspromonte. In die Sila Greca kamen im 15. und 16. Jahrhundert Albaner und gründeten etwa 30 Gemeinden. Noch heute sprechen viele der Bewohner dort albanisch. Hört man hingegen griechische Klänge, ist man in einem Ort im Aspromonte, dessen Bewohner wahrscheinlich Nachfahren der Bevölkerung der Magna Grecia sind. Vor Touren in den Aspromonte wird übrigens häufig gewarnt, weil sich gerade hier die N'Drangheta angesiedelt haben soll. Am besten hält man sich an die Ratschläge, allerdings ist man als Tourist sicher nicht Ziel verbrecherischer Attacken.

Scharfe Küchenschätze

Dass es in Kalabrien so viele Menschen gibt, die uralt werden, führt man darauf zurück, dass sie Rotwein trinken (nur zum Essen wohl gemerkt) und kaum ein Gericht auf den Tisch bringen, dass nicht mit mindestens einer der kleinen roten und höllisch scharfen Peperoncini gewürzt wird. Man nimmt die kleinen Schoten frisch oder getrocknet, ganz oder zu Pulver vermahlen und sagt ihnen noch eine positive Eigenschaft nach: »Viagra naturale» oder »viagra dei poveri« – Viagra für Arme – werden sie neuerdings auch genannt. Man hat dem Nationalgewürz in Kalabrien sogar eine ganz besondere Ehre zukommen lassen: In Diamante, einem etwa 5000 Seelendorf an der Zedernküste, findet man eine »Academia Italiana del Peperoncino«, die sich nur mit diesem scharfen Thema beschäftigt. Anfang September findet an der Strandpromenade ein »Festivale del Peperoncino« statt, bei dem es nicht nur pikante Spezialitäten zu kosten, sondern auch Theater- und Musikaufführungen zu bestaunen gibt.

Bei fast 800 km Küste ist es kein Wunder, dass Fisch in der Nähe des Meeres täglich auf den Tisch kommt, vor allem wie auch auf Sizilien Tunfisch und Schwertfisch.

An Gemüse ist die Küche Kalabriens besonders reich: Man findet Cime di rapa, Artischocken, wilden Spargel, Sellerie, Fenchel, zarten und jungen Löwenzahn, Cipolluzze (wilde Zwiebeln) oder die roten und herrlich milden Zwiebeln aus Tropea, Paprikaschoten, Auberginen und natürlich Tomaten. Und auch die Kartoffeln aus der Sila werden zu mancher Köstlichkeit verarbeitet. Pasta gibt es mit Gemüse und Hülsenfrüchten fast häufiger als mit Fleischragout. Beim Fleisch stehen übrigens Schafe, Ziegen, Hühner und Schweine an erster Stelle.

Zitrusfrüchte haben in Kalabrien eine ebenso große Bedeutung wie auf Sizilien. Vor allem die Bergamotten, bittere Zitrusfrüchte mit einem unvergleichlichen Aroma in der Schale, das für Kosmetik und Tee (Earl Grey Tee) ebenso verwendet wird wie für Spirituosen, wachsen nur hier in größerem Stil. Die Cedri – Zedernfrüchte – verwendet man in Kalabrien nicht nur für Süßes, wie zum Beispiel köstliches Eis, sondern verleiht auch Pasta, Fisch oder Lamm mit der feinwürzigen Schale, gelegentlich auch mit dem Saft eine raffinierte Note. Sibari ist berühmt für seine ausgezeichneten Pfirsiche, aromatischen Orangen und Mandarinen. Und in ganz Kalabrien gibt es oft einfache, aber köstliche Süßigkeiten zu probieren, wie zum Beispiel getrocknete gefüllte Feigen und Torrone, ein Konfekt aus Blütenhonig und Mandeln.

Einer der schönsten Gründe, um in den Süden zu reisen ist das Meer. Strahlend blau mit weißen Schaumkronen oder wild und tosend fasziniert es ebenso wie in der Abendstimmung, wenn es glatt und sanft zum Träumen einlädt. Oder auch als Kulisse für ein Treffen mit Freunden dient.

Die Kunst *des Konservierens*

Vorrat für die kalten Tage: Alles, was sich zum Trocknen eignet, wird gebündelt und luftig aufgehängt. Frische Pilze legt man in Kalabrien in feinem Öl ein und macht sie so länger haltbar.

Konservieren kann man vieles, Traditionen zum Beispiel. Oder Dialekte. Oder Lebensmittel. In Kalabrien wird die Kunst des Konservierens in jeder Hinsicht gepflegt. In früheren Zeiten war vor allem der Dezember ein wichtiger Monat fürs Haltbarmachen von Lebensmitteln.

Winter: Schwein haben rund ums Jahr

Jede Familie, die früher ein Schwein ihr Eigen nannte, hatte Glück. Ernährt wurde es mit allem, was übrig blieb und sorgte schließlich für manch köstliches Essen. Geschlachtet wurde es traditionell im Dezember. Die Ausbeute reichte meist für ein ganzes Jahr. Nichts, aber auch gar nichts wurde weggeworfen. Die Kinder durften die Borsten des Tieres sammeln und für ein kleines Taschengeld an den Bürstenmacher verkaufen. Aus den Schweineschlegeln wurde Schinken gemacht, übrigens nur roher, gekochten kannte man in Kalabrien nicht. Eine kalabrische Spezia-

Nicht nur begehrtes Gewürz, sondern auch appetitliche Dekoration: Kräuter und Peperoncini können Vase oder Herd schmücken oder auch die Hauswand für eine kurze Zeit verschönern.

lität: Die Koteletts wurden nach dem Schlachten mit Salz in ein Tongefäß geschichtet und mit einem Stein beschwert. So eingelegt waren sie lange haltbar. Und obwohl es mittlerweile auch in Kalabrien nicht mehr üblich ist, dass die Familien ein eigenes Schwein haben, macht man dieses »carne salata« auch heute noch. Um die Traditionen zu pflegen. Man geht eben zum Metzger und kauft sich die Koteletts, die man dann in Salz einlegt.

Nach dem Schlachten gab es natürlich verschiedene Würste und Sülzen, z. B. Frisuli: Dafür kochte man die Knochen, die noch etwas Fleisch dran hatten, aus. Das Fleisch wurde dann sorgfältig von den Knochen abgeschabt und in die gut gesäuberten Därme des Schweines gefüllt. Wenn die Frisuli auch noch in Salz eingelegt wurde hieß sie Frinnicula. Und auch das Blut des Tieres fand Verwendung, man kochte es zusammen mit Wein. Dieser Brotaufstrich wird

Nicht nur in Öl eingelegt, sondern auch getrocknet sorgen Pilze später für Aroma in vielen Spezialitäten.

Nicht nur frisch, sondern auch geräuchert wird Ricotta in Kalabrien verwendet. Und ist so länger haltbar.

Wenn im Sommer die Tomaten reif sind, gibt es so viele davon, dass sie unter der heißen Sonne Kalabriens zum Trocknen ausgelegt werden.

»sanguinaccio« genannt und schmeckt pur oder zusammen mit frischer Ricotta. Liebhaber der blutigen Spezialität behaupten, »sanguinaccio« ähnele Nussnougatcreme.

Süßigkeiten für die kalte Jahreszeit

Wie überall in christlichen Ländern galt und gilt der Dezember natürlich auch der Vorbereitung der Weihnachtstage. Man bäckt auch heute in Kalabrien noch Pitaimpigliata (Seite 157) und andere Plätzchen. Für eine besonders lange haltbare Version werden zwei Teigplatten aus Honigteig mit Schokolade und Mandeln gefüllt und nach dem Backen in Stücke geschnitten. Um Gebäck zu machen, musste man früher in eine Bäckerei gehen, denn kaum eine Familie hatte einen eigenen Ofen. Das war zwar mühsam, aber auch unterhaltsam. Denn man traf dort natürlich andere Familien und hatte so immer Gelegenheit zu einem kleinen Schwätzchen.
Der Mangel an eigenen Backöfen war auch der Grund für das beliebte Frittieren: Viele Süßigkeiten wurden einfach ins heiße Öl geworfen und nicht gebacken, z.B. Turdulli, kleine frittierte Stückchen aus einem ziemlich harten Teig aus Mehl, Eiern, Honig und Wasser.

Im Frühjahr: Sardella

Im Mai macht man in Kalabrien eine ganz besondere Spezialität, die Sardella oder Mustica, die man auch Kaviar aus Kalabrien nennt. Dafür werden winzige Sardellen – auch »neonati«, also Neugeborene genannt – eingesalzen (etwa 100 g Salz auf 1 kg winzige Fische). Diese lässt man 1 Tag zusammen trocknen und schichtet sie dann mit reichlich zerriebenen Peperoncini und manchmal auch mit Fenchelsamen in ein Gefäß. Das Ganze wird zugedeckt, mit einem Stein beschwert und bekommt jetzt 1–2 Monate Zeit, um zu reifen. Diese Masse füllt man dann in Gläser. Die Sardella schmeckt auf geröstetem Brot mit etwas frischem Öl beträufelt, aber auch auf gegarten Kartoffeln sehr gut. Bringen Sie sich unbedingt ein Glas davon aus Ihrem Kalabrienurlaub mit, bisher kann man die Sardella bei uns noch nicht kaufen. Auch größere Sardinen werden in Salz eingelegt oder in Öl konserviert, um auch im Herbst Sardinen genießen zu können. Denn zu dieser Zeit dürfen die Fische nicht gefangen werden.

Im Sommer: Hochsaison für Gemüse

Um den Reichtum des Sommers als Winterreserve nutzen zu können, werden frische Gemüse auf vielseitige Art haltbar gemacht: Peperoncini werden entweder getrocknet und gemahlen oder zu einer Paste verkocht. Die kommt dann beispielsweise im Dezember in die Wurst oder wird zum Würzen anderer Gerichte verwendet.
Flaschentomaten werden der Länge nach durchgeschnitten und schrumpeln auf Korbmatten unter der heißen Sonne des Südens langsam zu harten und viel dunkleren Delikatessen. So getrocknet kann man sie lange aufbewahren und bei Bedarf nach einem kurzen Bad in Essigwasser mit verschiedenen Zutaten in Öl einlegen. Der Großteil der Tomaten wird aber zu Sugo verarbeitet. Ganze Familien sind nach der Ernte der sonnengereiften Früchte tagelang beschäftigt, um den Vorrat für den Winter sicherzustellen.
Auberginen, Zucchini und Paprikaschoten werden ebenfalls in Öl eingelegt. Paprikaschoten vor allem gehäutet. Früher hat man sich dafür beim Brotbacken in der Bäckerei die Restwärme des Ofens zunutze gemacht und die Schoten in den heißen Ofen gelegt, bis die Haut schwarze Blasen warf und leicht abgezogen werden konnte.
Außerdem geht man im Spätsommer und Herbst in die Berge und sammelt Pilze, die ebenfalls getrocknet oder in Öl konserviert werden. Das ist dann auch die Zeit, um Wein zu Vin cotto einzukochen, den man in Kalabrien rund ums Jahr für zahlreiche Süßigkeiten und zum Backen braucht.

Käse haltbar machen

6–7 Monate kann man eine ganz besondere Käsespezialität lagern: »Ricotta affumicata«. Dazu wird die Ricotta nach dem Abtropfen leicht eingesalzen und dann geräuchert. Im Kamin der Häuser gab es früher dafür spezielle Öffnungen, in die man die Käse legen konnte. Heute macht das allerdings kaum noch eine Familie selbst, man lässt räuchern.
Ein anderer Käse wurde zum Haltbarmachen von Butter erfunden, der Burrino (in Kalabrien auch »puttirro« genannt). Der kleine birnenförmige Käse enthält in seiner Mitte ein rundes Stück Butter und ist aus Pasta filata, also ein Brühkäse wie der Provolone und der Caciocavallo. Und die Butter hält sich in der appetitlichen Hülle sehr lange. Man isst sie zusammen mit dem Käse.

Luftig aufgehängt sind die feinen roten Zwiebeln aus Tropea noch länger haltbar.

Melanzane sott'olio

Eingelegte Auberginen

Zutaten für 2 Gläser von je 300 ml Inhalt
Zubereitungszeit: 30 Min.
Ruhezeiten: über Nacht + 3–4 Std.
Pro Glas: 840 kcal

700 g Auberginen
400 ml milder Weinessig
Salz
6 Knoblauchzehen
2 getrocknete Peperoncini
1 Bund Petersilie
250 ml Olivenöl

Die Auberginen schälen – das geht gut mit dem Kartoffelschäler – und in dünne Scheiben schneiden, diese vierteln. Den Essig mit 350 ml Wasser und 1 EL Salz verrühren und mit den Auberginen mischen. Das Ganze über Nacht ruhen lassen.

Am nächsten Tag die Auberginen abtropfen lassen und auf Küchentüchern ausbreiten. Im Sommer, wenn die Sonne intensiv scheint, 3–4 Std. an der Sonne trocknen lassen. Ansonsten Auberginen mit Küchentüchern abdecken und gut auspressen.

Den Knoblauch schälen und erst in feine Scheiben, dann in Stifte schneiden. Peperoncini im Mörser zerstoßen. Petersilie waschen und trockenschütteln, die Blättchen abzupfen und fein hacken.

Die Auberginen mit Knoblauch, Peperoncini, Petersilie und 100 ml Olivenöl mischen und in die sauberen Gläser füllen. Zum Schluss mit so viel Olivenöl aufgießen, dass sie davon bedeckt sind. Verschließen und an einem kühlen Ort, aber nicht im Kühlschrank, aufbewahren. Sie halten sich etwa 6 Monate.

Funghi gratinati

Gratinierte Pilze

Zutaten für 4 Personen
Zubereitungszeit: 30 Min.
Pro Portion: 250 kcal

250 g Austernpilze oder andere Pilze mit großen Hüten (ganz exklusiv sind natürlich Steinpilze)
8 EL Olivenöl
60 g altbackenes Brot
1 großes Bund Petersilie
2 Knoblauchzehen
1 EL fein gehackte unbehandelte Zitronen- oder Orangenschale
2 EL frisch geriebener Käse (Pecorino, Parmesan oder Caciocavallo)
Salz, schwarzer Pfeffer

Die Pilze auseinander zupfen und die Stiele abschneiden. Die Pilze mit Küchenpapier abwischen, auf beiden Seiten mit 1–2 EL Öl einpinseln und mit den Lamellen nach oben nebeneinander in eine feuerfeste Form legen.

Den Backofen auf 230° (Umluft 200°) vorheizen. Das Brot in Stücke brechen. Die Petersilie waschen, trockenschütteln und die Blättchen abzupfen. Brot und Petersilie zusammen in der Küchenmaschine fein zerkleinern. Es entstehen grüne Semmelbrösel.

Die Brotmischung mit dem restlichen Öl mischen. Knoblauch schälen und durch die Presse dazudrücken. Die Zitronen- oder Orangenschale mit dem Käse mischen, Salz und Pfeffer untermischen. Die Masse dünn auf den Pilzen verteilen. Das geht am besten mit den Fingern.

Die Pilze im heißen Ofen (Mitte)10 Min. backen, bis die Bröselhaube leicht braun ist. Sie soll aber nicht zu dunkel werden. Die Pilze schmecken lauwarm oder abgekühlt.

Funghi gratinati machen sich gut auf dem Antipasti-Teller, schmecken aber auch als kleiner Imbiss mit Salat.

Die marinierten Tunfischscheiben sind eine köstliche Vorspeise. Sie lassen sich sehr gut vorbereiten.

Fischgerichte *sind Spezialitäten im »La Locanda« in Cirò Marina. Hier essen wir nicht nur gut, sondern erfahren auch, dass Tintenfische von Februar bis April Hauptsaison haben, dass Seezungen im Mai und Juni am besten schmecken, Aragoste nur im Sommer wirklich gut sind, und dass man einen frischen Oktopus am besten 4-5 Tage einfriert, bevor man ihn kocht. Weil er dann nämlich viel weicher wird.*

Tonno marinato al sedano

Marinierter Tunfisch mit Sellerie

Zutaten für 4 Personen
Zubereitungszeit: 30 Min.
Marinierzeit: 4 Std.
Pro Portion: 390 kcal

400 g frischer Tunfisch am Stück
3 Stangen Staudensellerie (je nach Größe)
2 Knoblauchzehen
2 getrocknete Peperoncini
1/8 l trockener Weißwein
Saft von 1 Zitrone
6 EL Olivenöl
Salz, schwarzer Pfeffer
Zitronenschnitze zum Servieren

Den Tunfisch mit einem scharfen Messer in ca. 1/2 cm dünne Scheiben schneiden. Den Sellerie waschen und putzen, in feine Scheiben schneiden. Den Knoblauch schälen.

Knoblauch und Peperoncini mit Wein, Zitronensaft, Olivenöl und 1/8 l Wasser in einen Topf schütten und mit Salz und Pfeffer abschmecken. Zum Kochen bringen. Die Hitze zurückschalten. Tunfischscheiben portionsweise im heißen Sud 2–3 Min. ziehen lassen. Aus dem Sud heben und in eine flache Form legen.

Wenn alle Fischscheiben gegart sind, Sellerie in den Sud geben und alles kräftig aufkochen lassen. Bei starker Hitze in 5 Min. etwas einkochen. Sud über die Fischscheiben gießen und abkühlen lassen. Den Fisch zugedeckt an einem kühlen Ort mindestens 4 Std. marinieren. Mit Zitronenvierteln garniert servieren.

Variante: Tonno crudo

1 Stück rohen Tunfisch mit einem scharfen Messer in hauchdünne Scheiben schneiden. Mit 1 gewürfelten jungen Zwiebel, Kapern und 1–2 zarten gehackten Selleriestangen bestreuen. Mit Olivenöl beträufeln, salzen, pfeffern und mit Zitronenschnitzen servieren.

Seppioline ai peperoni

Kleine Tintenfische mit Paprika

Zutaten für 4 Personen
Zubereitungszeit: 50 Min.
Pro Portion: 175 kcal

400 g Seppioline (ganz kleine Tintenfische)
je 1 große rote und gelbe Paprikaschote
2 Knoblauchzehen
100 ml Olivenöl zum Frittieren (+ Öl zum Beträufeln)
Salz, 2 EL schwarze Oliven (am besten ohne Stein)
2 EL Essig oder Zitronensaft
schwarzer Pfeffer

Die Seppioline waschen, abtasten, ob irgendwo etwas Hartes zu spüren ist, gegebenenfalls wegschneiden. Die Paprikaschoten waschen, halbieren und putzen. Die Hälften in Würfel schneiden. Den Knoblauch schälen und fein hacken.

Das Öl in einem Topf erhitzen. Die Paprikawürfel darin in zwei Portionen knusprig frittieren, aus dem Topf nehmen und auf Küchenpapier abfetten lassen. Das Öl bis auf 1–2 EL aus dem Topf gießen. Die Seppioline darin anbraten und salzen, die Paprikaschoten und den Knoblauch dazugeben und alles zugedeckt bei schwacher Hitze 20–30 Min. schmoren.

Die Oliven untermischen, alles zunächst mit 1 EL Essig oder Zitronensaft, Salz und Pfeffer abschmecken und lauwarm abkühlen lassen. Nach Belieben nachwürzen, auf Teller verteilen und mit wenig frischem Öl beträufeln.

TIPP

Wenn Sie keine kleinen Tintenfische bekommen, nehmen Sie große, putzen sie und schneiden sie in Rauten. Diese dann in Salzwasser 1–2 Min. kochen, abtropfen lassen. Mit den frittierten Paprika, Zitronensaft, rohem gehacktem Knoblauch, Peperoncino, Salz, Pfeffer und Olivenöl abschmecken und ebenfalls lauwarm servieren.

Sardinen *gehören zu den beliebtesten Fischen Süditaliens. Und weil sie so wunderbar würzig schmecken, kann man sie auch mit wenigen Zutaten in echte Köstlichkeiten verwandeln.*

Torta di sarde

Neben Torta di sarde fein für ein Antipastibuffet: Insalata di arance (Seite 177) und Funghi gratinati (Seite 139).

Sardinenkuchen mit Sardellen

Zutaten für 8 Personen
Zubereitungszeit: 1 Std.
Backzeit: 25 Min.
Pro Portion: 240 kcal

1 kg kleine Sardinen
3 Knoblauchzehen
1 großes Bund Petersilie
4 Sardellenfilets in Öl
80 g Semmelbrösel
2 EL frisch geriebener Pecorino oder Parmesan
2 Eier
Salz, schwarzer Pfeffer
1 unbehandelte Zitrone
2 EL Olivenöl

Die Sardinen waschen und die Köpfe abschneiden. Die Fische am Bauch aufschneiden, aufklappen und die Mittelgräte herauslösen. Die Fische unter fließendem kaltem Wasser waschen und gut abtrocknen. Dann mit einem großen schweren Messer sehr fein hacken.

Den Knoblauch schälen und fein schneiden. Die Petersilie waschen und trockenschütteln. Die Blättchen abzupfen und fein hacken. Die Sardellenfilets mit einer Gabel zerdrücken.

Den Backofen auf 180° vorheizen. Die Sardinen mit Knoblauch, Petersilie, Sardellen, Semmelbröseln, Käse und Eiern mischen und mit Salz und Pfeffer würzen.

Eine feuerfeste, mindestens 2 cm hohe Form leicht einölen. Die Masse hineinfüllen. Die Zitrone heiß waschen und abtrocknen. In dünne Scheiben schneiden und auf die Sardinenmasse legen, mit dem übrigen Öl beträufeln. Den Kuchen im heißen Ofen (unten, Umluft 160°) 35 Min. backen. Abkühlen lassen.

TIPP

Aus der gleichen Masse kann man auch kleine Bällchen formen, in Mehl wälzen und in heißem Olivenöl frittieren.

In Kalabrien *bekommt man neben fester Ricotta salata auch geräucherte Ricotta, Ricotta affumicata. Sie wird in feinen Spänen über die dampfende Pasta gehobelt.*

Ditali al sugo di cipolle

Röhrchennudeln mit Zwiebelragout

Zutaten für 4 Personen
Zubereitungszeit: 40 Min.
Pro Portion: 675 kcal

400 g rote Zwiebeln
6 EL Olivenöl
400 g Tomaten (oder 1 kleine Dose geschälte Tomaten)
500 g Ditali oder Penne
Salz
4 getrocknete Peperoncini
100 g Ricotta salata (feste Ricotta)

Die Zwiebeln schälen und je nach Größe halbieren oder vierteln. In Streifen schneiden. 2 EL Öl in einem Topf oder in einer Pfanne erhitzen, die Zwiebeln dazugeben und bei schwacher Hitze 20 Min. garen. Sie sollen nicht braun werden, falls nötig, etwas Wasser dazugeben.

Gleichzeitig die Tomaten waschen und würfeln – wer will, kann sie vorher auch häuten. In 1–2 EL Olivenöl andünsten und offen bei mittlerer Hitze 10 Min. dünsten. Salzen.

Für die Nudeln reichlich Wasser zum Kochen bringen und salzen. Die Nudeln darin nach Packungsaufschrift al dente garen.

Die Tomatensauce zu den Zwiebeln geben, die Peperoncini zerkrümeln und untermischen. Mit Salz abschmecken und noch 10 Min. weitergaren. Die Ricotta reiben oder fein zerkrümeln.

Die Nudeln abgießen, mit den Zwiebeln und dem restlichen Öl mischen und servieren. Mit Ricotta bestreut servieren.

Lammragout schmeckt mit breiten Nudeln besonders gut.

TIPP

»Cipolle dolci di Tropea« sind pralle rote Zwiebeln, die etwas süßlicher schmecken als andere rote Zwiebeln, dabei aber sehr aromatisch sind. Man kocht daraus auch eine feine Zwiebelsuppe, Licurdia genannt. Klein geschnittene Zwiebeln in Olivenöl anrösten, mit Brühe aufgießen und bissfest garen. Brot rösten, mit Peperoncino und Salz bestreuen und in Teller legen. Die Suppe darauf schöpfen, mit geriebenem Käse bestreuen und servieren.

Pasta al sugo d'agnello

Nudeln mit Lammragout

Zutaten für 4 Personen
Zubereitungszeit: 30 Min.
Schmorzeit: 1 Std.
Pro Portion: 580 kcal

400 g mageres Lammfleisch ohne Knochen (z.B. Keule)
1 Zwiebel, 3 Knoblauchzehen
1/2 Bund frischer Thymian
1 getrockneter Peperoncino
4 EL Olivenöl
50 ml trockener Weißwein
Salz, 400 g Tomaten
400 g Tagliatelle oder Pappardelle

Lamm in kleine Würfel schneiden. Zwiebel und Knoblauch schälen und fein hacken. Thymian waschen, Blättchen von den Stielen streifen. Peperoncino zerkrümeln.

In einem Schmortopf 3 EL Öl erhitzen. Fleisch in 3 Portionen darin anbraten, herausnehmen. Zwiebel, Knoblauch, Thymian und Peperoncino im Fett andünsten. Fleisch wieder dazugeben, mit dem Wein ablöschen. Salzen und zugedeckt bei schwacher Hitze 1 Std. schmoren. Falls nötig, dabei noch etwas Wein nachgießen.

Wenn das Fleisch fast fertig ist, Tomaten waschen und würfeln. Im übrigen Öl offen 10 Min. leicht einkochen lassen.

Für die Nudeln reichlich Wasser zum Kochen bringen, salzen. Nudeln darin nach Packungsaufschrift al dente kochen. Tomaten unter das Lammfleisch mischen. Nudeln abgießen, mit dem Sugo mischen.

Fusilli alla silana

Nudeln mit Pilzen

Zutaten für 4 Personen
Zubereitungszeit: 25 Min.
Einweichzeit: 30 Min.
Pro Portion: 560 kcal

30 g getrocknete Steinpilze
100 g roh geräucherter Schinken
2 Knoblauchzehen
je 1/2 Bund Petersilie und Basilikum
100 g in Öl eingelegte Pilze
2 EL Olivenöl
1 Dose geschälte Tomaten (400 g)
Salz, schwarzer Pfeffer
2 getrocknete Peperoncini
400 g Fusilli

Pilze in lauwarmem Wasser 30 Min. einweichen, dann fein schneiden. Schinken klein würfeln, Knoblauch schälen und hacken. Kräuter waschen, fein hacken. Eingelegte Pilze abtropfen lassen.

Steinpilze mit Schinken und Knoblauch im Öl anbraten. Kräuter und eingelegte Pilze hinzufügen. Dosentomaten kleiner schneiden, dazugeben. Alles mit Salz, Pfeffer und den zerkrümelten Peperoncini würzen und offen bei schwacher Hitze 15 Min. leicht kochen lassen.

Gleichzeitig für die Nudeln reichlich Wasser zum Kochen bringen und salzen. Nudeln darin nach Packungsaufschrift al dente kochen. In einem Sieb abschrecken und mit der Pilzsauce mischen.

Wer will, serviert zu den Fusilli geriebenen Käse.

Am Abend des 24. Dezember *kommt in Kalabrien noch heute in vielen Familien Baccalà auf den Tisch: 13 Zutaten soll das Gericht enthalten – für Jesus Christus und die 12 Apostel. Außer dem Baccalà ist kaum eine Zutat vorgeschrieben, man nimmt, was man hat oder bekommen kann. Ebenfalls Tradition: Der Tisch bleibt nach dem Essen, wie er ist, aufgeräumt wird erst am nächsten Morgen.*

Festlich soll es zugehen, auch bei den anderen Gängen: Als Vorspeise Cipolle ai peperoncini (Seite 153), als Primo Pasta al sugo d'agnello (Seite 145) und als Dessert Biscotti di mandorle (Seite 203) mit einem feinen Dessertwein.

Baccalà al forno

Stockfisch aus dem Ofen

Zutaten für 4 Personen
Quellzeit: 1–2 Tage
Zubereitungszeit: 50 Min.
Backzeit: 45 Min.
Pro Portion: 880 kcal

800 g Baccalà (Stockfisch)
500 g vorwiegend fest kochende Kartoffeln
500 g kleine Tomaten (oder Cocktailtomaten)
1 Brokkoli (ca. 200 g)
4 Knoblauchzehen
1 Bund Petersilie
6 EL Olivenöl
1/8 l trockener Weißwein
2 EL schwarze Oliven (ohne Stein)
Salz, 2 getrocknete Peperoncini
4 Lorbeerblätter
50 g Semmelbrösel

Den Baccalà in eine Schüssel legen und mit kaltem Wasser bedecken. Den Fisch 1–2 Tage einweichen. Dabei das Wasser so oft wie möglich wechseln, damit der Fisch Salz verliert.

Nach der Quellzeit die Kartoffeln schälen und je nach Größe vierteln oder achteln. Die Tomaten waschen. Den Brokkoli waschen und in Röschen teilen. Knoblauch schälen und in Scheiben schneiden. Die Petersilie waschen und trockenschütteln. Die Blättchen abzupfen und fein hacken. Den Baccalà in kochendem Wasser ohne Salz 5 Min. kochen. Kalt abschrecken, abtropfen lassen, häuten, entgräten und in mundgerechte Stücke schneiden.

In einer Pfanne 2 EL Olivenöl erhitzen, die Kartoffeln darin 5 Min. braten. Den Knoblauch untermischen und kurz anbraten. Mit dem Wein ablöschen.

Die Brokkolistücke in kochendem Salzwasser 2 Min. vorgaren. Kalt abschrecken und abtropfen lassen. Den Backofen auf 180° vorheizen.

Die Kartoffeln und den Brokkoli mit Tomaten, Fisch, Petersilie und Oliven mischen. Mit wenig Salz (der Fisch ist immer noch salzig), den zerkrümelten Peperoncini und den Lorbeerblättern würzen und in eine feuerfeste Form geben. Den Fisch im Ofen (Mitte, Umluft 160°) 30 Min. garen, bis die Kartoffeln weich sind.

Die Semmelbrösel auf den Zutaten verteilen, mit dem übrigen Öl beträufeln und noch etwa 15 Min. backen, bis die Oberfläche gebräunt ist.

TIPP

Baccalà und Stoccafisso, Klipp- und Stockfisch, sind Fischspezialitäten, die es nicht nur an der Küste, sondern vor allem auch im Inneren der süditalienischen Regionen gab. Trocknen und Einsalzen sind schließlich uralte Konservierungsmethoden und waren in früheren Zeiten für alle, die nicht nahe an den Küsten lebten, die einzige Möglichkeit, Fisch zuzubereiten.

CRITONE
Librandi

Ein köstliches Essen *für Fischliebhaber! Und es eignet sich auch hervorragend für Verwöhn-Abende für liebe Gäste. Wer mag, kann noch 50–100 g Pancetta würfeln und mit dem Gemüse anschmoren.*

Tonno alla calabrese

Zu Tonno alla calabrese mal als Vorspeise Pomodori al forno (Seite 183), als Beilage Patate con olive nere (Seite 153) und als Dessert Crostata con mandorle e ricotta (Seite 94) servieren.

Geschmorter Tunfisch

Zutaten für 4 Personen
Zubereitungszeit: 30 Min.
Schmorzeit: 40 Min.
Pro Portion: 540 kcal

4 Knoblauchzehen
4 Sardellenfilets in Öl
800 g frischer Tunfisch am Stück
Salz, schwarzer Pfeffer
1 Zwiebel
2 Stangen Staudensellerie
2 Möhren
4 EL Olivenöl
1/8 l trockener Weißwein
1 Bund Petersilie

Den Knoblauch schälen und erst in dickere Scheiben, dann in Stifte schneiden. Die Sardellenfilets in Stücke schneiden. Den Tunfisch mit einem spitzen Messer mehrmals leicht einstechen, mit dem Knoblauch und den Sardellen spicken. Den Tunfisch rundherum mit Salz und Pfeffer würzen.

Die Zwiebel schälen und klein würfeln. Den Sellerie und die Möhren waschen bzw. schälen, putzen und ebenfalls sehr klein würfeln.

Das Öl in einem Schmortopf erhitzen, den Tunfisch darin rundherum anbraten und wieder aus dem Topf heben. Die Zwiebel und das Gemüse im Öl unter Rühren 5–10 Min. braten.

Wein und 1/8 l Wasser angießen und den Bratsatz lösen. Die Flüssigkeit salzen und pfeffern, den Tunfisch auf das Gemüse setzen. Den Tunfisch zugedeckt bei schwacher Hitze 40 Min. schmoren. Dabei gelegentlich wenden. Falls nötig, noch etwas Flüssigkeit angießen.

Die Petersilie waschen und trockenschütteln. Die Blättchen abzupfen und fein hacken. Den Tunfisch mit einem sehr scharfen Messer in Scheiben schneiden, er zerfällt aber beim Schneiden meist trotzdem in Stücke. Diese auf einer vorgewärmten Platte anrichten, mit dem Gemüse bedecken und mit der Petersilie bestreuen.

GRAVELLO

Capretto al forno

Zicklein aus dem Ofen

Zutaten für 8–10 Personen
Zubereitungszeit: 20 Min.
Backzeit: 1 1/2 Std.
Pro Portion (bei 8): 650 kcal

150 g Pancetta
4 Knoblauchzehen
je 6 Zweige Thymian, Rosmarin und Salbei
2 getrockn. Peperoncini (nach Belieben)
1 Stück Orangen-, Pomeranzen- oder Zitronenschale
1/2 Zicklein (ca. 3, 7 kg, beim Metzger vorbestellen und in 3–4 Stücke teilen lassen)
Salz, schwarzer Pfeffer
8 EL Olivenöl
1/8 l Weißwein

Pancetta in kleine Würfel schneiden. Den Knoblauch schälen und fein hacken. Die Kräuter waschen und trockenschütteln. Die Blättchen von den Stielen zupfen und fein hacken. Eventuell Peperoncini zerkrümeln. Orangenschale fein hacken.

Den Backofen auf 160° einschalten. Zicklein mit Salz und Pfeffer einreiben und in die Fettpfanne des Backofens legen. Alle zerkleinerten Zutaten mit dem Öl mischen und über dem Fleisch verteilen. Peperoncini nach Wunsch dazugeben. Den Wein angießen.

Das Fleisch im Ofen (Mitte, Umluft 140°) 1 1/2 Std. braten. Dabei immer mal wieder umdrehen. Falls das Ganze zu trocken wird, etwas Wasser in die Fettpfanne schütten.

Polpette in agrodolce

Fleischklößchen in säuerlicher Sauce

Zutaten für 4 Personen
Zubereitungszeit: 1 Std.
Pro Portion: 810 kcal

100 g altbackenes Brot
1 Knoblauchzehe, 1 Bund Petersilie
500 g Hackfleisch, 2 Eier
50 g frisch geriebener Caciocavallo oder Pecorino, Salz, schwarzer Pfeffer
1 Zwiebel, 600 g Tomaten
2 EL Olivenöl, 3/4 l Olivenöl zum Frittieren
30 g Mandelstifte
50 ml Vin cotto (Rezept Seite 159 oder 100 ml Traubensaft mit 1 gestrichenen EL Zucker auf die Hälfte eingekocht)
3 TL Essig

Das Brot mit Wasser bedecken, weich werden lassen. Den Knoblauch schälen, die Petersilie waschen. Hälfte der Blättchen mit dem Knoblauch sehr fein hacken, den Rest beiseite legen.

Das Brot ausdrücken und zerpflücken, mit Petersilienmischung, Fleisch, Eiern, Käse, Salz und Pfeffer kräftig durchkneten. Aus dem Teig walnussgroße Bällchen formen.

Die Zwiebel schälen und klein würfeln. Tomaten waschen und würfeln. In einer Pfanne 2 EL Olivenöl erhitzen. Die Zwiebel darin andünsten. Die Tomaten und die Mandelstifte hinzufügen, salzen und pfeffern und offen bei schwacher Hitze 15 Min. leicht kochen lassen.

Inzwischen Öl zum Frittieren erhitzen. Die Fleischklößchen darin portionsweise 2–3 Min. frittieren, mit einem Schaumlöffel aus dem Fett heben und gut abtropfen lassen. Mit dem Vin cotto beträufeln.

Sauce mit dem Essig abschmecken, Klößchen vorsichtig untermischen und noch 5 Min. in der Sauce ziehen lassen. Restliche Petersilie hacken und über die Klößchen drüberstreuen.

Wer möchte, spickt die Bällchen vor dem Frittieren mit Mandelstiften. Sie sehen dann aus wie kleine Igelchen.

Typische Beilagen *aus Kalabrien: Der Gemüseauflauf schmeckt auch kalt sehr gut. Für die pikanten Cipolle ai peperoncini nimmt man in Kalabrien und auch Apulien die kleinen »lampascioni«, die Zwiebeln einer Hyazinthenart. Bei uns sind die leider nicht im Angebot, man kann sie sich nur eingelegt aus Süditalien mitbringen.*

Giambotta

Gemüseauflauf

Zutaten für 4 Personen
Zubereitungszeit: 40 Min.
Backzeit: 45 Min.
Pro Portion: 370 kcal

500 g fest kochende Kartoffeln
1 Aubergine, 2 Zucchini
je 1 rote und gelbe Paprikaschote
500 g kleine Tomaten
1 rote oder weiße Zwiebel
2 Knoblauchzehen, 10 EL Olivenöl
2 getrocknete Peperoncini
Salz, 2 TL getrockneter Oregano

Das Gemüse waschen und putzen, die Kartoffeln auch schälen und in dünne Scheiben schneiden. Aubergine und Zucchini einmal quer durchschneiden, dann der Länge nach in dünne Scheiben schneiden. Paprika in Streifen schneiden. Tomaten vierteln. Zwiebel und Knoblauch schälen und ebenfalls in Scheiben schneiden.

In einer Pfanne jeweils etwas Öl erhitzen. Aubergine, Zucchini, Paprika und Kartoffeln darin portionsweise und nacheinander anbraten und wieder herausnehmen. Den Backofen auf 180° vorheizen Die Peperoncini zerkrümeln.

Das Gemüse lagenweise in eine feuerfeste Form schichten, dabei jede Lage mit Salz, Peperoncini und Oregano würzen und auch Tomaten, Zwiebel und Knoblauch zwischen die Schichten verteilen. Form zudecken (Deckel oder Alufolie) und das Gemüse im heißen Ofen (Mitte, Umluft 160°) 45 Min. backen, bis die Kartoffeln weich sind. Das Gemüse vor dem Servieren mindestens 10 Min. ruhen lassen.

Die schön scharfen Zwiebeln passen ideal zu gegrilltem Fleisch.

TIPP

Früher, als es noch in wenigen Haushalten Backöfen gab, wurde diese Mischung nicht gebacken, sondern die Gemüsesorten wurden einzeln frittiert und anschließend zusammen im Topf gekocht. Probieren Sie es aus, das schmeckt auch sehr gut.

Cipolle ai peperoncini

Scharfe Zwiebeln

Zutaten für 4 Personen
Zubereitungszeit: 20 Min.
Pro Portion: 170 kcal

500 g kleine Zwiebeln
2 getrocknete oder frische Peperoncini
6 EL Olivenöl
Salz

Die Zwiebeln schälen, halbieren und in Streifen schneiden. Getrocknete Peperoncini zerkrümeln, frische waschen, putzen und fein hacken.

Öl in einer großen Pfanne erhitzen. Die Zwiebelstreifen darin weich und leicht braun braten. Peperoncini untermischen und noch kurz weiterbraten. Die Zwiebeln mit Salz abschmecken und servieren.

Patate con olive nere

Kartoffeln mit schwarzen Oliven

Zutaten für 4 Personen
Zubereitungszeit: 35 Min.
Pro Portion: 285 kcal

800 g vorwiegend fest kochende Kartoffeln
6 EL Olivenöl
2 EL schwarze Oliven (am besten ohne Stein)
1 Prise getrockneter Oregano
Salz, schwarzer Pfeffer
1 Msp. getrockneter, zerkrümelter Peperoncino

Die Kartoffeln waschen, schälen, abtrocknen und in dünne Scheiben schneiden. Das Öl in einer großen Pfanne erhitzen. Die Kartoffelscheiben darin unter gelegentlichem Wenden bei mittlerer bis schwacher Hitze 15 Min. braten, bis sie fast weich sind.

Die Oliven – falls nötig – entsteinen. Den Oregano zerkrümeln und beides zu den Kartoffeln geben. Alles noch 10 Min. weiterbraten, bis die Kartoffeln weich sind. Mit Salz, Pfeffer und eventuell Peperoncino würzen und heiß servieren.

Die Kartoffeln schmecken gut zu gegrilltem Fleisch, aber auch zu kräftigem Fisch, z. B. Schwertfisch.

Melanzane ripiene

Gefüllte Auberginen

Zutaten für 4 Personen
Zubereitungszeit: 65 Min.
Backzeit: 15 Min.
Pro Portion: 350 kcal

4 mittelgroße Auberginen
Salz, 400 g Tomaten
1 Zwiebel, 2 Knoblauchzehen
1/4 Bund frischer Oregano
3 EL Olivenöl, schwarzer Pfeffer
2 EL Kapern
2 EL schwarze oder grüne Oliven ohne Stein
1 Beutel Mozzarella (125 g)
4 EL Semmelbrösel
1 Ei, 50 g frisch geriebener Pecorino

Die Auberginen waschen und der Länge nach halbieren. In kochendem Salzwasser zugedeckt 2–3 Min. kochen lassen. Herausnehmen, abtropfen und abkühlen lassen.

Die Tomaten waschen und sehr klein würfeln. Zwiebel und Knoblauch schälen und würfeln. Oregano waschen und ebenfalls hacken. Das Auberginenfleisch kreuzförmig einschneiden und die Auberginen mit einem scharfkantigen Löffel bis auf einen Rand von gut 1 cm aushöhlen. Nebeneinander in eine feuerfeste Form legen, das ausgehöhlte Fruchtfleisch fein hacken und gut ausdrücken.

Zwiebel und Knoblauch mit Oregano in 1 EL Öl glasig dünsten. Tomaten dazugeben, alles 10 Min. leicht kochen lassen. Auberginenfleisch dazugeben, salzen, pfeffern und kurz weitergaren. Backofen auf 230° vorheizen.

Kapern und Oliven grob hacken. Mozzarella würfeln. Mit Semmelbröseln, Ei, Pecorino, Kapern und Oliven unter die Auberginenfüllung mischen, salzen und pfeffern. Die Masse in die Auberginen füllen, mit dem übrigen Öl beträufeln. Im heißen Ofen (Mitte, Umluft 200°) 15 Min. backen.

Melanzane alla menta

Auberginen mit Minze

Zutaten für 4 Personen
Zubereitungszeit: 45 Min.
Marinierzeit: mind. 4 Std.
Pro Portion: 340 kcal

650 g Auberginen
Salz, 50 g Semmelbrösel
12 EL Olivenöl
1 großes Bund frische Minze
4 Knoblauchzehen
schwarzer Pfeffer, 4 EL Essig

Auberginen waschen, putzen und der Länge nach in dünne Scheiben schneiden. Scheiben mit Salz bestreuen und etwas ziehen lassen.

Inzwischen Semmelbrösel in 2 EL Öl knusprig braten. Aus der Pfanne nehmen. Minze waschen und trockenschütteln. Blättchen abzupfen und sehr fein hacken. Den Knoblauch schälen und ebenfalls sehr fein schneiden.

Die Auberginenscheiben mit Küchenpapier gut trockentupfen und nach und nach portionsweise im restlichen Öl von beiden Seiten braun braten. Die gebratenen Scheiben jeweils wieder herausnehmen und pfeffern.

Wenn alle Auberginenscheiben gebraten sind, jeweils eine Lage Auberginenscheiben in eine Form füllen, mit Semmelbröseln, Minze und Knoblauch bestreuen und mit etwas Essig beträufeln. Wieder eine Lage Auberginen in die Form geben, bestreuen usw. Auberginen zugedeckt mindestens 4 Std. ziehen lassen.

Die Auberginen mit Minze passen sehr gut zu gebratenen Schwertfischscheiben, schmecken aber auch als Antipasto oder als kleines sommerliches Essen.

Pitaimpigliata gibt es in Kalabrien traditionell zu Weihnachten. Ursprünglich wurde dieses würzige Gebäck wohl zur Hochzeit zubereitet, zumindest findet es zu diesem Anlass schon im 18. Jahrhundert Erwähnung.

Im Original *wird diese Reistorte mit der Schale und dem Saft von »bergamotto« – Bergamottefrüchten – gemacht. Diese aromatische und leicht bittere Zitrusfruchtart wächst nur in Kalabrien und zwar vor allem zwischen Villa S.Giovanni und Roccella Ionica. Außer für ein paar spezielle Gerichte (auch Lamm wird häufig mit etwas Bergamottesaft aromatisiert) verwendet man das Öl aus den Schalen für Parfum, Likör oder kandierte Früchte.*

Pitaimpigliata

Teigrolle mit Walnüssen und Rosinen

Zutaten für 2 Rollen
Quellzeit: über Nacht
Zubereitungszeit: 1 Std.
Backzeit: 1 1/2 Std.
Pro Stück (bei 26): 250 kcal

Für die Füllung:
300 g Walnusskerne, 300 g Rosinen
150 ml Zitronen- oder Orangenlikör

Für den Teig:
600 g Mehl, 100 g Zucker
1 Päckchen Vanillezucker
1 Päckchen Backpulver
1 TL Zimtpulver, 1/2 TL gemahlene Nelken
100 ml Olivenöl (+ Öl zum Bepinseln)
1/8 l frisch gepresster Mandarinensaft
(von ca. 3 Stück)
75 ml Zitronen- oder Orangenlikör
75 ml Rum
Backpapier fürs Blech

Die Walnusskerne in kleine Stücke brechen, mit den Rosinen und dem Likör gemischt über Nacht quellen lassen.

Am nächsten Tag das Mehl mit Zucker, Vanillezucker, Backpulver, Zimt und Nelken mischen. Öl, Saft, Likör und Rum mischen und erwärmen. Zum Mehl schütten und alles rasch zu einem geschmeidigen Teig verkneten. Den Teig halbieren. Ein Küchentuch mit Mehl bestäuben und ein Teigstück darauf zu einem möglichst dünnen Rechteck ausrollen. Mit der Hälfte der Füllung belegen. Das Teigstück von beiden Längsseiten her nach innen einrollen, so dass sich die beiden Wülste in der Mitte treffen. Leicht zusammendrücken und auf ein mit Backpapier ausgelegtes Backblech legen. Übrigen Teig ebenso ausrollen, füllen und formen. Neben die andere Teigrolle legen.

Den Backofen auf 160° (Umluft 140°) einschalten, die Teigrollen darin 1 1/2 Std. backen. Nach 1 Std. dünn mit Olivenöl einpinseln. Die Teigrollen abkühlen lassen, in Alufolie wickeln und vor dem Anschneiden ein paar Tage durchziehen lassen. Sie halten sich mindestens 2 Wochen frisch.

Torta di riso

Reistorte

Zutaten für eine Springform von 28 cm Ø
Zubereitungszeit: 50 Min.
Backzeit: 50 Min.
Pro Stück (bei 12): 260 kcal

1/4 l Milch, 7 EL Zucker, Salz
250 g Rundkornreis (Risottoreis)
50 g Rosinen
2 EL Limoncello oder Orangenlikör
250 g süße kernlose Weintrauben
6 getrocknete Feigen
50 g gehäutete Mandeln
1 unbehandelte Zitrone oder Pomeranze
50 g Butter, 50 g Mehl
4 Eier, 1 TL Zimtpulver

Die Milch mit 1/4 l Wasser und 5 EL Zucker zum Kochen bringen. 1 Prise Salz und Reis einrühren und alles bei sehr schwacher Hitze zugedeckt in 20 Min. ausquellen lassen. Aufpassen, dass nichts anbrennt, also gegebenenfalls etwas Flüssigkeit nachgießen. Reis leicht abkühlen lassen.

Inzwischen die Rosinen mit dem Limoncello mischen. Trauben waschen und die Beeren von den Stielen zupfen. Die Feigen und die Mandeln fein hacken. Die Zitrone heiß waschen und abtrocknen, die Schale fein abreiben, den Saft auspressen. Die Butter in kleine Stücke schneiden.

Den Reis in eine Schüssel umfüllen und die Butter unterrühren, bis sie geschmolzen ist. Den Backofen auf 180° vorheizen.

Die Weintrauben, die Rosinen, die Feigen und die Mandeln mit dem Mehl, der Zitronenschale und dem -saft unter den Reis mischen. Die Eier trennen, die Eigelbe ebenfalls unterrühren, die Eiweiße zu steifem Schnee schlagen und unterheben.

Die Springform fetten und mit Mehl ausstäuben. Die Reismasse einfüllen und glatt streichen. Den restlichen Zucker mit dem Zimt mischen und auf die Oberfläche streuen. Die Reistorte im heißen Ofen (Mitte, Umluft 160°) 50 Min. backen. Etwas abkühlen lassen, auf eine Kuchenplatte geben und ganz abkühlen lassen. Am besten gekühlt servieren.

Gefüllte Feigen mit und auch ohne Schokoladenüberzug sind in den kalten Monaten des Jahres eine beliebte Süßigkeit, die in kaum einer Familie fehlt.

Kalabrien *hat tolle Skigebiete, und nicht nur dort wird der Schnee freudig willkommen geheißen. Luigi Falzetta, der in den Bergen Kalabriens aufgewachsen ist, hat uns erzählt, dass er als Kind immer den ersten Schnee mit Vin cotto gegessen hat. Und noch heute kocht seine Mutter im Herbst Most ein, den er dann mit zerstoßenem Eis aus dem Gefrierfach genießt, um den Geschmack seiner Kindheit nachzuempfinden. Probieren Sie es einmal aus!*

Fichi al cioccolato

Feigen mit Schokolade

Zutaten für ca. 45 Stück
Zubereitungszeit: 1 Std.
Pro Stück: 115 kcal

150 g gehäutete Mandeln
80 g Zitronat (am besten in guter Qualität am Stück gekauft, z. B. im Reformhaus)
1 kg getrocknete Feigen
300 g Zartbitterschokolade
1/4 TL Zimtpulver

Die Mandeln in einer trockenen Pfanne unter Rühren bei mittlerer Hitze goldgelb rösten. Das Zitronat in kleine Würfel schneiden.

Den Backofen auf 180° (Umluft 160°) vorheizen. Die Feigen an einer Seite einschneiden, mit je 2 Mandeln und etwas Zitronat füllen und wieder zusammendrücken. Die Feigen nebeneinander auf ein Backblech legen, im heißen Ofen 10 Min. (Mitte) leicht bräunen. Die Feigen abkühlen lassen.

Die Schokolade in Stücke brechen und mit 2–3 EL Wasser und dem Zimt im Wasserbad schmelzen lassen. Die Feigen nacheinander mit einer Gabel in die Schokolade tauchen, wieder herausfischen und auf einem feinen Gitter oder auf Papier trocknen lassen.

TIPP

Eine andere Möglichkeit: Schokolade nicht schmelzen, sondern fein reiben und mit dem Zimt und wenig Zucker mischen. Die warmen Feigen darin wälzen, bis sie von Schokolade überzogen sind.

Neve al vin cotto

»Schnee« mit eingekochtem Wein

Zutaten für 4 Personen
Zubereitungszeit: 15 Min.
Garzeit: 50 Min.
Pro Portion: 200 kcal

1 kg blaue Weintrauben
50 g Zucker
Vanilleeis oder auch Walnusseis oder auch Orangeneis zum Servieren (nach Belieben)

Die Trauben waschen und von den Stielen zupfen. In der Küchenmaschine fein pürieren. Das Mus in ein Tuch geben und die Masse gut ausdrücken. Sie erhalten ungefähr 3/4 l Traubensaft.

Den Saft mit dem Zucker in einen Topf schütten und zum Kochen bringen. Den Saft bei mittlerer Hitze in 50 Min. auf 1/4 l einkochen lassen. Den Saft abkühlen lassen.

Das Eis in Schälchen verteilen und mit Saft übergießen.

TIPP

Der Vin cotto schmeckt auch zu frischen Früchten, etwa filetierten Orangen oder Feigen sehr gut.

PANIFICIO
tel. 21339
2A

Sizilien –

gezähmte Wildheit

Catania. Flughafen. Winterwarm. Pasquale di Mauro holt uns ab. Wir kennen uns noch nicht. Lucio Grasso, Sizilianer mit Wohnsitz in München, hat den Kontakt vermittelt. »Wer einen guten Freund hat, ist reich«, hat er gesagt. Und so ein guter Freund in Sizilien kümmert sich auch um die Menschen, die ihm sein Freund schickt. Lucio muss sehr reich sein. Und teilt den Reichtum mit uns.

Sicilia
l'altra Italia

Spezialitäten aus dem Meer und quirliges Leben findet man in der Pescheria, dem Fischmarkt Catanias.

Denn Pasquale begleitet uns nicht nur ins Hotel, er führt uns auch in ein ausgezeichnetes Fischlokal, ins »Galatea« in Aci Trezza. Auch da hat er Freunde. Wir fühlen uns kein bisschen fremd, es herrscht gleich Vertrautheit, kein Hauch von Kühle. Ein Glück für uns.

Catania lebt

Es soll Leute geben, die Catania hässlich finden. Düster. Vielleicht, weil die Stadt siebenmal von Lava überschwemmt wurde, was man manchen Gebäuden ansieht. Weil der schwarze Lavastein zum Bauen verwendet wurde, vor allem nach dem Vulkanausbruch 1669 und dem zerstörerischen Erdbeben von 1693. Wir sind nicht dieser Ansicht, ganz im Gegenteil: Die Straßen sind großzügig, in der Via Etnea hat man einen wunderbaren Blick bis hoch zum Ätna. Und die Stadt pulsiert. Sind die Straßen schon im Winter alles andere als ausgestorben, so sprühen sie im Sommer geradezu bis vier oder fünf Uhr morgens vor Lebenslust. Die »chioschi d'acqua« haben dann Hochsaison, vor allem auf der Piazza Umberto. Hier bekommt man Wasser in jeder Geschmacksrichtung – mit einem Schuss Fruchtsirup, Zitronensaft oder was das Herz sonst begehrt. Alkohol gibt es nicht. Trotzdem verwundert es nicht, dass Catania in der Liste der europäischen Städte mit regem Nachtleben an dritter Stelle steht – gleich hinter Prag und Barcelona. Die Pescheria, der bekannteste und schönste Markt Catanias, findet täglich außer sonntags statt. Ganz nahe beim Zentrum, auf der Piazza Alonzo. Unter diesem Namen kennt allerdings in Catania fast niemand den Ort, er wird einfach Piazza Pescheria genannt. Hier gibt es hauptsächlich Fisch, frisch oder tiefgefroren. Wer beweisen will, dass sein Fisch wirklich superfrisch ist, bindet Kopf und Schwanz mit einer Schnur so zusammen, dass der Fisch sich biegt. Bei einem nicht mehr frischen würde die Haut welk aussehen und vielleicht sogar reißen.

Küche mit Tradition

Wir lernen Marina und Elio kennen, ein junges Paar, das am Ätna Weinberge besitzt (mehr darüber auf Seite 219). Mit ihnen wandern wir durch die Stadt – in Sizilien, wo jeder zum Brot- oder Zigarettenholen sogar 100 m im Auto zurücklegt, nicht gerade eine beliebte und übliche Fortbewegungsart. Aber es ist Samstag, und halb Catania sitzt im Auto. Wir sind zu Fuß also viel schneller und sehen vor allem mehr. Unser Ziel liegt gleich hinter dem ehemaligen Benediktinerkloster Monastero Benedettino, das heute zur Universität gehört. Im ältesten Haus Catanias. Es wurde aus dem Bauschutt der durch das Erdbeben zerstörten Stadt vier Jahre nach dem Unglück errichtet, für die Arbeiter, die das Kloster fertig bauen sollten. In diesem Haus befindet sich heute das Ristorante »Vico S. Barnabà«, wo die Familie Comes lebt und wirkt: Vater, Mutter, Sohn und Tochter. Vater und Tochter sind nicht nur als Architekten tätig, sondern sammeln auch alte Rezepte. Rezepte, die man unter dem Namen »Camurriusu« zusammenfasst. Rezepte, die von den Zutaten her sehr einfach sind, die aber bei der Zubereitung so viel Sorgfalt und zum Teil auch Zeit verlangen, dass sie in den meisten Restaurants und auch in den Familien fast nicht mehr gemacht werden. Mutter Rosanna und Sohn Salvo teilen sich die Arbeit in der Küche, Tochter Ada ist für die Dolci zuständig. Serviert werden – übrigens auf Keramiktellern aus Caltagirone, Misterbianco oder Palermo – nur echt sizilianische Gerichte, jeweils auf die Jahreszeit abgestimmt. Die umfangreiche Weinauswahl hält sich an die besten Tropfen der Insel. So bekommt man zum Dessert nicht das übliche Gläschen Prosecco, sondern zu Gebäck wie den fein gewürzten Plätzchen aus gekochtem Wein zum Beispiel einen Moscato di Pantelleria, zu kleinen Schokoladenkügelchen den roten Likörwein Ala, den Duca Enrico di Salaparuta eigens für seine Frau Sonia, einen leidenschaftlichen

Schaufelweise Schneckenfreuden. Unter verschiedenen Sorten kann man beim Einkauf in der Pescheria unter freiem Himmel wählen und bekommt gratis noch ein paar Ratschläge, wie man die Meeresfrüchte am besten zubereitet.

Der Ätna, der größte aktive Vulkan Europas, trägt manchmal bis zu 7 Monaten im Jahr einen Schneegipfel zur Schau.

Weite Landschaften, die das Auge erfreuen und beruhigen, findet man überall im Landesinneren Siziliens.

Auch am Sonntag kann man in Sizilien, wie hier in einem kleinen Ort am Ätna, das Nötigste einkaufen. Und sei es direkt vom Auto eines Kleinbauers. Oder doch lieber in die Trattoria und sich bedienen lassen?

Schokoladenfan, kreiert hat. Signore Comes weiß viel zu erzählen, und er tut es auch gern. Zum Beispiel vom Wahrzeichen Catanias, dem Steinelefanten: Im Wald auf dem Ätna lebte ein Magier mit dem Namen Eliodoro, der eines Tages mit einem Elefanten in die Stadt herunterkam und in der Kirche Scherze machte. Sehr zum Ärger eines Bischofs, der ihn schließlich mit seinem Mantel umhüllte, um ihn zum Schweigen zu bringen. Wie auch immer es passierte, beide stürzten in kochende Terme. Der Magier verbrannte darin, der Bischof hingegen kam heil heraus. Und der Elefant erstarrte zu Stein. Übrigens ist der Elefant zwar aus schwarzem Stein erbaut, es ist aber kein Lavastein vom Ätna.

In Acireale

Am nächsten Abend machen wir noch einen kurzen Abstecher nach Acireale. Die Chiesa San Sebastiano gleicht – hell erleuchtet mit weit geöffneten Türen – einer Opernkulisse, und die ganze Stadt ist auf den Beinen.
Der heilige Sebastian – der Heilige mit den vielen Pfeilen im Körper – ist der Schutzpatron von Acireale. Die stumme Ehrfurcht, die man bei uns in den Kirchen meist antrifft, fehlt hier in Süditalien. Zwar glaubt fast jeder Sizilianer, dass die Heiligen und namentlich die Schutzpatrone einer Stadt – viele Gemeinden haben zur Sicherheit sogar zwei – große Kräfte haben und helfen können. Was aber niemanden davon abhält, auch in der Kirche den neuesten Klatsch auszutauschen, zu lachen und sogar zu telefonieren. »Dove sei?«, die meistgestellte Frage seit Erfindung des Telefonino, erklingt also auch an heiligen Stätten. Und draußen spielt die »banda« typisch italienische Weisen.

Der Ätna

Marina und Elio fahren mit uns zum Ätna, zeigen uns, wo sich die letzten Lavaströme ergossen haben, und Linguagrossa, einen kleinen Ort, der seinen Namen von einer besonders großen Lavazunge bekommen hat.
Die Vulkanausbrüche der Vergangenheit haben sehr viel Leid gebracht, aber auch einen äußerst fruchtbaren Boden. So wachsen hier – in Bronté – die besten Pistazien der Welt, Haselnüsse, die saftigsten und aromatischsten Zitrusfrüchte und die beliebten Kaktusfeigen – »fichi d'india«. Das ganze Jahr hindurch gibt es in den Wäldern des Ätna Pilze. Kaum ist es feucht und warm, schießen die Pilze aus der fruchtbaren Erde. »Ferla« zum Beispiel, der wie ein wilder Austernpilz aussieht. Er wächst am liebsten in der Nähe einer Pflanze, die dem wilden Fenchel ähnelt und ebenfalls »ferla« heißt. Pilze gibt es deshalb überall in den Lokalen am Ätna, auch Fleisch und Wurst und Gemüse. Das Meer scheint weit. Obwohl man es von hier aus sehen kann.

Die Salinen

Wind, Sonne, Meerwasser und eine gute Lage – mehr braucht man nicht, um Salz zu gewinnen. Zwischen Marsala und Trapani gibt es einen idealen Ort: In den Salinen von Mozia ist das Wasser so niedrig, dass es einen Salzgehalt von etwa 3 % hat – anderswo im Mittelmeer beträgt er nur 1 %. Im März, wenn das Wasser wärmer wird, beginnt man dort mit der Salzgewinnung – seit Jahrtausenden nach derselben Methode. In den beiden Salzgärten Ettore und Infersa gibt es verschiedene Becken, die durch zahlreiche Schleusen und Kanäle verbunden sind. Während der Flut wird Meerwasser in die ersten Becken gespült – die so genannten kalten Becken. Von dort aus pumpt man das Wasser mit Hilfe von Windmühlen in die tieferen und wärmeren Becken. Es durchläuft mehrere Becken, bevor in den Kristallisationsbecken nach und nach reine und immer weißere Kristalle entstehen, die im Juli eine 8–9 cm dicke Salzschicht auf dem Grund der Becken bilden. Jetzt ist der Zeitpunkt gekommen, um das restliche Wasser komplett abzulassen. Und jetzt können die Salzarbeiter mit ihren Spaten die Kruste aufbrechen. Diese Kruste schützt das Salz, lässt es schön weiß bleiben. In den Salinen von Apulien – so wird uns erzählt – geht man nach einer anderen Methode vor. Dort lässt man dem Salz nicht so viel Zeit und erntet viel häufiger. Mit der Folge, dass das Salz dort grauer ist und gereinigt werden muss. Schubkarrenweise transportieren die Salinari, die Salzarbeiter, die meist schon seit Generationen in den Salinen tätig sind, die weiße Fracht an die Ränder der Becken und schichten sie unter der glühenden Hitze zu Hügeln auf. Wie viele Schubkarren so ein Hügel fassen darf, ist genau

Dass die Weine zum jeweiligen Essen passen, darauf legt Signore Comes, Patron des Restaurants »Vico S. Barnabà« und Mitglied des italienischen Sommelierverbandes, besonders großen Wert.

Ein Orangen-, Mandarinen- oder Zitronenbaum fehlt auf Sizilien in kaum einem Garten.

Erst wenn man sieben Handvoll Salz verbraucht hat, fühlt man sich an einem fremden Ort heimisch.

Im Sommer ausgedörrt, im Frühling aber saftig grün präsentiert sich die Landschaft.

Wohin ihn sein Weg wohl führt? Gemächlich scheint er jedenfalls zu sein.

Die Madonna beschützt und wacht vielleicht auch darüber, dass das Marktgeschehen friedlich verläuft.

Viel zu sehen, aber auch zu kaufen gibt es auf dem Fischmarkt Catanias. Und man trifft sich und kann zwischen den Einkäufen ein Schwätzchen halten.

Vor allem in den kleinen Dörfern, die weit von der Küste entfernt sind, geht es noch sehr traditionell zu. Die alten Männer bleiben unter sich und genießen die Ruhe nach dem harten Arbeitsleben. Bei der Jugend sieht das schon ein bisschen anders aus.

festgelegt. Dass jeder seine Karren zählt, wird aber nicht verlangt. Ein Arbeiter übernimmt diese Aufgabe und gibt in einem Lied genau darüber Auskunft.
Dreimal wird im Laufe des Sommers geerntet, außer im Juli noch einmal im August und im September. Bevor der Winter kommt, werden die Salzhügel wie ein Dach mit Ziegeln gedeckt, die das kostbare Gut vor Wind und Regen schützen. So kann das Salz unter der Ziegelhaube trocknen und wird auch nicht vom Wind verweht.
Einen Besuch in den Salinen sollten Sie auf Ihrer Reise unbedingt einplanen. Im Sommer gehört zur Besichtigung auch eine Bootsfahrt, so dass man noch näher am Geschehen teilhaben kann. Am Mittwoch und am Samstagnachmittag kann man auch den Salzmühlen, die um 1500 gebaut wurden, bei der Arbeit zusehen. Sie werden durch Windflügel betrieben, Holzgestelle, die mit Segeltuch bespannt sind, je nach Windstärke von drei bis sechs. Zwei Leute sind damit beschäftigt, Richtung und Stärke des Windes zu beobachten und die Kuppel so zu drehen, dass die Flügel exakt im Wind stehen.
Als »sale integrale« wird das Salz verkauft, als Vollkornsalz. Es enthält keine Rieselhilfen, ist also etwas feuchter als das, was wir gewohnt sind. Und weil es viel Magnesium hat, braucht man weniger davon als von »normalem« Salz.

Palermo

Wieder kommen wir nachts an, es ist hektisch. Ich denke an Goethe und seine italienische Reise. Versuche nachzuempfinden, wie er es empfunden hat, als er von Neapel her mit dem Schiff in Palermo ankam, den Monte Pellegrino vor Augen. An eine Stelle in seiner Beschreibung erinnere ich mich besonders gut. Es war Nacht »und der Mond blaute die Nacht«. Ein Satz, der mich zu einer romantischen Vorstellung inspiriert hat. Die ich jetzt allerdings nicht mehr wachrufen kann. Zu viele Autos brausen um uns herum, und am nächsten Tag bei Tageslicht sehen wir dem Verfall preisgegebene einstige Pracht und Schönheit. Wir müssen also erst Zugang finden, zum Beispiel auf den beiden Märkten Vucciría und Ballarò. Der erste ist älter, und seine Ausmaße beherrschen ein ganzes Viertel. Da werden Fisch, Fleisch und Gemüse angeboten, aber auch Haushaltsartikel, Pasta und was man sonst so braucht. Alles ziemlich billig, die Reichen und Schönen der Stadt kaufen hier nicht ein. Da sitzt schon mal eine Katze auf der Waage in der Fleischerei, eine andere hat es sich in der Petersilie bequem gemacht. Und da vernimmt man einen seltsamen Singsang, ein Schreien fast, das von einem Stand zum nächsten fliegt. Selbst Girolamo, unser einheimischer Begleiter, versteht kaum etwas. Der Grund für die eigentümliche Verständigung: Der Händler, der an einer Ecke des Marktes beispielsweise geschmuggelte Zigaretten verkauft, kann so in Windeseile gewarnt werden, sobald die Polizei ihren Fuß in den Marktbereich setzt. Ein Händler ruft die Nachricht dem anderen zu.
Der Ballarò ist etwas kleiner und nicht ganz so gedrängt, Angebot und Singsang sind aber ziemlich gleich.
Ein Abstecher, der sich ebenfalls lohnt, ist der Besuch auf dem ältesten Friedhof Italiens, Santa Maria di Gesù in der gleichnamigen Straße. Hier liegt der Heilige Benedikt, zusammen mit der Heiligen Rosalia Schutzpatron Palermos, begraben – neben Adligen und vielen Mafiabossen.

Gibellina vecchia – Der Ort wurde 1968 von einem Erdbeben zerstört. Alle Gelder, die für die Bewohner, die in Notunterkünften Zuflucht suchten, gesammelt wurden, verschwanden in geheimen Kanälen. Über viele Jahre lebten die Menschen in den Baracken. Der Künstler Alberto Burri hat das zerstörte Dorf mit einem Betonmantel überzogen, als kunstvollen Protest gegen diese dunklen Machenschaften. Die Straßenzüge sind noch zu erkennen, große Stille liegt über dem beeindruckenden Kunstwerk.

Sizilien duftet *Zitrusfrüchte*

Wie ein Wald leuchtender Weihnachtsbäumchen – ganz in Grün und Orange gehalten – sehen die Orangenhaine aus. Fast ein halbes Jahr lang, von November bis April, kann man diese Pracht bewundern. Nicht alle Früchte werden gleichzeitig reif und auch nicht alle auf einmal geerntet.

Wer im April oder Mai durch Sizilien reist, spürt was in der Luft. Wird plötzlich innehalten und vorsichtig schnuppern. Denn mehr braucht es nicht, um den verführerischen Duft wahrzunehmen, den die zarten Orangenblüten in verschwenderischer Fülle verströmen, ob in der Nähe einer Plantage oder auch im einfachsten Bauerngarten mitten auf dem Land.

Wer im Winter wieder kommt, kann sehen und schmecken, was aus den duftenden Blüten geworden ist: lauter pralle, kleine Kugeln, die zwischen saftig grünen Blättern hervorlugen.

Im großen Stil angebaut werden Zitrusfrüchte in der Gegend um Catania, auf teilweise vulkanischem Boden, auf dem sie ausgezeichnet gedeihen. Besonders schmackhafte Orangen kommen aus Paternó und Lentini, die besten Zitronen – sagt man – aus Siracusa. Früher galt die Conca d'oro – die goldene Muschel – bei Palermo, als die beste Zitronengegend der Insel, leider haben

Wenn Orangen schön reif sind, d. h. das Verhältnis von Zucker und Säure ausgewogen ist, und die Sonne lacht oder die Früchte zumindest trocken am Baum hängen, geht es ans Ernten. Reif müssen die Früchte in jedem Fall sein, denn nach dem Ernten tut sich im Inneren der Frucht nichts mehr.

dort aber große Anbauflächen dem Bauboom der Nachkriegszeit weichen müssen.

Frucht mit Geschichte

Ursprünglich stammen Orangen wohl aus Südchina, was auch der Name Apfelsine – Apfel aus China – nahe legt. Die Römer sollen schon im 1. Jahrhundert die hübschen Bäumchen von Indien aus nach Italien gebracht haben. Im großen Stil wurden sie damals aber sicher nicht angepflanzt, waren eher den Bessergestellten vorbehalten. Mit dem Zusammenbruch des Römischen Reiches verschwanden sie wieder, zumindest zum größten Teil. Bis die Araber auf die Insel kamen und neben Mandeln und Feigen auch wieder Orangen und Zitronen anbauten – anfangs wohl Bitterorangen und Zedratzitronen, die die Sizilianer kultivierten und aus denen sie im Laufe der Jahrhunderte die unterschiedlichen, vor allem süßeren Früchte züchteten.

Die Früchte werden abgeschnitten, abreißen würde dem Baum schaden.

Einzeln kommen die Früchte in Kisten. Werfen ist absolut verboten, denn jede Druckstelle kann später dazu führen, dass die Frucht unnötig schnell zu faulen beginnt.

Um die gelbe Farbe zu entwickeln, brauchen Zitronen die Temperaturschwankungen zwischen Tag und Nacht. Während des restlichen Jahres sind sie gelblich grün.

Von bittersüß bis blutrot: Orangen

Bitterorangen oder Pomeranzen gibt es auch heute noch, allerdings stehen die Bäume eher in kleineren Privatgärten. Von außen sieht man es den »arance amare«, wie sie in Italien heißen, nicht an, dass ihr Fruchtfleisch bitter schmeckt. Nur ganz hart Gesottene werden Bitterorangen roh essen wollen. Aber man kann aus ihnen köstliche Marmeladen kochen oder Orangeat, kandierte Früchte und Likör daraus herstellen oder Öl für Parfum aus den Schalen gewinnen.

Eine besonders aromatische Bitterorange ist die Chinotto, die an einem niedrigen Baum wächst, eher kleine Früchte hervorbringt, etwa so groß wie Mandarinen, und besonders intensiv und dabei sehr fein schmeckt. In der Nähe von Messina wie auch in Kalabrien findet man vor allem die verwandte Bergamotte. Übrigens gibt es zumindest in Süddeutschland gelegentlich ein paar Bitterorangen auf dem Markt.

»Arance rosse« – Blutorangen – stehen beim Orangenanbau in Sizilien an erster Stelle, vor allem Moro, Tarocco und Sanguinello. Sie haben meist eine etwas dunklere Schale als normale Orangen und sind im Inneren von hellrot bis tiefdunkelrot gefärbt. Die Moro ist eine dunkelrot geäderte Halbblutorange mit säuerlich-süßem Aroma. Tarocco – ebenfalls eine Halbblut – ist feiner im Geschmack und nur lichtrot gefärbt. Sie ist die größte der sizilianischen Blutorangen. Die Sanguinello ist klein bis mittelgroß und heißt auch Doppelblut- oder Vollblutorange, weil sie ein tiefrotes Fruchtfleisch hat.

Und die anderen, die blonden Orangen? Die spielen in Sizilien eine eher kleine Rolle, sind aber natürlich auch vorhanden. Auf den Märkten heißen sie Brasiliani oder Washington Navel, bei größeren Ständen bekommt man auch so ausgefallene Sorten wie die Vanigliate, also Vanilleorangen, die tatsächlich leicht nach Vanille schmecken, in jedem Fall aber sehr süß sind.

Übrigens: Dass die Orangenschale ihre leuchtende Farbe bekommt, hat sie der Kühle sizilianischer Nächte zu verdanken. Erst bei Temperaturen nahe 0 Grad entwickelt sich der für Orangen typische Farbstoff, auch im Inneren! Tropische Orangen bleiben grün, da ihnen diese Kühle fehlt. Grüne Stellen auf der Schale oder eine blasse Färbung sind also kein Zeichen für Unreife der Frucht, sondern deuten darauf hin, dass die Temperaturen vor der Ernte eher hoch waren. Bei Zitronen ist das nicht anders. Auch sie werden nur durch kühle Temperaturen richtig schön zitronengelb. Außerdem sorgen die niedrigen Temperaturen bei allen Zitrusfrüchten dafür, dass sich der Geschmack voll ausbildet. Und der kann schon bei einer einzigen Frucht unterschiedlich sein. Probieren Sie mal Orangen auf sizilianische Art: Frucht schälen, doch dann nicht in Schnitze teilen, sondern quer in runde Scheiben schneiden und genießen. Erstaunlich: Jede Scheibe schmeckt ein wenig anders. Das liegt daran, dass eine Orange am unteren Ende süßer ist als am Stiel, weil sie am unteren Ende schneller und intensiver reift.

Klein und praktisch: Spezialschere zum Orangenpflücken.

Bei der Ernte

Damit die Früchte möglichst heil im Geschäft ankommen, wird jede Frucht einzeln mit einer speziellen Schere vom Baum geschnitten und in luftdurchlässige Kisten gelegt. Von der Plantage aus kommen die Früchte in die verarbeitenden Betriebe, wo sie zuerst gewaschen, getrocknet und gewachst – damit sie schön glänzen –, dann nach Größen sortiert werden. Das macht eine Maschine nach einem ganz einfachen System: Die Orangen laufen über ein Band mit Öffnungen, die erst klein sind und dann immer größer werden. Die kleinen fallen früher durch die Öffnungen, landen in einer anderen Schiene als die großen. Jetzt kommen die Früchte in die Transportkisten.

Klein und köstlich: Mandarinen und Clementinen

Mandarinen wachsen an kleineren Bäumen. Die echten kamen und kommen vor allem aus der Gegend von Paternó oder Palermo (Tardivi di Giagulli). Nicht nur ihre Schale verströmt einen intensiven Duft – einfach mal zusammendrücken und schnuppern –, sondern auch ihr Fruchtfleisch schmeckt ganz besonders aromatisch. Leider hat die köstliche Kleine für viele einen großen Nachteil. Und das sind die Kerne, immerhin stecken bis zu 25 Stück in einer einzigen Frucht. Ein Grund, warum Mandarinen selbst in Italien nicht mehr so gut verkauft werden und ihr Anbau stark zurückgeht. Zugunsten der Clementine, die

Das Land, wo die Zitronen blühen, liegt nicht nur auf Sizilien, aber hier blühen sie besonders intensiv.

übrigens zuerst im Garten von Pater Clement in Algerien entdeckt wurde. Vermutlich ist sie eine – zufällig entstandene – Kreuzung aus Mandarine und Pomeranze. Ihr Fruchtfleisch kann es mit dem der Mandarine im Aroma nicht ganz aufnehmen – es enthält mehr Zucker und weniger Säure, dafür aber auch nur wenige oder sogar gar keine Kerne.

Früchte mit Charakter: Zitronen

Wo die Zitronen blühen, hängen oft auch schon Früchte mit am Baum. Ein Zitronenbaum hat nämlich seine Eigenarten. Er reagiert sensibel auf äußere Umstände. Ist es trocken und warm und kommt anschließend ein erfrischender Regenguss, schickt er sich an, neue Blüten zu produzieren, ganz egal, ob es Juli, September oder Januar ist. Deshalb findet man nahezu an jedem »Privatbaum«, der einfach machen kann, was er will, alles auf einmal: Blüten, kleine grüne Zitronen und große Früchte, die von Natur aus nur im Januar zitronengelb leuchten. Die Besonderheit der Bäume hat man sich für den Anbau zunutze gemacht. Die Zitronenbäume werden kontrolliert bewässert und zum Blühen gebracht.

Die erste große Blüte im März bringt einige Monate später die besten und saftigsten Früchte hervor, die nach eben dieser ersten Blüte auch »primo fiore« genannt werden. Im Juli bekommen die Bäume vier Wochen lang keinen Tropfen Wasser, um anschließend ausgiebigst davon zu trinken – was fast blitzartig eine zweite Blüte auslöst. Die Frucht, die dieser Blüte folgt, wird Verdelli genannt – die Grünliche –, weil sie von Haus aus grüner ist als die früher blühenden Zitronen. Aber weil für die meisten eine Zitrone einfach gelb sein muss, hat die »Verdelli« für den Export keine Bedeutung.

Nun möchte man meinen, dass auf etwa zwei Monate Blütezeit im Jahr auch über ungefähr zwei Monate hinweg Zitronen reif werden. Dem ist aber nicht so. Denn Zitronen, die aus späteren Blüten hervorgehen, brauchen längere Zeit zum Reifen, als die, die zuerst geblüht haben – schließlich müssen die Früchte der späten Blüten sich in kälteren Monaten entwickeln. Ein Grund, warum es das ganze Jahr über frische Zitronen gibt.

Ein zweiter Grund liegt darin, dass man z.B. »primo fiore«, die im Januar reif werden würde, schon im September und Oktober erntet und in Heizkammern nachreifen lässt.

Außerdem ist wie bei den Orangen der Baum für die Zitrone die natürliche Konserve. Wenn sie länger hängen bleibt, schadet ihr das nicht. Übrigens kann auch bei Orangen das gleichzeitige Tragen und Blühen vorkommen, ist aber eher die Ausnahme.

Wenn Ihnen auf Sizilien mal der Name Bianchetti unterkommt, so ist das nicht etwa eine besondere Sorte, sondern eine Verdelli, die – außer der Reihe! – früher reif geworden ist. Wirklich ein Baum mit Überraschungen, so ein Zitronenbaum!

Neben Orangen lassen sich auf Sizilien auch Mandarinen, Zitronen und viele Sorten mehr bewundern. Überall wachsen Zitrusfrüchte.

Vor allem in Kalabrien findet man die Zedratzitrone, die den sizilianischen »cedri« ähnelt.

Die Bergamotte ist eine ganz besondere Zitrusart Kalabriens. Sie wird hauptsächlich für Kosmetik und Earl Grey Tee verwendet.

Auf den Märkten Siziliens kann man eine gewaltige Frucht, die »cedri«, bestaunen. Sie ist oval und hat eine sehr grobporige dicke Schale, die bis zu 70 Prozent der ganzen Frucht ausmacht. Ihr Fruchtfleisch ist etwas süßer und gleichzeitig bitterer als das der Zitrone.

»Schiacciato« heißt zerdrückt. Und tatsächlich werden die Oliven vor dem Marinieren leicht zerquetscht. Sie schmecken am besten mit gerös- tetem, noch warmem Brot.

Einfach köstlich, *so ein fruchtiger Salat mit pikanten Beigaben – vor allem als Vorspeise. Auf der Speisekarte werden Sie den Orangensalat in Sizilien so gut wie nie finden. Wenn Sie aber im Ristorante danach fragen, wird man Ihnen bestimmt gerne einen machen – von November bis April zumindest. Und wenn Sie im Sommer unterwegs sind und es so richtig heiß ist, bestellen Sie einen Zitronensalat. Seine intensive Säure macht ihn unglaublich erfrischend!*

Olive schiacciate

Marinierte Oliven

Zutaten für 4 Personen
Zubereitungszeit: 20 Min.
Marinierzeit: 4 Std.
Pro Portion: 155 kcal

200 g grüne Oliven ohne Stein
1 Stange Staudensellerie
1 getrockneter Peperoncino
2 Knoblauchzehen
1/2 Bund frische Minze
1 EL Kapern
1 EL Essig
4 EL Olivenöl
Salz

Die Oliven mit dem Kartoffelstampfer oder dem Fleischklopfer leicht zerdrücken. Den Sellerie waschen, putzen und in sehr kleine Würfel schneiden. Peperoncino zerkrümeln, den Knoblauch schälen und sehr fein hacken. Die Minze waschen und trockenschütteln. Die Blättchen abzupfen und fein hacken. Kapern abtropfen lassen.

Alle diese Zutaten miteinander mischen. Essig und Olivenöl cremig schlagen und unter die Olivenmischung rühren. Die Oliven – falls nötig – mit wenig Salz würzen und mindestens 4 Std. marinieren. Man kann sie aber auch schon ein paar Tage vor dem Essen zubereiten.

Insalata di arance

Orangensalat

Zutaten für 4 Personen
Zubereitungszeit: 15 Min.
Pro Portion: 150 kcal

4 große saftige Orangen
1 milde weiße Zwiebel
1/2 Bund Petersilie
2 EL grüne Oliven
Salz, schwarzer Pfeffer
4 EL Olivenöl

Orangen schälen, die Schale am besten mit dem Messer rundherum großzügig abschneiden, damit auch die innere weiße Haut komplett entfernt wird. Die Orangen in Scheiben oder Stücke schneiden. Scheiben noch mal halbieren oder vierteln und auf eine Platte oder auf vier Teller legen.

Zwiebel schälen, halbieren und in feine Streifen schneiden. Petersilie waschen, trockenschütteln, Blättchen von den Stielen zupfen und sehr fein hacken. Mit den Zwiebelstreifen und den Oliven über die Orangen streuen. Salzen, pfeffern und das Öl darüber träufeln.

TIPP

Essig kommt nicht an den feinen Salat. Die Orangen haben genug Säure, Essig würde den zarten Geschmack nur verderben. Statt Petersilie kann man aber etwas fein zerstoßene Peperoncini auf die Orangen streuen. Auch gut: Orangen auf Radicchio auslegen und mit ein wenig frischer Minze garnieren.

Vecchio Samperi

Sarde a beccafico

Gefüllte Sardinen

Zutaten für 4 Personen
Zubereitungszeit: 1 Std.
Backzeit: 20 Min.
Pro Portion: 410 kcal

500 g frische Sardinen (10–15 cm lang)
1 EL Rosinen
2 EL Marsala oder Weißwein
2 EL Pinienkerne, 2 Knoblauchzehen
2 Sardellenfilets in Öl
1/2 Bund Petersilie
50 g Semmelbrösel
1 Ei, 6 EL Olivenöl
Salz, schwarzer Pfeffer
1 Prise Zimtpulver
10 Lorbeerblätter (am besten frisch)
2 Saftorangen, 1 Zitrone

Sardinen waschen und die Köpfe abschneiden. Fische am Bauch aufschneiden und auseinander klappen. Die Mittelgräte mit dem Löffelstiel anheben und herausziehen.

Die Rosinen mit dem Marsala begießen. Pinienkerne fein hacken. Knoblauch schälen und mit den Sardellen fein hacken. Die Petersilie waschen und sehr fein hacken. Rosinen hacken.

Backofen auf 220° (Umluft 200°) vorheizen. Semmelbrösel mit Ei, Rosinen samt Marsala, Pinienkernen, Knoblauchmischung, Petersilie und 2 EL Öl mischen und mit Salz, Pfeffer und Zimt würzen. Die Sardinen salzen, pfeffern und mit der Brotmasse füllen. Nebeneinander in eine feuerfeste Form legen, zwischen die Fische jeweils Lorbeer legen.

Fische mit dem übrigen Öl beträufeln und im heißen Ofen (Mitte) 10 Min. backen.

Inzwischen Orangen und Zitrone auspressen, Saft über die Fische gießen. Fische weitere 10 Min. backen. Vor dem Servieren 10 Min. stehen lassen oder kalt servieren.

Sarde marinate

Marinierte rohe Sardinen

Zutaten für 4 Personen
Zubereitungszeit: 40 Min.
Marinierzeit: 4 Std.–1 Tag
Pro Portion: 210 kcal

400 g frische kleinere Sardinen
1 frischer roter Peperoncino
1/2 Bund Petersilie
1 Knoblauchzehe
Saft von 1 Zitrone
4 EL Olivenöl
Salz

Die Sardinen waschen und die Köpfe abschneiden. Die Fische am Bauch aufschneiden und auseinander klappen. Die Mittelgräte mit dem Löffelstiel oder Messer anheben und langsam herausziehen. Die beiden Filets auseinander schneiden.

Peperoncino waschen und den Stiel abschneiden. Die Schote mit den Kernen sehr fein schneiden. Die Petersilie waschen und trockenschütteln. Die groben Stiele abzupfen, den Rest sehr fein schneiden. Knoblauch schälen und auch fein schneiden.

Zitronensaft mit Olivenöl gut verrühren, die zerkleinerten Zutaten untermischen, salzen.

Sardinen mit der Haut nach unten in eine flache Schale legen, Marinade darüber verteilen. Mit Klarsichtfolie abdecken und mindestens 4 Std., am besten aber über Nacht, in den Kühlschrank stellen.

Roh marinierte Sardinen schmecken nach etwa 1 Tag am besten. Nehmen Sie möglichst kleinere Fische.

Weil sie in Farbe und Form *Ähnlichkeit mit Orangen haben, werden die Reisbällchen im Semmelbröselkleid »arancini« – kleine Orangen – genannt. Besonders hübsch sehen sie aus, wenn noch ein Orangenblatt in den frittierten Kugeln steckt.*

Reismasse in der Hand etwas flach drücken und mit Füllung belegen. Mit der anderen Hand Reis über der Füllung verschließen und die Kugel rund formen.

Arancini di riso

Frittierte Reisbällchen

Zutaten für 4–6 Personen
Zubereitungszeit: 1 Std.
Pro Portion (bei 6): 670 kcal

300 g Rundkornreis
3/4 l Fleisch- oder Gemüsebrühe
1 Briefchen Safranfäden oder gemahlener Safran
2 EL Butter
50 g frisch geriebener Parmesan
2 Eier
1 kleine Zwiebel
100 g Kalbs- oder Hühnerfilet
2 Hühnerlebern (nach Belieben)
1 EL Olivenöl
50 ml trockener Weißwein
1 EL Tomatenmark
100 g frisch gepalte zarte Erbsen
Salz, schwarzer Pfeffer
4 Stängel Basilikum
100 g Provolone oder Caciocavallo
100 g Semmelbrösel
3/4 l Olivenöl zum Frittieren
8 Lorbeerblätter (am besten frisch) zum Garnieren

Reis mit Brühe und Safran in einem Topf zum Kochen bringen und offen bei mittlerer Hitze in 20–30 Min. ausquellen lassen. Dabei gelegentlich umrühren und eventuell noch Brühe nachgießen.

Butter und Parmesan unter den Reis mischen, Mischung in einer Schüssel etwas abkühlen lassen, dann 1 Ei untermengen und Reis ganz abkühlen lassen.

Inzwischen die Zwiebel schälen und sehr fein hacken. Das Fleisch ebenfalls sehr fein zerkleinern. Wenn Sie Hühnerlebern verwenden, auch diese fein zerkleinern. Öl in einem Topf erhitzen, Zwiebel darin glasig dünsten. Fleisch mitbraten, bis es gleichmäßig hell ist. Mit Weißwein, Tomatenmark und 1–2 EL Wasser mischen und 10 Min. leicht kochen lassen. Erbsen untermischen, salzen, pfeffern und alles noch 5 Min. leicht kochen lassen.

Basilikum waschen, Blättchen abzupfen und sehr fein hacken, untermischen. Provolone in kleine Würfel schneiden.

Reismasse in 8 Portionen teilen. Portionen jeweils in der Hand flach drücken, mit Fleischmasse und etwas Käse belegen und über der Füllung schließen. Dann zu Kugeln formen. Wenn alle Kugeln geformt sind, restliches Ei in einem Teller verquirlen, Semmelbrösel in einen zweiten Teller geben. Reiskugeln zuerst im Ei, dann in den Semmelbröseln wälzen.

Öl in einem weiten Topf erhitzen. Es ist heiß genug, wenn an einem hölzernen Kochlöffelstiel viele kleine Bläschen aufsteigen. Reiskugeln portionsweise im heißen Öl in 4–5 Min. rundherum schön braun frittieren, auf einer doppelten Lage Küchenpapier gut abtropfen und abfetten lassen. Arancini mit je 1 Lorbeerblatt bestecken. Sofort servieren oder abkühlen lassen.

Auberginen, Zucchini *und Tomaten lassen sich ganz einfach zubereiten und schmecken als Antipasti oder Beilage. Die feinen Gemüsegerichte eignen sich auch wunderbar für ein Buffet.*

Caponata

Auberginengemüse

Zutaten für 4–6 Personen
Zubereitungszeit: 40 Min.
Pro Portion (bei 6): 215 kcal

3 Stangen Staudensellerie
2 Zwiebeln, 2 Knoblauchzehen
2 Auberginen (ca. 500 g)
400 g Tomaten, 10 EL Olivenöl
Salz, schwarzer Pfeffer
2 EL grüne Oliven
1/2 Bund Basilikum
ca. 4 EL Rotweinessig
ca. 1 EL Zucker, 2 EL Kapern
1 EL Pinienkerne

Sellerie waschen, putzen und in feine Scheiben schneiden. Zwiebeln und Knoblauch schälen, die Zwiebeln halbieren und in Streifen schneiden, den Knoblauch fein hacken. Auberginen waschen und in dünne Scheiben schneiden, diese achteln.

Die Tomaten mit kochendem Wasser überbrühen, kurz darin ziehen lassen, kalt abschrecken und häuten. Dann in Würfel schneiden.

Olivenöl nach und nach in einem Topf erhitzen. Auberginen darin portionsweise kräftig anbraten und wieder herausnehmen. Zwiebeln und Knoblauch im übrigen Öl glasig dünsten. Auberginen, Sellerie und Tomaten dazugeben, salzen, pfeffern und zugedeckt bei mittlerer Hitze 5 Min. garen.

Inzwischen Oliven nach Belieben halbieren und – falls nötig – entsteinen. Basilikumblättchen abzupfen und mit Küchenpapier abreiben. Die Blättchen mit den Oliven, Essig, Zucker und Kapern zum Gemüse geben und noch 15 Min. garen, bis alles schön sämig eingekocht ist.

Pinienkerne in einer trockenen Pfanne goldbraun rösten. Caponata nach Belieben abkühlen lassen und mit den Pinienkernen bestreut servieren.

Die knusprig überbackenen Tomaten machen kaum Arbeit.

TIPP

In eine Caponata können Sie auch mal etwas Tunfisch in Olivenöl oder einige Sardellenfilets geben. Im Sommer schmeckt das würzige Gemüse gut gekühlt am besten.

Pomodori al forno

Gratinierte Tomaten

Zutaten für 4 Personen
Zubereitungszeit: 15 Min.
Backzeit: 20–25 Min.
Pro Portion: 295 kcal

8 Tomaten
Salz, schwarzer Pfeffer
2 EL Kapern
2 Sardellenfilets in Öl
50 g schwarze Oliven (am besten ohne Stein)
2 EL Pinienkerne
1 EL Rosinen
60 g Semmelbrösel
50 g frisch geriebener Pecorino
1 TL getrockneter Oregano
1 kleiner getrockneter Peperoncino
6 EL Olivenöl

Tomaten waschen und quer durchschneiden. Die Tomaten nebeneinander mit der Schnittfläche nach oben in eine feuerfeste Form legen, salzen und pfeffern. Den Backofen auf 200° vorheizen.

Kapern und Sardellen abtropfen lassen, Oliven entsteinen. Alles mit den Pinienkernen und den Rosinen fein hacken und mit Semmelbröseln und Pecorino verrühren. Mit dem zerrebelten Oregano und dem zerkrümelten Peperoncino mischen und salzen. Das Olivenöl unterrühren und die Masse auf den Tomaten verteilen.

Die Tomaten in den heißen Ofen (Mitte, Umluft 180°) schieben und 20–25 Min. backen, bis die Oberfläche gebräunt ist. Abkühlen lassen.

Zucchini marinati

Zucchini mit Sellerie

Zutaten für 4–6 Personen
Zubereitungszeit: 40 Min.
Marinierzeit: 4 Std.
Pro Portion (bei 6): 130 kcal

600 g junge Zucchini
2 zarte Stangen Staudensellerie
1 unbehandelte Zitrone
1/2 Bund Petersilie
4 Sardellenfilets in Öl
Salz, schwarzer Pfeffer
6 EL Olivenöl
50 ml trockener Weißwein
2 TL kleine Kapern

Zucchini waschen, putzen und in dünne Scheiben schneiden. Sellerie waschen, putzen, die zarten Blättchen abzupfen. Stangen in feine Scheiben schneiden. Zitrone heiß abwaschen, Schale dünn abschälen und ganz fein hacken. Zitrone auspressen. Petersilie waschen, Blättchen mit dem Selleriegrün sehr fein hacken.

Sardellen zerdrücken und mit Zitronensaft und -schale, Salz, Pfeffer und 3 EL Öl verrühren, Kräuter untermengen.

Restliches Öl nach und nach erhitzen. Zucchini darin portionsweise von beiden Seiten goldbraun braten, salzen, pfeffern, in eine Form geben. Bratfond mit Wein ablöschen, über die Zucchini gießen. Sellerie und Kapern darüber streuen und alles mit der Marinade beträufeln. Zugedeckt mindestens 4 Std. ziehen lassen.

Zucchini und Sellerie passen gut zusammen und sind im Sommer erfrischend.

Pizza auf sizilianische Art *wird ganz ohne Käse und dafür mit ziemlich dickem Teig gemacht und schmeckt auch kalt. Wichtig ist, dass man aromatische Zwiebeln verwendet.*

In Palermo tobt das Leben bis in die späte Nacht. Und vor allem dort gibt es zahlreiche »fritterie«, Imbissbuden, die frittierte Gemüse, Meeresfrüchte, Panelle und verschiedene Klößchen anbieten. Aber man kann seinen kleinen Hunger dort auch mit einer Portion Nudelauflauf oder mit einer Pizza stillen.

Sfincione

Sizilianische Zwiebelpizza

Zutaten für 4 Personen
Zubereitungszeit: 40 Min.
Ruhezeit: über Nacht
Gehzeit: 1 Std.
Backzeit: 20 Min.
Pro Portion: 650 kcal

1 kg Zwiebeln
400 g Tomaten
1 Bund frischer Oregano
6 EL Olivenöl
1 EL Tomatenmark
Salz, schwarzer Pfeffer
1 Würfel frische Hefe
500 g Mehl

Zwiebeln schälen und fein hacken. Tomaten mit kochendem Wasser überbrühen, kurz darin ziehen lassen, abschrecken und fein schneiden. Oregano waschen, abzupfen und fein hacken.

2 EL Olivenöl in einer Pfanne warm werden lassen. Zwiebeln darin bei mittlerer Hitze unter Rühren 5 Min. dünsten. Tomaten, Oregano und Tomatenmark dazugeben und noch 20 Min. garen. Mit Salz und Pfeffer abschmecken und einige Std., am besten über Nacht ruhen lassen.

Am nächsten Tag die Hefe zerkrümeln und mit 1/4 l lauwarmem Wasser verrühren. Mit dem übrigen Öl und 1 Prise Salz zum Mehl geben und alles zu einem glatten geschmeidigen Teig verkneten. Teig 1 Std. zugedeckt gehen lassen, bis sich sein Volumen verdoppelt hat.

Backofen auf 200° (Umluft 180°) vorheizen. Teig nochmal durchkneten und auf dem Blech ausrollen. Zwiebelmasse darauf verteilen. Im Ofen (Mitte) ca. 20 Min. backen. Pizza in Stücke schneiden und heiß servieren. Oder kalt werden lassen, so schmeckt sie auch gut.

TIPP

Freunde besonders würziger Gerichte hacken ein paar Sardellen klein und mischen sie unter die Zwiebelmasse.

Siziliens Erde bringt manche würzige Zutat hervor, so auch den wilden Fenchel, der im Original die Pasta con le sarde würzt. Bei uns kann man dieses Aroma am ehesten mit einer Mischung aus viel Fenchelgrün und frischem Dill nachempfinden.

In Catania wurde er geboren *und ist einer der berühmtesten Künstler Siziliens: Vincenzo Bellini (1801–1835). Auch wenn er zu seiner Zeit mit »Bianco e Fernando« den Durchbruch an der Mailänder Scala schaffte, ist heute seine Oper »Norma« eines seiner bekanntesten Werke. Der tragischen Hauptfigur dieser Liebesgeschichte wurde das ebenso einfache wie köstliche Nudelgericht gewidmet. Schmeckt übrigens mit Opernbegleitung fast noch besser!*

Pasta con le sarde

Nudeln mit frischen Sardinen

Zutaten für 4 Personen
Zubereitungszeit: 40 Min.
Pro Portion: 760 kcal

500 g frische Sardinen (möglichst schon vom Fischhändler ausnehmen lassen)
2 zarte Fenchelknollen mit viel Grün
Salz, 40 g Rosinen, 1 Bund Dill
6 Sardellenfilets in Öl
2 Knoblauchzehen
1 TL Fenchelsamen
1/2 TL abgeriebene unbehandelte Zitronenschale
6 EL Olivenöl, schwarzer Pfeffer
1 kleine Zwiebel, 40 g Pinienkerne
1 Briefchen Safranfäden oder gemahlener Safran
400 g Bucatini oder Spaghetti

Sardinen eventuell ausnehmen und die Köpfe abschneiden. Sardinen waschen und in die beiden Filets teilen.

Fenchel putzen, waschen und der Länge nach achteln. Das Fenchelgrün beiseite legen. Fenchelstücke mit dem Gurkenhobel in sehr feine Scheiben schneiden. In kochendem Salzwasser 1 Min. blanchieren, kalt abschrecken. Vom Kochwasser 1/8 l abnehmen, die Rosinen darin einweichen.

Inzwischen Dill waschen, trockentupfen und mit den Stielen und mit dem Fenchelgrün fein hacken. Sardellenfilets fein zerdrücken, Knoblauch schälen und durch die Presse drücken, Fenchelsamen im Mörser fein zerstoßen. Sardellen, Knoblauch, Fenchel und Kräuter mit Zitronenschale und 3 EL Olivenöl gut verrühren, salzen und pfeffern. Zwiebel schälen und sehr fein hacken.

Für die Nudeln reichlich Wasser zum Kochen bringen und kräftig salzen. Nudeln darin al dente kochen. Gleichzeitig für den Sugo das restliche Öl in einer Pfanne erhitzen, die Zwiebel darin glasig dünsten. Sardinen hinzufügen und bei mittlerer Hitze rundherum braun braten. Fenchel, Rosinen mit Einweichflüssigkeit, Sardellenpaste und Pinienkerne hinzufügen. Safran in wenig Wasser auflösen und ebenfalls untermischen. Alles salzen und pfeffern und 4–5 Min. leicht kochen lassen. Nudeln abgießen, mit dem Sugo mischen und sofort servieren.

Pasta alla Norma

Nudeln mit Auberginensauce

Zutaten für 4 Personen
Zubereitungszeit: 35 Min.
Pro Portion: 630 kcal

1 Aubergine (ca. 300 g)
Salz
600 g Tomaten
2 Knoblauchzehen
7 EL Olivenöl
schwarzer Pfeffer
1 Prise Zucker
150 g Ricotta salata (feste Ricotta)
400 g Bucatini oder kurze kräftige Nudeln

Aubergine waschen und in Würfel schneiden. Mit Salz bestreuen und gut 15 Min. ziehen lassen.

Inzwischen die Tomaten mit kochendem Wasser überbrühen, kurz darin ziehen lassen und kalt abschrecken, die Haut abziehen und die Tomaten fein hacken. Den Knoblauch schälen und fein hacken.

In einem Topf 1 EL Öl erhitzen, Knoblauch darin andünsten. Tomaten dazugeben und offen bei mittlerer Hitze 15 Min. leicht kochen lassen. Mit dem Pürierstab fein zerkleinern, mit Salz, Pfeffer und Zucker abschmecken.

Auberginenwürfel zwischen Küchenpapier gründlich trockentupfen. Übriges Öl in einer Pfanne erhitzen und die Auberginen darin gut anbraten. Tomatensauce dazugießen und alles zugedeckt bei mittlerer Hitze 10 Min. schmoren. Ricotta zerkrümeln, die Hälfte davon unter die Auberginen rühren, abschmecken.

Inzwischen für die Nudeln reichlich Wasser zum Kochen bringen. Salzen und die Nudeln darin nach Packungsaufschrift al dente kochen, abgießen und mit der Auberginensauce mischen. Mit übriger Ricotta bestreuen.

Das Pesto alla trapanese können Sie in einem Schraubglas im Kühlschrank einige Zeit aufbewahren. Vorausgesetzt, eine Schicht Olivenöl schützt die Oberfläche.

Frischen Tunfisch *für die Pasta al tonno con la menta gibt es inzwischen in fast allen Fischgeschäften zu kaufen. Als Ersatz können Sie auch Schwertfisch nehmen. Beide Fische kommen in Sizilien häufig auf den Tisch.*

Pasta col pesto alla trapanese

Nudeln mit Mandelpesto

Zutaten für 4 Personen
Zubereitungszeit: 20 Min.
Pro Portion: 585 kcal

200 g Tomaten
2 Knoblauchzehen
1 Bund Basilikum
100 g gehäutete Mandeln
3 EL Olivenöl
Salz, schwarzer Pfeffer
400 g Spaghetti oder andere lange Nudeln
frisch geriebener Pecorino zum Bestreuen (nach Belieben)

Tomaten waschen und würfeln. Knoblauch schälen und grob zerkleinern, Basilikum abzupfen, Blättchen abreiben.

Diese Zutaten mit den Mandeln in der Küchenmaschine fein zermusen, dabei nach und nach das Öl dazufließen lassen. Salzen und pfeffern.

Inzwischen für die Nudeln reichlich Wasser zum Kochen bringen. Salzen und die Nudeln darin nach Packungsaufschrift al dente kochen. Abgießen und sofort mit dem kalten Pesto servieren. Pecorino extra dazu reichen.

Pasta al tonno con la menta

Nudeln mit Tunfisch und Minze

Zutaten für 4 Personen
Zubereitungszeit: 25 Min.
Pro Portion: 650 kcal

400 g frischer Tunfisch
2 Tomaten
2 Knoblauchzehen
400 g Spaghetti oder andere lange Nudeln
Salz, 4 EL Olivenöl
50 ml trockener Weißwein
schwarzer Pfeffer
1/2 Bund frische Minze

Tunfisch in kleine Würfel schneiden. Tomaten mit kochendem Wasser überbrühen, kurz darin ziehen lassen, kalt abschrecken, häuten und fein würfeln. Knoblauch schälen und fein hacken.

Für die Nudeln reichlich Wasser zum Kochen bringen. Salzen und die Nudeln darin nach Packungsaufschrift al dente kochen.

Gleichzeitig 2 EL Öl in einer kleineren Pfanne erhitzen. Knoblauch darin andünsten. Fisch kurz mitbraten. Tomaten und Wein dazugeben, salzen, pfeffern und bei schwacher Hitze 4–5 Min. leicht kochen lassen.

Minze waschen, abzupfen und fein hacken. Nudeln ab-gießen, mit dem Sugo, der frischen Minze und dem übrigen Öl mischen und gleich servieren.

TIPP

Käse gibt es dazu auf gar keinen Fall, in Sizilien bekommt man oft »mollica« zu Nudeln mit Fisch serviert, das sind in Olivenöl geröstete Brotbrösel, manchmal auch mit ein bisschen Petersilie vermischt (Rezept Seite 79). Unbedingt probieren!

Zwei Sommergerichte *mit Nudeln und eins mit Reis für den Herbst:*

Wie so viele Primi hat auch der Riso con le castagne seinen Ursprung in der »cucina dei poveri«. In Pollina soll eine andere Variante entstanden sein. Dort wurden die Kastanien wie beschrieben gekocht und dann aber mit Nudeln statt mit Reis gemischt.

Vermicelli alla siracusana

Nudeln mit würziger Gemüsesauce

Zutaten für 4 Personen
Zubereitungszeit: 30 Min.
Pro Portion: 520 kcal

1 Aubergine, Salz
1 gelbe Paprikaschote
400 g Tomaten, 2 Knoblauchzehen
2 Sardellenfilets in Öl
400 g Vermicelli, 4 EL Olivenöl
50 g schwarze Oliven
2 EL Kapern, schwarzer Pfeffer
1/2 Bund Basilikum

Die Aubergine waschen, putzen und in kleine Würfel schneiden. Mit Salz mischen und 10 Min. ziehen lassen. Inzwischen die Paprikaschote waschen, halbieren, putzen und würfeln. Die Tomaten waschen und ebenfalls würfeln. Den Knoblauch schälen und in feine Scheiben schneiden, die Sardellenfilets abtropfen lassen und grob hacken.

Die Aubergine gut trockentupfen. Für die Nudeln reichlich Wasser zum Kochen bringen.

In einem Topf das Öl erhitzen, Knoblauch und Sardellen darin andünsten. Aubergine dazugeben und leicht anbraten. Paprika, Tomaten, Oliven und Kapern hinzufügen, das Ragout salzen und pfeffern und zugedeckt 10–12 Min. bei schwacher Hitze schmoren.

Das Nudelwasser salzen und die Nudeln darin nach Packungsaufschrift al dente garen. Inzwischen die Basilikumblättchen abzupfen, eventuell etwas abreiben und dann in Streifen schneiden. Die Nudeln abgießen und mit dem Basilikum unter die Sauce mischen.

Tolles Sommeressen: heiße Nudeln mit kühlen Tomaten.

Pasta alla carrettiera

Nudeln mit roher Tomatensauce

Zutaten für 4 Personen
Zubereitungszeit: 25 Min.
Ruhezeit: 4 Std.
Pro Portion: 595 kcal

800 g Tomaten, 1 Bund Basilikum
2 Knoblauchzehen
2 getrocknete oder frische Peperoncini
4 EL Olivenöl, Salz
500 g Spaghetti, Bavette oder Bucatini
frisch geriebener Pecorino zum Bestreuen

Den Stielansatz aus den Tomaten herausschneiden. Die Tomaten mit kochendem Wasser überbrühen, kurz darin ziehen lassen, kalt abschrecken und häuten. Die Tomaten quer halbieren. Die Kerne entfernen, das Tomatenfleisch sehr fein würfeln. Die Basilikumblättchen abzupfen und in kleinere Stücke zupfen. Knoblauch schälen und dazupressen. Getrocknete Peperoncini zerkrümeln. Frische waschen, vom Stielansatz befreien und sehr fein hacken.

Alle diese Zutaten mit dem Öl mischen, salzen, zugedeckt an einem kühlen Ort mindestens 4 Std. durchziehen lassen.

Für die Nudeln reichlich Wasser zum Kochen bringen und salzen. Die Nudeln darin al dente kochen. Die Nudeln in einem Sieb abtropfen lassen und in einer vorgewärmten Schüssel heiß mit der kalten Sauce mischen. Sofort servieren. Pecorino extra dazu reichen.

TIPP

Die würzige Sauce schmeckt auch mit anderen Gemüsesorten. Versuchen Sie mal Zucchini, Tomaten und Mangold oder Paprika, Sellerie und Pilze.
Wer gern scharf isst, würzt zusätzlich mit zerkrümelten Peperoncini.

Riso con le castagne

Reis mit Maronen

Zutaten für 4 Personen
Zubereitungszeit: 25 Min.
Pro Portion: 535 kcal

250 g Risottoreis
3/4 l Brühe + 1/8 l Brühe oder Wasser
1 größere Zwiebel, 6 EL Olivenöl
1 Packung vakuumverpackte gegarte Maronen (ca. 250 g)
1 EL Tomatenmark
Salz, schwarzer Pfeffer
6 Sardellenfilets in Öl

Reis mit 3/4 l Brühe zum Kochen bringen und bei schwacher Hitze zugedeckt in 20 Min. körnig ausquellen lassen.

Inzwischen Zwiebel schälen, sehr fein hacken. In einem Topf 2 EL Öl erhitzen und die Zwiebel darin glasig dünsten. Die Maronen je nach Größe ganz lassen oder halbieren. Maronen zur Zwiebel geben und mit 1/8 l Brühe oder Wasser aufgießen. Mit dem Tomatenmark, Salz und Pfeffer würzen und zugedeckt bei schwacher Hitze 10–15 Min. schmoren.

Reis mit Maronen mischen. Das übrige Öl erhitzen, Sardellenfilets darin braten und zerdrücken. Das Sardellenöl über der Reismischung verteilen, mit reichlich Pfeffer übermahlen und servieren.

Wer mag, mischt noch Oregano mit den Maronen unter den Reis oder streut vor dem Servieren Petersilie oder Basilikum obenauf.

In Sizilien liebt man Gerichte *mit kräftigem Geschmack, wohl ein Erbe der arabischen Herrscherzeit auf der Insel. Deshalb mag man Tunfisch, Sardinen und Schwertfisch besonders gern, würzige Fische, die andere herzhafte Zutaten bestens vertragen. Im Sommer können Sie die Röllchen, die sich übrigens wunderbar vorbereiten lassen, auch auf dem Holzkohlengrill garen.*

Ein echt sizilianisches Menü: Kombinieren Sie die Involtini mit Caponata (Seite 182), Pasta alla carrettiera (Seite 191) und Cassata (Seite 204).

Involtini di pesce spada

Schwertfischröllchen

Zutaten für 4 Personen
Zubereitungszeit: 40 Min.
Pro Portion: 650 kcal

8 dünne Scheiben Schwertfisch (je ca. 90 g)
1 EL Rosinen
2 EL Pinienkerne
2 Sardellenfilets in Öl
1 Bund Petersilie
2 Knoblauchzehen
5 EL Olivenöl
1 Ei
3 EL frisch geriebener Pecorino, Parmesan oder Caciocavallo
4 EL Semmelbrösel
Salz, schwarzer Pfeffer
1 große Zitrone
4 Lorbeerblätter (am besten frisch)

Schwertfisch waschen und trockentupfen. 2 Scheiben in sehr kleine Würfel schneiden. Rosinen mit warmem Wasser bedecken und kurz quellen lassen.

Pinienkerne ganz fein hacken. Sardellen fein hacken. Petersilie waschen, Knoblauch schälen. Beides ebenfalls sehr fein hacken. Alles mit 2 EL Olivenöl mischen. Rosinen abtropfen lassen, mit einer Gabel zerdrücken und mit den Schwertfischwürfelchen und den Sardellen vermischen. Ei, Käse und Semmelbrösel hinzufügen und alles zu einer glatten Masse verrühren. Mit Salz und Pfeffer abschmecken.

Den Backofengrill anstellen. Die Schwertfischscheiben der Länge nach halbieren, jeweils mit der Masse bestreichen. Schwertfischscheiben aufrollen und mit Zahnstochern feststecken (falls sie nicht von selbst halten).

Röllchen nebeneinander in eine feuerfeste Form geben. Zitrone auspressen. Saft mit dem übrigen Öl cremig rühren, mit Salz und Pfeffer würzen und über die Schwertfischröllchen träufeln. Lorbeerblätter dazulegen. Schwertfischröllchen im heißen Ofen unter den glühenden Grillschlangen 10 Min. garen, bis sie gebräunt sind. Dabei einmal wenden. Die Röllchen heiß servieren.

Tonno alla marinara

Frischer Tunfisch mit würziger Tomatensauce

Zutaten für 4 Personen
Zubereitungszeit: 25 Min.
Backzeit: 30 Min.
Pro Portion: 680 kcal

8 EL Olivenöl
4 Scheiben frischer Tunfisch (je ca. 180 g)
Salz, schwarzer Pfeffer
600 g Tomaten
1 Bund Basilikum
100 g schwarze Oliven (am besten ohne Stein)
2 EL Kapern
3 EL Marsala (nach Belieben)
4 EL Semmelbrösel

Den Backofen auf 160° vorheizen. Eine feuerfeste Form mit 2–3 EL Olivenöl auspinseln. Die Tunfischscheiben mit Salz und Pfeffer würzen und in die Form legen.

Die Tomaten waschen und sehr klein würfeln. Die Basilikumblättchen von den Stielen zupfen. Die Oliven – falls nötig – entsteinen und mit den Kapern und dem Basilikum sehr fein hacken. Mit den Tomaten und eventuell dem Marsala mischen und mit Salz und Pfeffer abschmecken.

Die Tomatensauce auf dem Tunfisch verteilen, mit den Semmelbröseln bestreuen und mit dem übrigen Öl beträufeln. Den Fisch im heißen Ofen (Mitte, Umluft 140°) etwa 30 Min. backen.

Pesce spada con salmoriglio

Schwertfisch mit Zitronen-Oregano-Sauce

Zutaten für 4 Personen
Zubereitungszeit: 25 Min.
Pro Portion: 640 kcal

4 Scheiben Schwertfisch (je ca. 180 g schwer)
Salz, schwarzer Pfeffer
10 EL Olivenöl
1/2 Bund Petersilie
1/2 Bund Oregano
1 Knoblauchzehe
Saft von 2 Zitronen
1 Prise Zucker

Den Grill des Backofens anheizen. Die Schwertfischsteaks mit Salz und Pfeffer würzen und mit 2–3 EL Öl einpinseln.

Die Kräuter waschen und trockenschütteln. Die Blättchen abzupfen und sehr fein hacken. Den Knoblauch schälen und halbieren.

Den Schwertfisch unter die heißen Grillschlangen schieben und etwa 8 Min. grillen, dabei einmal wenden.

Inzwischen 50 ml Wasser und den Zitronensaft mit dem Knoblauch erwärmen, nach und nach das übrige Öl mit dem Schneebesen kräftig unterschlagen. Mit Salz, Pfeffer und dem Zucker abschmecken, den Knoblauch rausfischen und die Kräuter untermischen. Mit dem Schwertfisch servieren.

Würzig und dabei so einfach: Der Schwertfisch grillt, während man die Sauce fertig stellt.

Eine besonders fruchtige Note bekommt das Hähnchen, wenn Sie es mit Orangenfilets servieren: 2 Orangen großzügig schälen, filetieren und kurz vor Ende der Garzeit zum Hähnchen geben.

Marsala *gilt als Dessertwein. Dabei ist er keinesfalls immer süß, sondern oft so fein und trocken, dass er auch gut zu einem Antipasto oder einem Hauptgericht, z. B. den Schnitzeln in Marsalasauce, passt. Allerdings sollten Sie für einen guten Marsala schon ein bisschen tiefer in die Tasche greifen, und man wird wohl auch nicht mehr als ein oder zwei Gläschen davon trinken.*

Pollo all'arancia

Hähnchen mit Orangen und Oliven

Zutaten für 4 Personen
Zubereitungszeit: 35 Min.
Schmorzeit: 40 Min.
Pro Portion: 590 kcal

1 küchenfertiges Brathähnchen (ca. 1,2 kg)
Salz, schwarzer Pfeffer
3 Orangen, 1/2 Bund Rosmarin
2 Lorbeerblätter (am besten frisch)
2 Zwiebeln, 1 getrockneter Peperoncino
4 EL Olivenöl
100 ml trockener Marsala oder Weißwein
1 EL schwarze Oliven (am besten ohne Stein)
2 EL Orangenmarmelade

Das Hähnchen in 8 Stücke teilen. Mit Salz und Pfeffer einreiben. Orangen auspressen. Rosmarin und Lorbeer waschen. Zwiebeln schälen, halbieren und in feine Streifen schneiden. Peperoncino zerkrümeln.

Olivenöl in einem Schmortopf erhitzen. Die Hähnchenstücke darin in zwei Portionen rundherum gut anbraten, wieder herausnehmen. Zwiebeln im Bratfett anbraten, Kräuter hinzufügen und mit dem Orangensaft und dem Marsala ablöschen. Salzen. Peperoncino, Oliven und Orangenmarmelade dazugeben.

Hähnchenstücke wieder in den Topf legen und zugedeckt bei schwacher Hitze 40 Min. schmoren.

TIPP

Zu beiden Gerichten passen Patate al Marsala: 750 g kleine, neue Kartoffeln unter fließendem Wasser sauber abbürsten, trockentupfen. 4 EL Olivenöl in einer Pfanne erhitzen, Kartoffeln darin unter gelegentlichem Wenden bei mittlerer Hitze 15 Min. braten. 1/8 l trockenen Marsala angießen. Kartoffeln salzen und pfeffern und weitere 15 Min. garen, bis sie weich sind. Vor dem Servieren 1 kleines Bund Rucola oder Petersilie waschen, hacken und untermischen.

Scaloppe al marsala

Schnitzel in Marsalasauce

Zutaten für 4 Personen
Zubereitungszeit: 15 Min.
Pro Portion: 305 kcal

600 g dünne Schweine- oder Kalbsschnitzel
Salz, schwarzer Pfeffer
Mehl zum Wenden
3 EL Olivenöl
3 EL Butter
200 ml trockener Marsala
1 TL Zitronensaft
1 EL gehackte Petersilie oder Basilikum

Die Schnitzel mit dem Handballen etwas flacher drücken. Mit Salz und Pfeffer würzen und im Mehl wenden. Überschüssiges Mehl abklopfen.

In einer großen Pfanne (oder gleichzeitig in zwei) das Öl mit der Butter erhitzen. Die Schnitzel darin pro Seite 1–2 Min. braten, aus der Pfanne nehmen. Den Marsala in die Pfanne gießen und den Bratsatz damit lösen, kräftig aufkochen lassen. Mit dem Zitronensaft, Salz und Pfeffer abschmecken. Die Schnitzel wieder einlegen und heiß werden lassen. Mit den Kräutern bestreut servieren.

Schön dünn *muss die Rindfleischscheibe für diesen Rollbraten sein. Fragen Sie Ihren Metzger, welches Stück sich am besten eignet. Sehr gut ist z. B. Oberschale, die man auch für kleine Rouladen verwendet. Eventuell kann Ihr Metzger auch zwei Scheiben aus diesem Stück schneiden und flacher klopfen. Diese dann so aneinander legen, dass eine große Scheibe entsteht. Durch das Belegen und Bestreichen hält alles beim Aufrollen wunderbar zusammen.*

Falsu magru

Was Leichtes zum Braten: Insalata di arance (Seite 177) und Vermicelli alla siracusana (Seite 190) davor und eine erfrischende Granita di limone (Seite 202) danach.

Rollbraten mit reicher Füllung

Zutaten für 8 Personen
Zubereitungszeit: 45 Min.
Schmorzeit: 2 1/2 Std.
Pro Portion: 510 kcal

4 Eier
je 1/2 Bund Oregano und Thymian (nach Belieben auch einige Zweige Rosmarin oder Salbei)
2 Knoblauchzehen
2 frische Salsicce (Schweinewürstchen, ca. 200 g)
200 g Rinderhackfleisch
50 g Semmelbrösel
3 EL frisch geriebener Caciocavallo oder Provolone
Salz, schwarzer Pfeffer
1 große Scheibe Rindfleisch zum Füllen (700–800 g)
150 g Pancetta in dünnen Scheiben
100 g Provolone in dünnen Scheiben
100 g roh geräucherter Schinken in dünnen Scheiben
2 Zwiebeln
4 EL Olivenöl
1/4 l trockener Rotwein
1 große Dose geschälte Tomaten (800 g)

2 Eier hart kochen und abschrecken. Inzwischen Oregano und Thymian waschen und trockenschütteln. Einige Kräuterzweige zum Schmoren beiseite legen, von den übrigen Blättchen abstreifen oder zupfen und fein hacken. Den Knoblauch schälen und fein hacken. Die Wurstmasse in kleinen Stücken aus der Haut drücken. Alle diese Zutaten mit dem Hackfleisch, den Semmelbröseln, den übrigen rohen Eiern und dem geriebenen Käse verrühren und mit Salz und Pfeffer würzen.

Die Rindfleischscheibe auf der Arbeitsfläche ausbreiten und mit den Pancettascheiben belegen. Die Fleischmasse darauf verstreichen. Die gekochten Eier schälen und in dünne Scheiben schneiden. Mit dem Käse und dem Schinken auf der Fleischmasse verteilen. Den Braten aufrollen und mit Küchengarn zusammenbinden. Außen mit Salz und Pfeffer würzen.

Den Backofen auf 180° vorheizen. Die Zwiebeln schälen und grob hacken. Das Öl in einem großen Bräter mit Deckel auf der Kochplatte erhitzen. Den Braten darin rundherum anbraten und wieder herausnehmen. Die Zwiebeln im Bratfett glasig dünsten, beiseite gelegte Kräuterzweige dazugeben. Mit dem Wein ablöschen. Die Tomaten in der Dose klein schneiden und mit dem Saft dazurühren. Die Sauce abschmecken, den Braten einlegen.

Den Braten zugedeckt im Ofen (unten, Umluft 160°) 2 1/2 Std. schmoren. Etwas nachziehen lassen, dann in Scheiben schneiden.

Wenn Sie Wildhasen *bekommen können, sollten Sie dieses Gericht damit zubereiten. Das Fleisch schmeckt noch aromatischer. Die Sauce sieht durch den Rotwein etwas trüb aus. Wer das nicht mag, nimmt Weißwein.*

Coniglio in agrodolce

Das Kaninchen kann gut 2 Tage marinieren, lässt sich also wunderbar vorbereiten.

Süßsaures Kaninchen

Zutaten für 4 Personen
Zubereitungszeit: 40 Min.
Marinierzeit: 8 Std.
Garzeit: 40 Min.
Pro Portion: 670 kcal

2 Zwiebeln
2 Knoblauchzehen
1/2 Bund Petersilie
2 Lorbeerblätter (am besten frisch)
3 Zweige frischer Thymian
400 ml trockener Rotwein
1 TL Pfefferkörner, Salz
1 Kaninchen (ca. 1,2 kg, am besten schon vom Händler in 8 Stücke teilen lassen)
2 Stangen Staudensellerie
2 Möhren
schwarzer Pfeffer
Mehl zum Wenden
6 EL Olivenöl
1 EL Kapern oder Kapernäpfel
2 EL Rosinen
2 EL Pinienkerne
2 EL grüne Oliven
4 EL Rotweinessig
2 EL Zucker oder Orangenhonig

Für die Marinade 1 Zwiebel schälen und in Scheiben schneiden. Knoblauch schälen und halbieren. Kräuter waschen. Alles mit dem Wein und den Pfefferkörnern einmal aufkochen, salzen und lauwarm abkühlen lassen.

Kaninchenstücke waschen, um Knochensplitter zu entfernen, trockentupfen und in eine Porzellanform legen. Marinade darüber gießen und das Kaninchen zugedeckt 8 Std. oder über Nacht darin ziehen lassen.

Übrige Zwiebel schälen und fein hacken. Sellerie waschen und in 1 cm dicke Stücke schneiden. Möhren schälen und in Scheiben schneiden. Kaninchenstücke abtropfen lassen, trockentupfen, salzen, pfeffern und leicht in Mehl wenden. Überschüssiges Mehl abklopfen.

Öl in einem Schmortopf heiß werden lassen. Kaninchenstücke darin in zwei Portionen rundherum schön braun anbraten, wieder herausnehmen. Gemüse und Zwiebel im Fett glasig dünsten. Kapern, Rosinen, Pinienkerne und Oliven dazugeben, Kaninchenstücke wieder einlegen.

Die Marinade durch ein Sieb gießen, 1/4 l davon abmessen und zum Kaninchen gießen. Alles zugedeckt bei schwacher Hitze 20 Min. schmoren. Dann den Essig mit dem Zucker oder dem Honig verrühren und dazugeben. Kaninchen weitere 20 Min. schmoren und mit der Sauce servieren.

Wenn es draußen *richtig heiß ist, wird sich ein Sizilianer schon morgens ein kühles Sorbetto oder eine Granita gönnen. Ziemlich wahrscheinlich, dass das nicht die einzige Erfrischung des Tages bleibt.*

Granita di limone

Zitronengranita

Zutaten für 4 Personen
Zubereitungszeit: 15 Min.
Gefrierzeit: 4 Std.
Pro Portion: 320 kcal

6 unbehandelte Zitronen
300 g Zucker

2 Zitronen heiß abwaschen und die Schale fein abreiben. Alle Zitronen auspressen. Den Zucker in 400 ml lauwarmem Wasser auflösen. Zitronensaft dazugeben.

Alles in eine Schale füllen und ins Gefrierfach stellen. 4 Std. gefrieren lassen, dabei jede Stunde gut durchrühren.

Variante: Granita di pesca

500 g reife Pfirsiche häuten, vom Stein befreien und fein pürieren. 150 g Zucker in 200 ml Wasser auflösen. Mit dem Pfirsichpüree und dem Saft von 1/2 Zitrone verrühren und gefrieren lassen. Statt der Pfirsiche kann man auch Erdbeeren nehmen.

Variante: Granita di caffè

1/2 l kalten Espresso mit 100 g Zucker und 1 kleinen Prise Zimt mischen und gefrieren lassen. Beim Servieren mit wenig halbfest geschlagener Sahne garnieren.

Im klassischen Eisbecher serviert sieht das Gelato besonders schön aus.

Gelato al pistacchio

Pistazieneis

Zutaten für 4 Personen
Zubereitungszeit: 45 Min.
Gefrierzeit: 4 Std.
Pro Portion: 490 kcal

200 g ungesalzene Pistazien
3/4 l Milch
1/2 unbehandelte Zitrone
5 Eigelbe
125 g Zucker
1 Päckchen Vanillezucker

Die Hälfte der Pistazien fein mahlen und mit der Milch zum Kochen bringen. 30 Min. ziehen lassen.

Inzwischen die übrigen Pistazien sehr fein hacken. Die Zitronenhälfte heiß waschen und abtrocknen, die Schale ganz fein abreiben. Die Eigelbe mit dem Zucker und dem Vanillezucker gut schaumig rühren.

Die Milch durch ein mit einem Tuch ausgelegtes Sieb schütten. Das Tuch zusammendrehen und alle Flüssigkeit auspressen. Gesiebte Milch erneut erwärmen.

Die warme Milch unter ständigem Schlagen zur Eigelbcreme rühren. Alles noch einmal auf den Herd stellen und bis kurz vor den Siedepunkt erwärmen. Die Zitronenschale und die Pistazien unterrühren und die Masse unter gelegentlichem Rühren erkalten lassen. Ins Gefrierfach stellen. 4 Std. gefrieren lassen, dabei jede Stunde gut durchrühren.

TIPP

Ein Sorbet wird aus einer Granita, wenn man die Masse noch häufiger durchrührt, so dass kleinere Eiskristalle entstehen.

Biscotti di mandorle all'arancia

Mandel-Orangen-Plätzchen

Zutaten für 36 Stück
Zubereitungszeit: 45 Min.
Pro Stück: 80 kcal

2 unbehandelte Orangen
350 g Mandeln ohne Haut
150 g Zucker, 3 Eiweiße
1 Prise Salz, 1 Eigelb
Backpapier fürs Blech
Puderzucker zum Bestäuben

Orangen heiß abwaschen und gut abtrocknen. Die Schale fein abreiben. 1/2 Orange auspressen. Mandeln mit dem Zucker in der Küchenmaschine zu einer feinen Paste zerkleinern.

Eiweiße mit den Schneebesen des Handrührgeräts zu steifem Schnee schlagen, dabei das Salz einrieseln lassen. Einen Teil davon mit dem Eigelb und dem Orangensaft unter die Mandelmasse rühren, den Rest mit der Orangenschale unterheben.

Backofen auf 200° (Umluft 180°) vorheizen. Backblech mit Backpapier auslegen. Vom Teig Kugeln abstechen und auf das Blech setzen. Teigkugeln leicht mit Puderzucker bestäuben, im heißen Ofen (Mitte) 12–13 Min. backen, bis sie knusprig sind. Kugeln vom Blech lösen, auf einem Kuchengitter abkühlen lassen.

Die Plätzchen schmecken zum Eis, aber auch einfach zum Espresso.

Der Dessertklassiker *der Insel! Echte Könner überziehen die Cassata mit einer dünnen, aus Mandeln und Pistazien hergestellten und mit Speisefarbe grün eingefärbten Marzipanplatte, bevor die Sahne darauf kommt.*

Davor schmecken Olive schiacciate (Seite 177), Pasta alla Norma (Seite 187) und Tonno alla marinara (Seite 195) besonders fein.

Cassata alla siciliana

Feines Biskuitdessert

Zutaten für eine Springform von 26 cm Ø
Zubereitungszeit: 1 Std.
Backzeit: 45 Min.
Ruhezeit: über Nacht
Kühlzeit: 2 Std.
Pro Portion (bei 16): 475 kcal

Für den Teig:
6 Eier, 140 g Puderzucker
1 Prise Salz
170 g gesiebtes Mehl
1 EL Speisestärke
abgeriebene Schale von 1/2 unbehandelten Zitrone
Butter und Mehl für die Form

Für die Füllung:
250 g Zucker
800 g frische Ricotta
500 g kandierte Früchte (möglichst leicht kandierte)
150 g gute Zartbitterschokolade
50 g ungesalzene Pistazienkerne
1 Prise Zimtpulver
6 EL Limoncello, Passito di Pantelleria, Marsala oder Maraschino
200 g Sahne
1 TL Vanillezucker

Backofen auf 180° vorheizen. Für den Teig die Eier trennen. Die Eiweiße zu steifem Schnee schlagen, dabei nach und nach den Puderzucker und das Salz einrieseln lassen. Eigelbe nach und nach unterziehen. Mehl mit Speisestärke und Zitronenschale mischen und unterheben.

Die Springform fetten und mit Mehl bestäuben. Teig einfüllen und glatt streichen. Im heißen Ofen (Mitte, Umluft 160°) 45 Min. backen. Stäbchenprobe machen. Teig in der Form 10 Min. stehen lassen, dann herauslösen und über Nacht ruhen lassen.

Am nächsten Tag (am Nachmittag) den Teigboden zweimal quer durchschneiden.

Für die Füllung den Zucker mit 100 ml Wasser zum Kochen bringen und 5 Min. leicht kochen lassen. Abkühlen lassen, dann mit der Ricotta sehr gut verrühren. Von den kandierten Früchten die Hälfte zum Dekorieren beiseite legen, den Rest sehr fein würfeln. Schokolade ebenfalls fein zerkleinern. Pistazienkerne hacken. Alle zerkleinerten Zutaten mit dem Zimt unter die Ricottamasse mischen.

Den untersten Teigboden wieder in die Springform legen, mit 2 EL Limoncello beträufeln und mit der Hälfte der Ricottacreme bestreichen. Mit dem mittleren Teigboden bedecken, wieder mit Limoncello beträufeln und mit der restlichen Ricotta bestreichen. Übrigen Teigboden darauf decken, mit dem restlichen Limoncello beträufeln.

Alles 3 Std. kühl stellen. Dann die Sahne mit dem Vanillezucker steif schlagen. Den Springformrand entfernen und die Cassata auf eine Platte gleiten lassen. Mit der Sahne rundherum bestreichen. Übrige kandierte Früchte nach Belieben kleiner schneiden und die Torte damit garnieren. Bis zum Servieren nochmals kühl stellen.

Sizilien is(s)t süß
Dolci

Costanzo Corrado (Bild links) ist seit vielen Jahren Eismacher. Mit 9 Jahren begann er, neben der Schule, in einer Pasticceria mitzuhelfen, und heute, über 60 Jahre später, steht er immer noch in einer Pasticceria und macht Eis – mit Freude und mit ganzem Herzen.

Eigentlich wollte ich gar nicht zu ihm. Hatte schon von ihm gelesen, auch Fotos gesehen. Nichts Neues also. Aber dann kam mal wieder eine dicke Regenfront. Und meine Begleiter – zwei echte Süßschnäbel – gaben keine Ruhe. Also sind wir doch in die Bar Costanzo in dem barocken Städtchen Noto, zu Costanzo Corrado. Und lernten einen beeindruckenden Menschen kennen. Einen, der nicht nur das beste Eis macht, das ich je gegessen habe – wenn ich nur an das Mandarineneis denke, möchte ich sofort zurück nach Noto –, sondern auch einen Menschen, der Gedichte schreibt. Der aufgeschlossen Fremden begegnet. Und der viel zu erzählen hat. Nicht nur über Dolci, die in Sizilien einen so enormen Stellenwert genießen, sondern auch über das Leben selbst. Darüber, wie wichtig es ist, dass die Menschen sich anschauen, wahrnehmen, nicht nur an Geld und Ruhm denken und mit gesenkten Köpfen aneinander vorbeilaufen. Denn im Tod

Noch heute wird die Tradition der Martorana gepflegt. Überall in Sizilien, etwa in der Pasticceria Spinella (Bild rechts), kann man die naturgetreuen Früchte bewundern. Kein Wunder, dass die Sizilianer Marzipan nicht nur – wie im Rest Italiens – »marzapane« – nennen, sondern »pasta reale«, was so viel bedeutet wie königlicher Teig.

sind wir Menschen ja alle gleich. Und im Leben hat jeder seine ganz besondere Aufgabe.

Tradition verpflichtet

Eismachen hat in Sizilien eine lange Geschichte. Die Araber waren es, die Zitrusfrüchte, Mandeln und Pistazien in Sizilien heimisch werden ließen. Die ersten Eismacher pressten Zitrusfrüchte zu Saft oder pürierten sie, aromatisierten Milch mit geriebenen Mandeln und Pistazien. Milch, Saft oder Püree wurde dann einfach mit dem Schnee vom Ätna gemischt, und das erste eisige Dessert auf Sizilien war geboren. Die Araber gaben der köstlichen Mischung den Namen »Sherbat«. Kein weiter Weg zum italienischen »sorbetto« oder zu dem französischen Namen »sorbet«, der sich inzwischen auch bei uns eingebürgert hat. Damals wie heute hat man die »sorbetti« als erfrischende Kühlung – auch für den Magen – genossen. Das Halbgefrorene neutralisiert zwi-

Zwar gibt es viele Süßigkeiten zu besonderen Anlässen, doch sind Dolci in Sizilien so beliebt, dass man sie gerne jeden Tag genießt, mit den Augen und dem Gaumen.

schen den Gängen eines üppigen Menüs die Geschmacksnerven und kühlt den Magen so weit, dass er noch nicht mit der Verdauung beginnt. Denn das würde den Genuss bei den folgenden Gängen doch ziemlich schmälern.

Kühle Schwestern

Für Costanzo Corrado sind Granita und Sorbet Schwestern – eine sehr fein (Sorbet), die andere etwas gröber (Granita). Sein einzigartiges Mandarineneis macht er als Sorbet oder Granita aus Mandarinen, Wasser, Zucker, Mandarinenschale und -saft und etwas Zitronensaft zum Abrunden. Fruchteis macht er mit Eiweiß, damit es gut bindet, cremiges Eis mit Eigelb. Nur sein köstliches Ricottaeis kommt ganz ohne Ei aus, da die Ricotta selbst genügend Fett enthält, um die Masse zu binden. Über seine Heimatstadt hinaus bekannt ist Costanzo Corrado für sein Jasmineis, das er mit einer Essenz aus den würzigen Blüten im November und Dezember macht.

Formvollendet: Marzipan

Costanzo Corrado kann noch mehr: Frutta Martorana zum Beispiel. Benannt sind diese kunstvollen Marzipanfrüchte nach dem Benektinerkloster in Palermo, von einer normannischen Edeldame, Eloisa Martorana, im Jahre 1194 gegründet. Die Kirche nebenan ist noch älter, wird inzwischen »La Martorana« genannt und ist im Übrigen eine der schönsten Kirchen Palermos. Im Kloster sollen die Nonnen die Frutta martorana erfunden haben. Costanzo Corrado erzählt die Geschichte so: »Anlässlich des Besuches eines Kalifen wurde ein besonders gutes Essen bei den Klosterfrauen bestellt. Leider war es zu dieser Zeit Winter, dann wachsen selbst auf Sizilien kaum Früchte. Was also nach dem Essen servieren? Die Nonnen waren erfindungsreich, formten kunstvolle und täuschend echte Früchte aus Marzipan, bemalten sie naturgetreu mit pflanzlichen Farben und arrangierten sie auf großen Platten. Mit Erfolg, denn der Kalif traute seinen Augen kaum: Früchte im Winter!?«
Eine andere Geschichte spricht vom Besuch eines Prälaten, der das Kloster mit seinem Besuch beehrte. Um ihn zu beeindrucken, formten die Nonnen Gemüse und Früchte aus der feinen Mandelmasse, bemalten sie und hängten sie in die winterkahlen Bäume des Klostergartens.
Ortswechsel: In der Pasticceria Spinella in Catania erfahren wir mehr über die kleinen Süßigkeiten, die der Stadtheiligen St. Agata gewidmet wurden. Schon Tage vor dem Fest am 5. Februar erstrahlen Kirchen und Straßen in festlichem Glanz. In den Auslagen der Pasticceria liegen auch Marzipanfrüchte in Form und Farbe von Oliven. Die »olivette« gehen auf eine Legende zurück: Im Gefängnis, in dem die heilige Agata eingesperrt war und auf ihre Strafe wartete, bückte sie sich eines Tages, um ihre Sandale wieder zu schließen. Genau an dieser Stelle wuchs kurze Zeit später ein Olivenbaum.
Neben den Marzipanfrüchtchen gehören zum Fest der heiligen Agata übrigens unbedingt auch kleine runde Kuchen mit weißem Guss und einer kandierten Kirsche in der Mitte. Die kleinen Kuchen erinnern an das Martyrium der Jungfrau. Der heiligen Agata wurden nämlich die Brüste abgeschnitten. Da die Kuchen tatsächlich wie kleine reine Brüste aussehen, nennt der Volksmund sie auch »mammelle«, ein in vielen Sprachen verständlicher Name.

Süße Feste

Zunächst waren es die Araber, die von 901–1072 auf der Insel herrschten und ihre Vorliebe für Süßigkeiten mitbrachten. Bis zum Mittelalter waren es vor allem die Klöster, die den süßen Einfluss fortführten. Die Ordensleute hatten quasi das Monopol für die Herstellung von Süßigkeiten, die damals vor allem dem Klerus und den Adeligen vorbehalten waren. In jedem Kloster gab es eine andere Spezialität, streng gehütet und vielfach weiter verfeinert. Ende des 18. Jahrhunderts kamen Schweizer Zuckerbäcker nach Sizilien und machten ihren Einfluss geltend. Der Schweizer Caviezel eröffnete 1914 eine Pasticceria in Catania, sein Landsmann Caflich schon 1896 in Palermo.
An Ostern und nicht nur dann, gibt es die berühmte Cassata alla siciliana – ebenfalls arabischen Ursprungs –, eine auch heute sehr reichhaltige Biskuittorte mit Ricotta und kandierten Früchten. Sie wurde früher noch aufwändiger hergestellt und nahm die Nonnen bei der Zubereitung so sehr in Anspruch, dass ihnen die Zubereitung während der Karwoche in früheren Zeiten sogar verboten wurde, um sie nicht von ihren Gebeten abzuhalten. Aus ähnlichen Zutaten bestehen die Cannoli, kleine Tütchen aus knusprigem Teig mit Ricottafüllung.

Zu den Dolci schmeckt mal ein Moscato, mal ein Prosecco oder auch ein roter Dessertwein.

da Tavola
BIANCO

Wein

Antike Wurzeln voller Potenzial

»Das Öl, der Wein, alles sehr gut, und sie könnten noch besser sein, wenn man auf ihre Bereitung mehr Sorgfalt verwendete.« Das ist keinesfalls die Meinung eines heutigen Önologen, sondern eine Ansicht, die Goethe anlässlich seiner Sizilienreise im Jahre 1787 notierte. Und was er sich damals wünschte, wird heute immer mehr zur Wirklichkeit.

Vino – storia con *grande futuro*

Weißwein steht im Süden nicht an erster Stelle, aber vor allem in Kampanien gibt es ausgezeichnete Weiße.

Dass die Wiege des italienischen Weinbaus im Mezzogiorno liegt, ist unumstritten. Schon die Phönizier brachten die ersten Reben mit. Die Griechen führten die Kunst der Weinbereitung in Süditalien ein.

Stolz ist man auf diese reiche Geschichte überall, lange Zeit wurden die gehaltvollen Weine aber mehr auf Masse denn auf Klasse produziert. Viele der Weine wurden zum Verschnitt verkauft und reicherten so manchen Norditaliener, aber auch Weine aus dem Ausland, beispielsweise aus Frankreich, mit Farbe und Aroma an.

Heute hingegen ändert sich das Bild. Immer mehr Produzenten denken um und legen Wert auf Qualität. Im Süden Italiens sind die Bedingungen gut: Viele Regionen haben vulkanische Böden, andere kalk- oder tuffreiche, die meisten Gebiete können auch mit höheren Lagen dienen, Sonne und Wind tun ihr Übriges. Heraus kommen charaktervolle, oft elegante Weine von intensiver Farbe und Aroma, die im Alkoholgehalt meist etwas höher liegen als die Tropfen aus dem Norden des Landes.

Berühmt sind vor allem die Rotweine. Dass es hier noch immer wenig Weißwein gibt, liegt aber nicht daran, dass die weißen Sorten nicht gedeihen, sondern dass die Tradition dafür fehlt.

Kampanien

Schon in der Antike gab es hier einen Wein, der nicht nur bei Dichtern wie Horaz und Plinius großes Ansehen genoss, sondern auch die Medizinschule in Salerno beeindruckte. Sie attestierte dem »Falerno« vier gute Eigenschaften – »la bellezza, la fragranza, la forza e la frizzantina«, also Schönheit, Duft, Kraft und leichtes Prickeln. Den Falerno hat man heute wieder entdeckt, der weiße wird aus Falanghina und der rote aus Aglianico und Piedirosso gekeltert.

Bevor wir uns dem Landesinneren zuwenden, machen wir einen Abstecher nach Ischia zu Pietratorcia. Dort besichtigen wir die Weinberge, die aufgrund der steilen Hänge mit einer »monorotaia«, einer Art Zahnradbahn befahren werden. Das Hauptgestein ist hier der »tuffo verde«, grüner Tuff, aus anderen Regionen kennt man eher den gelben Tuffstein. Biancolella und Forastera sind die Haupttrauben bei den Weißen, Piedirosso und Guarnaccia, die in Frankreich Grenache heißt, bei den Roten. Pietratorcia wird von vier alt eingesessenen Familien geführt: Iacono, Regine und zwei Familien heißen Verde. Sie verbinden hohe önologische Kenntnisse mit der Pflege antiker Reben und Weinbautradition. Drei Weißweine werden aus je 45% Biancolella und Forastera und je 5% Uva Rilla und San Leonardo, die jedoch für jeden Wein aus unterschiedlichen Lagen kommen, gekeltert, ein vierter aus 80% Biancolella, 10% Forastera und je 5% von den übrigen beiden. Es sind fruchtige Weine mit feiner Säure, die hervorragend zu Fisch und Meeresfrüchten, aber auch zu hellem Fleisch passen. Bei den roten werden je zur Hälfte Guarnaccia und Piedirosso, der auf Ischia Per' e Palummo heißt, gemacht. In der Cantina können Besucher Vito Verde treffen und seine Frau Rossana Foglia, die sich um das Essen kümmert, wenn sich Gäste für eine Weinprobe ansagen.

Zurück aufs Festland zu einem Weingut mit Tradition: Antonio Mastroberardino nutzt moderne Technik, baut aber gleichzeitig auf Erfahrung und Tradition, ist er doch überzeugt davon, dass ein Produkt mit einer so langen Kultur wie der Wein auch nach jemandem verlangt, der im Anbau auf Traditionspflege setzt. Nur so könne »die Hochzeit der Rebe mit der Erde« gelingen. Um die zwanzig Weine werden aus sechs Hauptreben im Hause Mastroberardino produziert: bei den Weißen Fiano, Greco, Falanghina und Coda di Volpe (Fuchsschwanz, weil die Traube in der Form dem Schwanz des Tieres ähnelt), bei den Roten Piedirosso und Aglianico. Die Reben gedeihen auf kalkigen oder vulkanischen Böden, letztere geben den Weinen den feinen Geruch und Geschmack nach Gewürzen. Der Aglianico zeichnet sich durch den Duft nach Waldfrüchten aus.

Die »monorotaia«, eine Zahnradbahn, ist eine Erleichterung im Weinbau Ischias. Früher mussten die Arbeiter die Körbe voller Trauben zu Fuß und auf dem Rücken transportieren.

Vito Verde führt über das Weingut Pietratorcia und lässt den Wein verkosten.

Zarte junge Blätter treiben an den Reben auf den ischitanischen Hügeln über dem Meer.

Die weiße Greco di Tufo und die rote Aglianico sind die wichtigsten Trauben Kampaniens, wo Antonio Mastroberardino (Bild unten rechts) vom gleichnamigen Weingut Maßstäbe setzt. Der Taurasi aus 100% Aglianico ist der einzige Wein Süditaliens mit der Kennzeichnung DOCG.

Ein ziemlich junges Weingut, das viel experimentiert und eng mit der Universität Neapel zusammenarbeitet, ist Feudi di San Gregorio. Auf einem Weinberg der Taurasi-Zone haben sie eine etwa 150 Jahre alte Rebe gefunden, die der Syrah sehr ähnlich ist.

Apulien

Zwischen beiden Meeren weht hier beständig ein optimaler Wind, der dafür sorgt, dass sich auch bei längeren Regenzeiten kein Schimmel auf den Reben bilden kann. Die Temperatur übersteigt 32° auch im Hochsommer so gut wie nie, und die Böden sind reich an Wasser.

Die guten Bedingungen nutzte Cosimo Taurino, der ursprünglich Apotheker war, aber seinen Beruf aufgab, um sich ganz der Passion Wein zu widmen und die Familientradition fortzuführen. Unter ihm wurden die ersten eigenen Flaschen direkt abgefüllt, die Qualität der Weine wurde immer besser. Unterstützung fand Taurino in Severino Garofano, der in ganz Apulien als einer der wichtigsten Männer im Weinbau gilt. Als Cosimo Taurino 1999 ganz plötzlich und unerwartet starb, musste sein Sohn Francesco die Arbeit fortführen, mit Hilfe seiner Mutter und seiner Schwester. Und noch heute ist auch Severino Garofano maßgeblich daran beteiligt, ohne sein Einverständnis verlässt keine Flasche das Haus. Um einen guten Wein zu produzieren braucht es eigentlich nur drei Dinge, sagt Francesco Taurino: »la madre – terra, il padre – sole e il figlio – uva.« Gute Erde und eine wohlwollende Sonne gibt es von Haus aus, bei den Trauben setzt man aus gutem Grund auf Tradition, keltert Negro amaro und Malvasia nera. Zwei Weine überzeugen besonders eindrucksvoll in ihrer Qualität: Der »Notarpanaro« wird zu 85% aus Negro amaro und zu 15% aus Malvasia nera bereitet und lagert ein halbes Jahr im Barrique. Der »Patriglione« hat ein Verhältnis von 90 zu 10, wird aus sehr reifen Trauben gekeltert und lagert ein Jahr im Barrique.

Ebenfalls im Salento besuchen wir die Cantina von Leone de Castris. Der Hausherr ist stolz darauf, dass seine Cantina die erste war, die nicht nur Verschnittwein produzierte, sondern schon 1923 direkt abfüllte. Damals gab es nur Rotwein, wenig später aber auch einen Rosé, der noch heute berühmt ist. »Five roses« heißt er, und auch das hat eine Geschichte. Kanadier hatten ihn nach dem Krieg in Neapel probiert. Da er ihnen noch besser schmeckte als ihr Whisky »Four roses«, verliehen sie ihm eine Rose mehr im Namen. Der Rosé liegt nur 12 Stunden auf den Schalen und ist ein kräftiger Wein.

Auch wenn im Salento die meisten Weingärten Apuliens liegen, hat die lang gezogene Region noch viel mehr zu bieten. Zum Beispiel herrliche Weine aus Primitivo (etwa »I Pastini« von Carparelli oder die Weine von Torrevento oder von Felline) oder auch aus Uva di Troia.

Negro amaro, Uva di Troia und Primitivo

Die Negro amaro, also »bittere Schwarze« ist eine Spezialität des Salento. Sie bringt Weine hervor, die sehr lange lagerfähig sind. Eine Traube, die sich schnell gut präsentiert, dann aber langsam entwickelt. Gelegentlich wird die Negro amaro auch vorgetrocknet gekeltert. Wie lange Weine aus Negro amaro lagerfähig sind, konnten wir bei Francesco Taurino bei einem Glas »Notarpanaro« von 1974 nachempfinden. Eher im Norden und rund um Castel del Monte findet man die Uva di Troia, die aus Troja in Kleinasien stammt und die Basis für den roten Castel del Monte stellt.

Die Primitivo wiederum ist mit dem kalifornischen Zinfadel verwandt und alles andere als primitiv. Ihr Name weist vielmehr darauf hin, dass die Traube relativ früh reif wird. Vorherrschend ist sie in den DOC-Bereichen von Manduria und Goia del Colle. Ihr wird ein ebenso großes Potenzial nachgesagt wie dem Aglianico in Kampanien und der Basilikata.

In der Cantina Mastroberardino setzt man zwar auf Tradition, aber die Gemälde der Deckengewölbe stammen aus jüngster Zeit.

Basilikata

Die Basilikata steht ganz im Zeichen einer einzigen Rebe, und das ist die Aglianico. Fachleute sagen den Weinen aus dieser Traube eine große Zukunft voraus, vergleichen ihr Potenzial gar mit dem der Nebbiolo im Piemont.

Paternoster ist die älteste Cantina der Region, ihre Weine sind typisch und oftmals elegant, manche erinnern an Weine aus der Toskana, aus Sangiovese von hohen Lagen. Zusammen mit dem Weingut D'Angelo zählen die beiden zu den bekanntesten der Region. Gute Weine gibt es auch bei der Cantina Cooperativa di Venosa.

Inmitten der Sassi von Matera treffen wir Vito Petralla, Giuseppe Canosa, Giuseppe Malvasi,

Ciccio Paolicelli und Sante Lomurno. Sie sind Gesellschafter eines ganz kleinen Weinguts und außerdem Freunde mit einer gemeinsamen Leidenschaft, dem Wein. In der Via di San Biagio besichtigen wir die kleine Cantina des »Progetto di vino«. In der Straße reihte sich früher eine Taverne an die nächste, überall konnte man essen und Wein trinken. San Biagio selbst, das Gebäude, in dem sich heute die Cantina befindet, war früher eine Kirche, im 17. Jahrhundert im Inneren sogar ein Konvent. Der Großvater von Giuseppe (Pino) Canosa eröffnete dort 1920 eine Cantina. Zu dieser Zeit wurde der Wein noch aus den Reben gemischt, die in den Weinbergen gemeinsam wuchsen, also neben Aglianico auch aus Primitivo und Sangiovese.

Eine alte Cantina wie die des »Progetto di vino« hat eine ganz besondere Atmosphäre.

Heute verspüren die Freunde alle eine Berufung zum Wein, von der sich allerdings noch nicht leben lässt. Für ihren »San Biagio« setzen sie vor allem auf Aglianico, die wichtigste Traube in der Basilikata, mit einem kleinen Anteil Merlot, der das Tannin des Aglianico abrundet. Die Trauben wachsen an den Hängen des Monte Vulture, einem erloschenen Vulkan. Der »San Biagio« reift ein Jahr in Barriques und anschließend ein weiteres Jahr in den Flaschen, bevor er in den Handel kommt: ein tiefroter Wein mit reifem Tannin und einem Geschmack nach reifen Beeren, etwas Tabak und einem leichten Vanillearoma. 4000 bis 5000 Flaschen im Jahr werden bisher produziert.

Zwar könnte man auch in der Nähe von Matera Wein anbauen, allerdings gibt es für diese Gegend bisher noch keinen DOC. Dennoch bauen sie dort die traditionsreiche Primitivo an und keltern auch daraus ein wenig Wein. Man darf gespannt sein auf das Ergebnis.

Bisher kann man den Wein in Florenz und in Milano, in den benachbarten Regionen Kalabrien und Apulien kaufen, aber noch nicht im Ausland.

Wo wir den Wein hier in Matera bekommen, wollen wir noch wissen. Bei »Buon Gustaio«, einem Lebensmittelgeschäft, im Ristorante »Le Botteghe« oder auch in der Enoteca »La Stalla del Nonno«. Das beschauliche Lokal, in dem man auch Kleinigkeiten essen kann, sei nicht ganz leicht zu finden, aber leicht zu erfragen, denn es kennt einfach jeder im Ort. Das Leben in der Cantina soll übrigens in naher Zukunft bunter werden. Im Innenhof sind Konzerte und andere Veranstaltungen geplant.

Aglianico
Die Rebe wurde von Griechen mitgebracht und gilt als die edelste Rebe des Südens. Ihr Anbaugebiet zieht sich von Kampanien bis in die Basilikata. Die besten Trauben in der Basilikata kommen von den vulkanischen Böden des Vulture rund um Rionero und Barile. Weine aus Aglianico sind tiefrot, manchmal mit einem Schimmer ins Orangefarbene, tief und dennoch mild und rund.

Kalabrien

In der vierten Generation arbeiten und leben sie inzwischen mit dem Wein. Nicodemo Librandi war es, der in den 70er Jahren Wein ins Auto lud und sich auf den Weg machte, zum Beispiel nach Deutschland, dort Restaurants und Weinläden abklapperte und seinen Wein anbot, anfangs mit noch mäßigem Erfolg. Inzwischen gehört der gelernte Mathematiker aber zusammen mit seinem Bruder zu den bedeutendsten Weinproduzenten Kalabriens. Außer den einfachen Weiß- und Rotweinen hat er drei ganz besonders feine Tropfen im Angebot, den »Gravello«, den »Duca San Felice« und den »Magno Megonio«.

Warum der Weinbau hier jahrzehntelang fast nur mäßige Qualitäten hervorbrachte, erklärt Signore Librandi so: Die lange Weinbau-Tradition in Kalabrien verführte viele, sich selbstverständlich für die besten Weinbauern Italiens zu halten. So wurde es versäumt, Fortschritte zu machen und Experimente zu wagen. Dazu kam, dass einige, die sich um bessere Qualität bemühten, in andere Regionen Italiens auswanderten.

Gaglioppo
Gaglioppo hat viel Tannin und relativ wenig Farbe, ist alles in allem eine eher raue Rebe. Aufgrund des hohen Tanningehaltes würde Weinen aus dieser Traube ein Ausbau in Barriques nicht gut bekommen. Nicodemo und Antonio Librandi haben daher für den Süden schon relativ früh auf internationale Reben gesetzt.
Im »Gravello« beispielsweise gehen 60 % Gaglioppo und 40 % Cabernet eine ideale Verbindung ein.

Donato d’Angelo führt in Rionero eines der beiden bekanntesten Weingüter der Basilikata mit herausragenden Weinen.

Etwa 10 Meter unter der Erde liegt die Cantina des »Progetto di vino«. Hier lagert der feine »San Biagio« etwa ein Jahr in Barriques.

Die Aglianico ist die Haupttraube der Basilikata, aber auch anderer süditalienischer Regionen.

Viele, viele Jahre lagert ein guter Marsala in der Azienda de Bartoli, bevor er in den Handel kommt. »Bukkuram« und »Moscato« kommen von der Insel Pantelleria. Die Weine von Elio Alonzo und Marina Rossitto fallen auf: Die Namen für den Weißen »Sorella Luna« und den Roten »Fratello Sole« haben Bezug zum heiligen Francesco von Assisi.

Sizilien

Meist besucht man ein Weingut, ist vom Wein überzeugt und fragt den Besitzer, wo man anschließend gut essen kann. Diesmal aber war es umgekehrt. Wir verbrachten im Ristorante »Vico S. Barnabà« von Salvo Comes und seiner Familie einen anregenden Abend. Und fragten dort nach einem Weingut aus der Gegend um Catania, das gut, aber vielleicht noch nicht in aller Munde sei. Ein Anruf brachte uns eine Verabredung am nächsten Morgen. Elio Alonzo und Marina Rossitto von der Cantina Vitis holten uns ab. Wie am Ätna üblich, bauen sie ihre Reben in vielen kleinen Parzellen an, die zum Teil auch an verschiedenen Orten liegen. Zwei Rotweine produzieren sie und einen Weißen. Ihr Flaggschiff ist der »Madre Terra«, ein kräftiger Roter aus 95% Nerello Mascalese (einer Traube, die nur im Ätna-Gebiet wächst) und 5% Nerello Mantellato, der kleinere Bruder »Fratello Sole« wird aus Nero d'Avola und Nerello Mascalese gekeltert. Obwohl Weißwein in dieser Gegend etwas schwieriger zu machen ist, da die weißen Trauben unter der Hitze mehr leiden und man sie in keinem Fall zu spät ernten darf, keltern Elio Alonzo und Marina Rossitto auch einen Weißwein, »Sorella Luna« aus Inzolia und Grecanico. Weitere Stationen: Pacchino und die Cantina Elorina. Hier arbeitete früher eine Genossenschaft auf mittlerem Niveau, inzwischen ist man um Qualität bemüht und versucht, diese immer weiter zu verbessern. Die Farbe der Nero d'Avola ist hier fast violett, schon in Vittoria ist sie im Vergleich dazu nur mehr kirschrot. In der Gegend treffen sich die Winde von zwei Meeren, es regnet sehr wenig, und Fäule ist also nicht zu befürchten. Sowohl die Böden als auch das Klima sind hier besonders gut, und so sind außer dem Wein auch die Tomaten dieser Region in ganz Italien berühmt.

Ein ganz anderes Klima herrscht im Valle dell' Acate, im Sommer wird es bis zu 45° heiß. Hier wächst die Frappato, aus der relativ helle Rotweine entstehen. Die Cantina Cos und eben Valle dell'Acate produzieren diesen Wein, den man leicht gekühlt trinkt und der als Aperitif besonders gut schmeckt. Auch der »Cerasuolo di Vittoria« wird aus Frappato mit Nero d'Avola gekeltert.

Bei Francesco Spadafora in der Provinz Palermo schallt kubanische Musik durch die Cantina. Er hat das Gut, das von einem Erdbeben zum Teil zerstört wurde, von seinem Vater übernommen und restauriert. Experimentierte schon sein Vater mit verschiedenen Reben, setzt der Sohn diese Entdeckerfreude fort. Er macht Wein aus verschiedenen Trauben, baut dabei nicht immer auf die einheimischen Sorten. Seiner Meinung nach ist das Verhaften in der Tradition nicht immer die beste Wahl. Die Nero d'Avola, die Haupttraube Siziliens, z.B. braucht große Hitze, damit sie ihr ganzes Potenzial ausschöpfen kann. Für sein Weingut ist sie nicht ideal, weil es so hoch liegt, dass es im Sommer nicht heiß genug wird. Bei ihm gedeihen dagegen Syrah und Chardonnay ganz ausgezeichnet. Aus ihnen sind seine neuesten Weine, die schlichtweg überzeugen.

Nero d'Avola
In Sizilien heißt sie auch Calabrese und ist die Hauptrebe der Insel. Sie gilt neben der Aglianico als die beste Rebe des Südens und wird sortenrein ausgebaut, aber auch mit anderen, zum Teil internationalen Reben gemischt.

Echte Raritäten unter den Marsalajahrgängen von de Bartoli kommen nicht mehr in den Handel, sondern dokumentieren Geschichte im Weinbau der Familie.

Elorino rosso von der Cantina Eelorina passt köstlich zu Pasta mit Gemüse wie den Vermicelli alla siracusana (S. 190).

Sowohl der Chardonnay Schietto (was soviel wie rein bedeutet) wie auch der Syrah werden in Barriques ausgebaut. Vom Syrah gibt es ebenfalls einen mit der Bezeichnung Schietto und den „Sole dei Padri“, der auf sandigem Boden in noch besserer Lage gedeiht.

Marsala – eine besondere Spezialität

Ein Engländer namens Woodhouse soll den Marsala entdeckt haben, per Zufall, wie die Legende berichtet. Im Hause de Bartoli ist man aber überzeugt, dass es sich anders verhalten hat. Da die Engländer selbst bekanntlich kein geeignetes Klima für den Weinbau hatten, sich die edlen Tropfen aber gern schmecken ließen, mussten sie sich in anderen Ländern nach Wein umsehen. Der Portwein in Portugal und der Sherry in Spanien hatten es ihnen besonders angetan. Als die Engländer dort keinen Wein mehr bekamen, machten sie sich auf die Suche nach einem Gebiet mit ähnlichen klimatischen Bedingungen. Zielstrebig segelten sie nach Marsala auf Sizilien, um dort den Marsala zu entdecken. Woodhouse war dann derjenige, der am besten mit dem neuen Getränk handeln konnte.
In der Cantina de Bartoli treffen wir schon auf die 8. Generation. Vater Marco und Sohn Renato leisten gute Arbeit. Marco de Bartoli hat 1980 mit dem ersten »Vecchio Samperi« die alten Traditionen der Marsalaherstellung wieder aufleben lassen. Er verwendete die in Vergessenheit geratene Grillotraube zusammen mit der Inzolia und produzierte einen klassischen Wein, ohne ihm Alkohol zuzusetzen. Selbst die Trauben wurden noch auf alte Art bearbeitet, nämlich mit den Füßen zerquetscht. Der Wein lagert etwa 1 Jahr in Kastanienholzfässern, danach kommt er für viele Jahre in verschiedene Fässer aus Eiche. Das Besondere dabei: Alle 3 bis 4 Monate wird dem entstehenden Marsala ein anderer Jahrgang zugesetzt. Wann der »Vecchio Samperi« fertig ist, wird von Fass zu Fass durch Probieren entschieden. Der »Ventennale« hat ein Durchschnittsalter von 20 Jahren, genau kann man das durch die Mischungen natürlich nicht angeben. Gerade weil ihm kein Alkohol zugesetzt wird, hat der »Vecchio Samperi« keinen DOC. Sein Alkoholgehalt liegt bei 17%.
Der Marsala superiore wird ebenfalls aus Grillo und Inzolia hergestellt, ihm wird aber Alkohol beigegeben. Er ist dadurch etwas süßer und hat einen etwas höheren Alkoholgehalt (18%).
1983 ging Marco de Bartoli nach Pantelleria, da er auch die Tradition des dortigen Weinbaus wieder aufleben lassen wollte. Auf der Insel, die näher an Tunesien als an Sizilien liegt, gedeiht die Zibibbo-Traube, die zu »Passito« und zu »Moscato« verarbeitet wird. Welcher der beiden aus der Traube entsteht, entscheiden die klimatischen Bedingungen. Einen »Passito« gibt es, wenn der Winter eher kalt ist, und im Sommer die Sonne und der Schirokko das Trocknen der Trauben unterstützen. Einen »Moscato« bekommt man, wenn der Schirokko heftig weht, wenn die Reben austreiben und die Trauben im Weinberg Ende August öfter Regen abbekommen. Anfang August werden etwa 50% der Trauben geerntet und für etwa 3 Wochen auf speziellen Gestellen neben Mauern aus dunklem Vulkangestein zum Trocknen ausgelegt. Die restlichen Trauben bleiben an der Rebe, um dort leicht anzutrocknen. Die Insel hat vier Anbaugebiete, der »Bukkuram« stammt aus dem besten, weil die Trauben nach der Ernte dort die pralle Sonne abbekommen.
Der Saft aus den getrockneten Trauben wird schließlich mit 20% frischem Most vermischt und anschließend 3 Monate fermentiert.
Übrigens: Trockener »Moscato« wird bis zum Schluss fermentiert. Beim süßen wird dieser Prozess etwa nach der Hälfte der Zeit unterbrochen. Man setzt Alkohol zu und blockiert so die Fermentation – der »Moscato« bleibt süß.

Der »Ala« – noch eine Besonderheit

Die Frau von Duca Enrico di Salaparuta aß für ihr Leben gern Schokolade. Da ihr weder ein Spumante noch ein Passito di Pantelleria dazu schmecken wollte, kreierte der Duca kurz entschlossen extra für seine Gattin einen passenden Süßwein. Auf der Basis von Nero d'Avola entstand der »Ala«, der Name kommt von Antico Liquorvino amarascone.
Ein ähnlicher Tropfen kommt inzwischen auch aus dem Hause de Bartoli: der »Josephine rouge«.

Literaturtipps *Ein paar Anregungen für alle, die Süditalien und seine Regionen auch literarisch erkunden möchten.*

Johann Wolfgang von Goethe:
Die italienische Reise.
DTV Verlag München, 1988.
Goethes berühmte Reise durch Italien macht in Süditalien Halt in Neapel und auf Sizilien.

Johann Gottfried Seume:
Spaziergang nach Syrakus.
Insel Verlag Frankfurt am Main, 2001.
Im Jahr 1802 unternimmt der Autor eine neunmonatige Reise von Grimma bei Leipzig bis nach Syrakus auf Sizilien – größtenteils zu Fuß.

Mort Rosenblum:
Oliven – Kulturgeschichte einer göttlichen Frucht.
Piper Verlag München, 2000.

Apulien

Horst Stern:
Mann aus Apulien.
Droemer Knaur Verlag München, 1988.
Ein fiktives Tagebuch Kaiser Friedrich II.

Basilikata

Carlo Levi:
Christus kam nur bis Eboli.
DTV Verlag München, 1982.
Der Erlebnisbericht des Verbannten in den Hügeln der Basilikata während einiger Jahre des zweiten Weltkrieges.

Kalabrien

Carmine Abate:
Ballo Tondo. Der Reigen.
Neuer Malik Verlag Kiel, 1993.
Der Familienroman spielt in einem kleinen kalabrischen Ort mit albanischen Wurzeln.

Kampanien

Elsa Morante:
Arturos Insel.
Wagenbach Verlag Berlin, 1997.
Die Geschichte einer Kindheit auf der Insel Procida.

Fabrizia Ramondino:
Althénopis.
Arche Verlag Zürich, 1986.
Die Geschichte einer Kindheit in der Nähe Neapels.

Susan Sontag:
Der Liebhaber des Vulkans.
Carl Hanser Verlag München, 1993.
Die Dreiecksgeschichte zwischen Sir William Hamilton, Admiral Nelson und Lady Hamilton im Schatten des Vesuv.

Sizilien

Andrea Camilleri:
Die Form des Wassers, Der Hund aus Terracotta (2000), Der Dieb der süßen Dinge (2001), Die Stimme der Violine (2001).
Alle Lübbe Verlag, Bergisch Gladbach.
In den Krimis ermittelt Commissario Montalbano, vermittelt sizilianische Lebensart und hat viel Freude an gutem Essen.

Giuseppe Tomasi di Lampedusa:
Der Leopard.
Piper Verlag München, 1984.
Der Klassiker schildert den Niedergang eines sizilianischen Adelsgeschlechtes, zur Zeit als Garibaldis Truppen in Marsala an Land gingen.

Dacia Maraini:
Die stumme Herzogin.
Piper Verlag München, 1993.
Zu Beginn des 18. Jahrhunderts wird die taubstumme Herzogin Marianna Ucrìa an einen mürrischen alten Mann verheiratet. Und findet eine ganz eigene Welt.

Dacia Maraini:
Bagheria.
Piper Verlag München, 1995.
Die Geschichte ihrer Kindheit in Sizilien.

Santo Piazzese:
Die Verbrechen in der Via Medina-Sedonia.
DuMont Verlag, 1998.
Der Biologe Lorenzo La Marca wird unfreiwillig in die Ermittlungen eines Mordfalles in Palermo verwickelt.

Luigi Pirandello:
Feuer aus Stroh. Sizilianische Novellen.
Wagenbach Verlag Berlin, 1997.
Eine Auswahl der Novellen, darunter manche, die von den Brüdern Taviani in ihrem Film »Kaos« verfilmt wurden.

Lily Prior:
La Cucina Siciliana oder Rosas Erwachen. Ein Roman der Begierden.
Europa Verlag Hamburg, 2002.
Rosa kocht und kocht, wenn ihre Gefühle sie überwältigen.

Elio Vittorini:
Gespräch in Sizilien.
Wagenbach Verlag Berlin, 1999.
Ein Mann kehrt für einige Zeit zurück nach Sizilien ins Haus seiner Mutter.

Käse *wie Parmesan, Gorgonzola und Pecorino gibt es überall in Italien – auch im Süden. Dort findet man aber auch ganz besondere Spezialitäten, die wir hier vorstellen.*

Eine echte Mozzarella di bufala schmeckt einfach köstlich.

Burrino

Die kleinen birnenförmigen Käse aus Pasta filata (Brühkäse) haben ein Stück Butter in der Mitte. Der Grund für diese Zubereitungsart: Man konnte die Butter so verpackt länger lagern. Geschmacklich ist der Käse etwas gewöhnungsbedürftig. Man isst einfach ein Stück Butter mit.

Caciocavallo

Dieser Käse wird aus demselben Teig zubereitet wie die Mozzarella. Als Lab wird Zicklein- oder Kalbslab verwendet. Nach dem Kochen wird er geknetet und geformt und etwa 2 Tage in ein Salzbad gelegt. In Sizilien wird ein Caciocavallo hergestellt, bei dem man den Käsebruch in der Molke etwas reifen lässt, bevor man ihn kocht und knetet. Caciocavallo lässt man in kühlen oder gekühlten Räumen reifen. Der Käse schmeckt pikant.

Cacioricotta

Der Käse ähnelt der Ricotta und wird in Apulien, der Basilikata und dem Cilento (einem Teil Kampaniens) hergestellt. Jung ist der Ziegenkäse weiß und weich und schmeckt als Antipasto, reif wird er gelblich, schmeckt würzig und kann auch gerieben zur Pasta serviert werden.

Canestrato

Diesen Käse gibt es in Apulien, Kalabrien und auf Sizilien. Der pecorinoähnliche Käse wird aus der Milch von zwei Melkungen zubereitet. Nach der Gerinnung wird er halb gekocht, in Binsenkörbe gefüllt und nach dem Festwerden in kühlen Räumen oder in Höhlen zum Lagern ausgelegt. Den würzigen Käse isst man beispielsweise zu Ostern mit frischen »fave« – Saubohnen – und Rotwein.

Fior di latte

Italienische Bezeichnung für Mozzarella aus Kuhmilch. Über die Zubereitung steht alles unter dem Stichwort Mozzarella di bufala.

Mozzarella di bufala

Nicht alles, was sich so nennt, ist wirklich Mozzarella aus reiner Büffelkuhmilch. In vielen Betrieben, vor allem natürlich in den industriell arbeitenden, wird die Büffelkuhmilch mit Kuhmilch gestreckt. Manchmal kommt die sogar in schon gestockter Form aus Frankreich oder Deutschland ins Land. Echte »mozzarella di bufala« erkennt man am höheren Preis, am intensiveren Geschmack, an der speziellen, weicheren Beschaffenheit und am Siegel. DOC – denominazione di origine controllata – bekommt der Käse, wenn er aus den Regionen Salerno oder Caserta in Kampanien oder aus den Regionen Frosinone, Latina und Rom im Latium stammt.

Die Auszeichnung DOP – denominazione di origine protetta (geschützt) – bekommt nur Mozzarella aus Kampanien, denn hier liegt der Ursprung der Käsespezialität, also nur Mozzarella aus den Regionen Caserta und Salerno. In der Gegend um Salerno ist die Produktion noch besonders ursprünglich, und man kann hier vor allem auch die imposanten Tiere sehen.

Mozzarella gibt es als bocconcini, kleine Bissen, mit einem Gewicht zwischen 40 und 50 g, als Mozzarella mit einem Gewicht um die 200–250 g, als Aversana mit einem Gewicht um die 500 g und als Zopf – treccia – mit einem Gewicht, das bei 1 kg liegt.

Pecorino

Er wird, wie in den anderen Regionen Italiens auch, hauptsächlich aus Schafmilch, manchmal auch aus Ziegenmilch hergestellt. Jede Region hat ihren eigenen Pecorino, der je nach Schafrasse, Ernährung der Tiere, Herstellungsart und Alter unterschiedlich schmeckt. Manche Käse lässt man einfach nur reifen, andere werden während dieser Zeit mit Öl oder mit Essig eingerieben.

Primosale

Ein 1–4 Wochen alter Käse – oft aus Ziegenmilch –, den man so frisch meist gebraten oder gegrillt isst.

Provola

Dieser Käse stammt ursprünglich aus Sizilien und wird ähnlich zubereitet wie Caciocavallo. Zum Gerinnen nimmt man Lamm- oder Zickleinlab und lässt den Bruch einen halben Tag lang reifen. Danach wird er gekocht, geknetet und nach dem Formen in ein Salzbad eingelegt. Je nach Reifedauer kann Provola mild oder pikant schmecken.

Provola affumicata

Dieser Käse wird nicht aus Gründen der besseren Haltbarkeit geräuchert, sondern weil ihm das Räuchern einen ganz besonderen Geschmack verleiht. Das Holz sollte dabei nicht zu kräftig sein, sondern eher süßlich und mild. Manchmal nimmt man sogar Stroh zum Räuchern.

Ragusano

Wie der Name schon sagt, stammt der Käse aus Ragusa auf Sizilien und galt dort schon im 14. Jahrhundert als wichtiges Handelsgut. Er wird mit Zicklein- oder Lammlab wie der Caciocavallo zubereitet, aber nicht zu einem Kegel geformt, sondern zu einem Quader oder einer Stufe. Der Käse wird in Scheiben geschnitten oder gerieben serviert, manchmal auch paniert und gebraten oder frittiert.

Ragusano wird gerne auch mit Pfefferkörnern gewürzt angeboten.

Ricotta

Der Name bedeutet übersetzt »noch einmal gekocht« und weist darauf hin, dass dieser zarte Käse aus der Molke hergestellt wird, aus der man schon Mozzarella oder andere Käse zubereitet hat. Diese Molke wird noch einmal auf 85° erhitzt, man gibt ein Gerinnungsmittel dazu, das Eiweiß flockt aus. Dieses siebt man ab, füllt es in Körbe und lässt es fest werden. Ricotta gibt es frisch oder gereift zu kaufen. Gereift wird sie als Ricotta salata, aber auch als Ricotta dura angeboten.

Ricotta affumicata

Die außergewöhnliche Käsespezialität gibt es nur in Kalabrien. Die geformten Käse werden geräuchert, um sie länger haltbar zu machen. Dabei bekommen sie einen feinen, ganz besonderen Geschmack. Man raspelt sie über Pasta oder isst sie einfach mit Brot.

Ricotta forte

Für diese Spezialität aus Apulien salzt man frische Ricotta aus Schaf- oder Kuhmilch und lässt sie etwas

Während des Räucherns erhält die Ricotta affumicata ihre zarte Farbe.

reifen. Dann zerkleinert man sie, salzt sie wieder und lässt sie weiterreifen, bis sie sehr pikant schmeckt. Es gibt sie solo, aber auch zusammen mit Peperoncino im Glas zu kaufen.
Ricotta forte verwendet man zum Würzen von Pastasaucen (oft reicht schon 1/2 TL, um dem Sugo, z.B. aus Tomaten, einen intensiven Geschmack zu geben) oder »fagioli« – weißen Bohnen, genießt sie aber auch ganz dünn auf gerösteten Brotscheiben. Noch besser: auf der Ricotta forte noch ein paar zerkleinerte getrocknete Tomaten verteilen.

Ricotta infornata oder Ricotta al forno

Ganze Ricottalaibe aus Kuh-, Schaf- oder Ziegenmolke werden nach 1–2 Tagen Ruhezeit in gefetteten Gefäßen im noch heißen Pizzaofen gebacken. Nach dem Backen lässt man sie einen Tag ruhen.

Ricotta podolica

Eine Käsespezialität aus der Basilikata. Der Beiname »podolica« bezieht sich auf eine einheimische Kuhrasse, die es in der Basilikata schon sehr lange gibt. Die Tiere ernähren sich nur von Gras und Kräutern. Die Ricotta hat einen milden, aber aromatischen Geschmack.

Scamorza

Ein kleiner Provola, der auch geräuchert sein kann.

Stracciatella

So nennt man in Kalabrien eine flache Mozzarella, die man genauso isst wie die runde. In Kalabrien wird Mozzarella übrigens häufig anders zubereitet. Man lässt die Pasta filata 1 Woche reifen. Dann wird sie in Streifen geschnitten, mit warmem Wasser oder Molke wieder weich gerührt und geknetet und danach erst zu Mozzarella geformt.

Oliven und Olivenöl *spielen in ganz Süditalien eine wichtige Rolle. In jeder Region gedeihen die Bäume unter etwas anderen Bedingungen, und zum Teil wachsen auch unterschiedliche Olivensorten. Wer Olivenöl aus einer ganz bestimmten Region sucht, sollte auf die Qualitätsbezeichnung DOP achten. Das heißt »denominazione di origine protetta« und bedeutet, dass das Öl eine geschützte Ursprungsbezeichnung hat.*

Apulien
Der größte Olivenölproduzent Italiens. Eine ausführliche Reportage finden Sie ab Seite 60.

Basilikata
Ein prämiertes Öl der Basilikata ist gemischt aus den Olivensorten Maiatica, Ogliarola del Bradano und Coratina.

Die Maiatica ist eine alte Sorte, die aus dem Orient stammt und die in der Basilikata nur auf den Hügeln von Ferrandina wächst. Sie ist groß und das Fleisch löst sich leicht vom Stein. Aus ihr wird nicht nur Öl gepresst, man verwendet sie auch als Tafeloliven. Eine Spezialität sind »olive al forno«. Dafür reifen die Oliven länger am Baum und werden im Ofen gebacken, bis sie leicht schrumpelig sind. Olive al forno gibt es allerdings nur in Jahren, in denen die Ernte üppig ist und man nach dem Pressen des Öls noch Überschuss hat.

Außerdem wachsen am erloschenen Vulkan Monte Vulture aromatische Oliven. Hier werden von den Weinbauern oft gute Olivenöle angeboten.

Kalabrien
Nach Apulien von der Menge her an zweiter Stelle hat Kalabrien vor allem sehr große und alte Olivenbäume zu bieten. Auch hier wächst wie in der Basilikata die Maiatica, aber auch die Ogliarola, die Moresca und die Carolea.

Kampanien
Das Olivenöl aus Kampanien ist relativ mild und wird neuerdings vor allem aus den Olivensorten Frantoio und Leccino, aber auch aus den alten Sorten Ortice, Ortolana, Rotondella, Pisciotta und anderen hergestellt.

Sizilien
Auf Sizilien werden besonders viele Öle produziert, die Auszeichnungen erhalten. Auf der großen Insel gibt es natürlich zahlreiche verschiedene Olivensorten wie die Nocellara, die Biancolilla, die Ogliarola und die Cerasuola. Eine Besonderheit ist die Nocellara Etnea, die, wie der Name schon sagt, an den Hängen des Ätna wächst. Sie ist so klein, dass man für 1 l Öl 7 kg Oliven braucht.

Tafeloliven
Einfach vom Baum pflücken und essen kann man Oliven nicht, denn sie schmecken bitter. Man muss sie einer Behandlung unterziehen, um ihnen diese Bitterstoffe zu nehmen. Grüne Oliven sind unreif und werden etwa im September geerntet, schwarze müssen ganz ausreifen und kommen im November vom Baum. Nach einer traditionellen Methode werden schwarze Oliven eingeritzt und ein paar Wochen lang gewässert. Das Wasser muss jede Woche ausgetauscht werden. Andere kommen in eine leichte Laugenlösung. Erst nachdem sie den bitteren Geschmack verloren haben, werden sie in Öl oder in Salzlake eingelegt und konserviert oder aber fermentiert. Tafeloliven sind meist größer und fleischiger als die Oliven für die Ölgewinnung und stammen von veredelten Bäumen.

Tropföl
Das Öl, das nach dem Zerkleinern ohne Pressen abläuft, zum Beispiel von den Matten, nennt man Tropföl. Es wird vielerorts als besonders wertvoll angepriesen und teuer verkauft. Da beim Tropföl der Brei aber eben nicht gepresst wird, sich also kaum Aroma vom Fruchtfleisch in diesem Öl befindet, kann man berechtigte Zweifel anmelden, ob es wirklich so intensiv schmeckt.

Oliven – seit der Antike geschätzter Genuss.

Kräuter, Kapern und Knoblauch *verleihen den Gerichten die süditalienische Note. Ein Essen ohne sie? Fast ein Ding der Unmöglichkeit.*

Basilikum
Es hat ein feines Aroma, vor allem, wenn man es roh verwendet oder nur ganz kurz mitkocht, wenn man es außerdem zerzupft und nicht hackt. Basilikumblätter werden rasch schlapp. Deshalb besser eine Pflanze im Töpfchen kaufen als Basilikum im Bund.

Minze
Es gibt viele unterschiedliche Minzesorten mit unterschiedlich intensivem Aroma. Minze wird in Süditalien, vor allem in Kalabrien und Sizilien, reichlich verwendet. Sie würzt sehr intensiv, man sollte sie also sparsam dosieren. Minze vermehrt sich im Garten sehr stark, getrocknet schmeckt sie nicht besonders. Besser für den Winter gehackte Blätter einfrieren.

Oregano
Er heißt auch wilder Majoran und ist mit diesem verwandt. Oregano schmeckt würzig und ganz leicht bitter. Er wird frisch und getrocknet verwendet, frisch hat er ein feineres Aroma. Oregano ist winterhart, man kann ihn also auch bei uns im Garten oder auf dem Balkon anpflanzen und so den ganzen Sommer über ernten.

Rosmarin
Das aromatische Kraut liebt die Wärme und verträgt Frost überhaupt nicht. Es ist daher sehr schwer, die Pflanzen im Garten zu überwintern. Rosmarin würzt Fleisch und Gemüse gleichermaßen und kann zur Not auch getrocknet verwendet werden.

Salbei
Die leicht pelzigen Blätter schmecken intensiv und leicht bitter. Man sollte sie deshalb sparsam dosieren, am besten schmeckt Salbei in Kombination mit anderen Kräutern wie Thymian und Oregano.

Thymian
Er duftet und schmeckt sehr aromatisch und passt ideal zu Oliven, Knoblauch und Tomaten. Thymian kann man sehr gut im Topf oder Kräuterbeet überwintern. Man kann ihn frisch und getrocknet verwenden.

Kapern
Der Kapernstrauch stellt keine großen Ansprüche, wächst sogar an Mauern und auf steinigen Böden. Kapern sind die Blütenknospen, die kurz vor dem Aufblühen geerntet, dann in Essig- oder Salzlake eingelegt werden, damit sie den bitteren Geschmack verlieren. Die kleinen Kapern schmecken am aromatischsten und die in Salz eingelegten würziger als die im Essigsud. Salzkapern muss man vor der Verwendung gut abwaschen. Wegen ihres feinen Aromas sind vor allem Kapern aus Pantelleria und von den Liparischen Inseln bekannt. Sie werden fast ausschließlich in Meersalz konserviert.

Kapern blühen wunderschön, aber nur einen einzigen Tag.

Bei der Kapernernte werden die Knospen vor dem Erblühen gepflückt.

Knoblauch
Er ist aus der italienischen und vor allem der süditalienischen Küche nicht wegzudenken. Knoblauch schmeckt jung am besten, sollte also möglichst noch keine grünen Triebe haben. Falls man sie beim Aufschneiden doch entdeckt, einfach entfernen. Knoblauch mit rosa Häuten schmeckt übrigens würziger und feiner als weißer. Wer Knoblauch liebt, kann die Mengenangaben bei den Rezepten auch erhöhen.

Fisch und Meeresfrüchte *sind bei so viel Küste wichtige Bestandteile der süditalienischen Küche – hier bekannte und weniger vertraute Arten.*

Baccalà und Stoccafisso

Baccalà und Stoccafisso, Klipp- und Stockfisch, sind Fischspezialitäten, die traditionell nicht nur an der Küste, sondern vor allem auch im Inneren der süditalienischen Regionen gern zubereitet wurden. Trocknen und Einsalzen sind schließlich uralte Konservierungsmethoden und boten früher allen, die nicht nahe an den Küsten lebten, die einzige Möglichkeit, Fisch zu genießen. Grundlage für Klipp- und Stockfisch ist fast immer Kabeljau, manchmal auch Seelachs, in nordischen Regionen auch Schellfisch oder Leng. Die Fische werden küchenfertig vorbereitet und in Filets geteilt. Stoccafisso wird nur getrocknet, Baccalà vorher auch noch eingesalzen. Deshalb muss man ihn vor der Zubereitung länger wässern und vor allem das Wasser häufig austauschen. Sie bekommen Baccalà in manchen Fischgeschäften (zumindest nach Vorbestellung), in italienischen Spezialitätengeschäften und manchmal auch im Asienladen. Natürlich können Sie ihn auch aus Italien mit nach Hause bringen, da er sich sehr lange hält.

Bottarga

So heißt der Rogen von Tunfisch oder Meeräsche gepresst und eingesalzen. Nach dem Reifen kann man die Spezialität reiben oder in Späne hobeln. Bottarga wird über Pasta, Gnocchi oder Risotti geraspelt und verleiht den Gerichten einen aromatischen Geschmack. Vor allem auf Sizilien verwendet man Bottarga vom Tunfisch (»bottarga di tonno«).

Miesmuscheln (Cozze)

Die schwarzen Muscheln gibt es überall an der Küste, in Apulien findet man sogar zwei große Muschelfarmen. Muscheln werden lebend verkauft und sollen sich beim Waschen immer schließen. Das ist ein natürlicher Reflex der Tiere, der zeigt, dass sie lebendig sind. Beim Garen hingegen sollen sie sich öffnen. Solche, die sich beim Waschen nicht schließen wie auch solche, die sich beim Garen nicht öffnen, unbedingt wegwerfen.

Neonati

Heißen wörtlich übersetzt »Neugeborene« und sind in der Tat winzig kleine Fische, die man gegart (zum Beispiel als Bällchen oder in der Frittata), aber auch roh zu essen bekommt.

Ricci di mare

Die Seeigel sind rundherum von schwarzen Stacheln überzogen. Man schneidet die frisch gefangenen Tiere an der flachen Seite vorsichtig mit einem Messer auf. Das orangefarbene Innere wird mit einem Stück Brot oder einem Löffel herausgeholt und roh gegessen, aber auch zu Pastasaucen verarbeitet.

Ricci di mare – ein stacheliger Genuss.

Sardellenfilets

Unter dem Namen »acciughe« findet man sie in Italien und bekommt sie in Salz konserviert oder in Öl eingelegt. Sardellenfilets in Salz muss man wässern oder zumindest sehr gründlich kalt waschen, damit sie die Gerichte nicht zu sehr salzen. Die in Öl eingelegten sind milder und müssen nur abtropfen. Sardellenfilets sind relativ lange haltbar, man kann sich also gut welche von der Italienreise mit nach Hause bringen.

Sardella

Diese Spezialität aus Kalabrien wird aus sehr jungen Sardellen, Salz und Peperoncini hergestellt und ist würzig und scharf. Die Paste, die man im Glas kaufen kann, schmeckt auf gerösteten Brotscheiben, auf Kartoffeln oder als Würze zu Gemüse.

Schwertfisch (Pesce spada)

Auf Sizilien und in Kalabrien zählt er zu den beliebtesten Fischen und wird sowohl als Filetscheibe, gerollt oder auch in der Pastasauce zubereitet. Die Scheiben des großen Fisches haben festes aromatisches Fleisch ganz ohne Gräten, das beim Garen schön fest bleibt und in der Konsistenz fast an Fleisch, etwa Kalbfleisch, erinnert.

Rotbarben (Triglie)
Der typische Mittelmeerfisch wird bis zu ca. 20 cm lang und hat ein würziges aromatisches Fleisch, das auch kräftige Kräuter und Gewürze verträgt. Rotbarben schmecken im Ganzen gebraten oder gegrillt, aber auch als Filet. Die Haut wird beim Garen schön rot, man sollte sie also in jedem Fall mitgaren.

Tunfisch (Tonno)
Der Fisch mit dem dunklen grätenfreien Fleisch steht in der Beliebtheitsskala an zweiter Stelle und wird wie Schwertfisch auf vielerlei Arten zubereitet. Auf Sizilien werden im Mai Tunfische auf rituelle Art in das Hafenbecken getrieben und mit Harpunen erlegt. Diese »Mattanza« genannte Sitte ist eine blutige Angelegenheit und bei Tierschützern sehr umstritten. Dennoch zieht sie viele Touristen an. Tunfisch muss vorsichtig gegart werden, damit er nicht trocken wird.

Tonno salato
Frischer Tunfisch wird mit Meersalz eingelegt und so haltbar gemacht. Man kann ihn offen, aber auch eingeschweißt kaufen. Am besten schmeckt Tonno salato in hauchdünnen Scheiben, mit etwas Zitronensaft und Olivenöl beträufelt und mit geröstetem Weißbrot serviert.

Venusmuscheln (Vongole verace)
Die echten »vongole verace« oder »vera« kommen kaum mehr vor, inzwischen sind ähnliche Züchtungen im Handel, die etwas kleiner sind. Die Muscheln werden überall an der Küste zu einem Sugo zu Nudeln verarbeitet und sind Bestandteil von Fischsuppen. Vorbereitet und gegart werden sie wie Miesmuscheln.

Wurstwaren *schmecken als Antipasti oder beim Picknick, man verwendet sie aber auch für die Zubereitung ganzer Gerichte. Hier die wichtigsten Sorten:*

Capocollo
Die Salami aus der Schweinelende wird eingesalzen und dann mit Pfeffer in Därme gehüllt. Diese Päckchen, die etwa 3–4 kg wiegen, werden verschnürt und zum Reifen aufgehängt.

Guanciale
Heißt übersetzt Backe und ist ähnlich wie Pancetta ein geräucherter Speck.

Pancetta
Der Speck wird meist mit Kräutern aromatisiert und kann im Stück oder aufgerollt im Angebot sein. Er ist würziger als unser Speck.

Salsicce
Die Schweinewürstchen gibt es in allen Regionen Süditaliens, mal pur, mal mit Gewürzen, mal mild und mal pikant, mal frisch und mal gereift. Man isst sie als Vorspeise, aber auch gekocht, gebraten und gegrillt.

Salsicce sind auch ein willkommenes Mitbringsel.

Soppressata
Die wichtigste Salami Kalabriens wird aus grob gehacktem Schweinefleisch und Speck hergestellt. Zusammen mit Salz und mildem oder höllisch scharfem Paprika werden die Stücke in Schweinedärme gepresst und zum Reifen aufgehängt.

Gemüse *darf bei einem süditalienischen Essen einfach nicht fehlen, ob als Antipasto, zur Pasta oder als Contorno. Hier die unbekannteren Sorten des Südens.*

Cardy schmecken ähnlich wie Artischocken

Cime di rapa werden bei uns auch Stängelkohl genannt.

Carciofi (Artischocken)

Sie wachsen in den kühleren Monaten des Jahres und sind in Italien kleiner als beispielsweise in Frankreich. Junge zarte Artischocken kann man nach dem Putzen auch braten. Man muss in jedem Fall immer so viele Blätter abzupfen, bis diese sich auch roh am unteren Ende leicht beißen lassen. Obere Spitze abschneiden. In Süditalien gibt es auch Sorten mit Stacheln an den Blättern, diese also vorsichtig putzen. In Sizilien ist die Gegend um Cerda bekannt für hervorragende Artischocken. In der Artischockenstadt wird der Gast in den Restaurants von etwa November bis Mai mit feinen oder rustikalen Artischockengerichten verwöhnt.

Cardy

Im Aussehen ähnelt das Gemüse dem Stangensellerie, allerdings sind die Stangen bleicher und pelziger. Cardy werden auch Gemüse-Artischocken genannt und sind mit den Artischocken eng verwandt. Wie sie sind sie ein Wintergemüse und schmecken würzig und leicht bitter mit einem feinen Nusston. Bei Cardy verwendet man die Stangen. Sie werden gewaschen und nach dem Zerkleinern in Essigwasser gelegt, damit sie sich nicht schwarz verfärben. Man kocht die Stangen in Salzwasser und zieht anschließend die Haut ab, bevor man sie weiterverarbeitet.

Cicorie (Zichorie)

Die wilde Zichorie sieht aus wie unser Löwenzahn, ist aber wesentlich höher, Catalonga ist eine veredelte Kulturzichorie. Bei uns heißen sie auch Blattzichorie oder Catalonga, die bekannteste italienische Sorte. Sie sehen aus wie eine Mischung aus kultiviertem Löwenzahn und Mangold. Die Zichorie ist mit dem Chicorée verwandt und schmeckt wie er leicht bitter. Sie wird meist als Gemüse zubereitet, das Herz der Pflanze schmeckt auch gut als Salat, am besten mit anderen Blattsalaten gemischt. Gekochte Zichorie schmeckt besonders gut mit »fave« – Saubohnen.

Cime di rapa

Die grünen Blätter mit den kleinen Knospen, die wie winzige Brokkoli aussehen, sind auch unter der Bezeichnung Stängelkohl im Handel und schmecken sehr würzig. Cime di rapa sind mit der Speiserübe verwandt, bilden aber nur kleine Knollen und reichlich Grün, das man wie Spinat oder Mangold dünstet oder kocht. Das Gemüse wird in Süditalien als Beilage, aber auch mit Pasta gegessen. Bei uns bekommt man die aromatischen Bätter auf größeren Märkten und in manchen italienischen, türkischen und griechischen Geschäften. Saison haben sie von März bis Ende Mai, ersetzen kann man sie am besten durch Mangold oder Spinat.

Fave (Bohnen)

Bei uns heißen sie dicke Bohnen und Saubohnen und zeigen dadurch schon, welchen Stellenwert sie auf dem Speiseplan einnehmen. In Süditalien werden sie sowohl frisch als auch getrocknet angeboten. Frisch und jung isst man sie roh mit jungem Käse und Olivenöl, getrocknete werden eingeweicht und in Suppen gekocht oder als Püree verarbeitet. Bei uns bekommt man getrocknete dicke Bohnen in manchen italienischen Geschäften. Da sie sich lange halten, kann man sie auch gut getrocknet von der Italienreise mitbringen. Dort und manchmal auch hier werden sie gehäutet und ungehäutet angeboten.

Friarielle

Das Gemüse ist typisch für Neapel und ähnelt den Cime di rapa, ist aber noch viel würziger. Man kann den Geschmack des winterlichen Gemüses beschreiben wie eine Mischung aus Cime di rapa und Cavolo nero (Kohl, den es fast nur in der Toskana gibt). Man isst es als Beilage oder mit gebratenen Salsicce, als Füllung für Focaccia oder als Pizzabelag, dann oft ebenfalls mit Würsten.

Invernali

Hinter dem Namen »die Winterlichen« verbergen sich in der Basilikata oft gelbe Tomaten. Sie haben eine dickere Schale als rote Tomaten und lassen sich daher, draußen aufgehängt, länger aufbewahren.

Lampascioni

Sie sehen aus wie winzig kleine Zwiebeln und sind die Zwiebeln einer wilden Hyazinthenart. Das Sammeln der kleinen Zwiebeln macht viel Arbeit, und sie sind daher nicht gerade billig. Als Mitbringsel kann man sie (vor allem in Apulien) in Öl oder Essig eingelegt kaufen. In Süditalien werden sie auf den Märkten aber auch frisch angeboten und eingelegt oder als Beilage gebraten (besonders fein in Olivenöl mit etwas Peperoncino).

Peperoncini
Sie sind in der Küche Süditaliens einfach unentbehrlich, kommen frisch und getrocknet zum Einsatz und sind fast immer rot. Frische Peperoncini wäscht man und befreit sie vom Stielansatz. Wer sie mit den Kernen klein schneidet, würzt das Gericht schärfer. Milder wird es, wenn man die Kerne samt den kleinen Häutchen entfernt. Getrocknete Peperoncini am besten im Mörser zerkrümeln oder schon zerrebelt kaufen. Nach dem Putzen oder Zerkleinern in jedem Fall die Hände sehr gut waschen und nicht damit in den Augen reiben.
Bei den Mengen haben wir uns übrigens etwas von den italienischen Originalrezepten entfernt und weniger Peperoncini genommen. Wer gerne sehr scharf isst, verwendet einfach mehr.

Porcini (Steinpilze)
Steinpilze und andere Pilze sind in den bergigen Regionen Süditaliens weit verbreitet und beliebt. Sie werden frisch zubereitet, getrocknet oder auch in Öl oder Essigsud eingelegt und als Antipasto serviert.

Tartuffo (Trüffel)
In den Bergen Süditaliens wachsen schwarze Trüffel. Auf 700–800 m Höhe findet man in den Eichenwäldern den »Scorzone«, auf 1000–1100 m Höhe den aromatischeren und dunkleren »Tubero«.

Früchte und Süßigkeiten *gehören zu Süditalien wie das Gemüse. Häufig macht sich arabischer Einfluss bemerkbar.*

Cannoli
Für diese sizilianische Spezialität werden knusprige Teigröllchen mit einer Füllung aus Ricotta (oft aus Schaf- oder Ziegenmilch), Schokolade und kandierten Früchten gefüllt. Da die Zubereitung der Teigröllchen nicht ganz einfach ist, haben wir auf ein Rezept in diesem Buch verzichtet.

Feigen
Frisch und getrocknet spielen sie in Süditalien eine wichtige Rolle, vor allem in Kalabrien sind getrocknete Feigen mit oder ohne Füllung und mit einem feinen Schokoladenüberzug eine wichtige Süßigkeit.

Fichi d'India (Kaktusfeigen)
Diese Frucht gehört zu Sizilien wie die Orangen. Es gibt sie in vielen Familien schon zum Frühstück mit einem Stückchen Brot. Kaktusfeigen sind sehr süß und sollen den Blutdruck senken. Man sieht Kaktusfeigen auch als wilde Hecken. Die Früchte, die daran wachsen, sind allerdings ziemlich klein und schmecken nicht so gut. In den Kulturen wird ein Teil der Früchte abgeschnitten, damit die restlichen die volle Kraft der Pflanze und damit ein intensives Aroma bekommen können.

Johannisbrot
Auf Sizilien gab es viele Johannisbrotbäume. Früher bekamen Kinder eine der bohnenartigen Früchte als Belohnung, wenn sie brav waren. Heute wachsen nur noch wenige Johannisbrotbäume auf Sizilien. Aus den gemahlenen Bohnen kann man ein kakaoartiges Getränk wie auch »Schokolade« herstellen.

Mandeln
Manche Mandelbäume haben auch ein paar bittere Mandeln zu bieten. Meist pfropft man einem Bittermandelbaum einen mit süßen Früchten auf. Der süße ist nun der stärkere und setzt sich durch. So schmecken die meisten Mandeln eines solchen Baumes süß, aber ein paar bittere bringt er ebenfalls noch hervor.

Pasta di mandorla oder Crema di mandorle
Pasta di mandorla wird aus gemahlenen Mandeln, Zucker und Aromen hergestellt. Man kann sie mit Wasser verrühren und zu einem schnellen Eis verarbeiten. Die Paste aus Sizilien mitbringen.

Torrone
Für diese Süßigkeit aus Kampanien und Sizilien werden Honig und Zucker mit Eiweiß gekocht und mit Mandeln gemischt. Vor allem Torrone di Benevento (aus Benevento in Kampanien) ist berühmt.

Vin cotto
Frischer Most wird mit Zucker eingekocht, bis er dickflüssig wie Sirup ist, dann in Flaschen gefüllt. Vin cotto kann man für Süßspeisen verwenden, er eignet sich aber auch zum Abrunden würziger Fleischgerichte ganz ausgezeichnet.

Kaktusfeigen: außen stachelig, innen süß.

Adressen in Italien

Die Restaurants, die wir auf den Reisen besucht haben, die Läden, die wir entdeckt haben und die Weingüter, die wir besucht haben, geben natürlich nur einen kleinen Einblick in die Vielfalt der Regionen. Die Auswahl ist subjektiv und erhebt keinen Anspruch auf Vollständigkeit. Sie finden hier alle Adressen der Stationen, die in den Kapiteln erwähnt werden.

Basilikata

D'Angelo
Donato D'Angelo
Via Provinciale 8
Rionero in Vulture
Tel. 0972/721517
Fax 0972/723495

Il Buongustaio
Piazza Vittorio Veneto, 1
Matera
Tel. 0835/331982

La Latteria Rizzi
Via Duni, 2
Matera
Tel. 0835/312058

La Stalla del Nonno
Palo del Colle
Matera
Einfach im Ort nach dem Weg fragen, die kleine Enoteca mit gutem Essen ist überall bekannt.

Le Botteghe
Piazza San Pietro Barisano
Matera (in den Sassi)
Tel. 0835/344072
Mittwochs Ruhetag

Oleificio Cooperativo della Rif. Fond. di Ferrandina
Viale Mazzini 15
Ferrandina
Tel. 0835/556677
Dort kann man Öl aus der Olivensorte Maiatica kaufen.

Paternoster
Via Nazionale 23
Barile
Tel. 0972/770224
Fax 0972/770658

Progetto di Vino
Via Nazionale, 56
Matera
Tel. 0835/262851

Salumificio Sileno
Via Melfi 102
Venosa
Te. 0972/31580

Kalabrien

Enoteca Gaetano
Corso G. Nicotera, 62
Lamezia Terme (Nicotera)
Tel. 0968/21088

Hotel Ristorante Centro Florens
Via Pirainella, 174
San Giovanni in Fiore (CS)
Tel. 0984992757
Fax 0984992851

Librandi
Contrada da S. Gennaro SS 106
Cirò Marina (KR)
Tel. 0962/31518
Fax 0962/370542

Ristorante La Locanda
Via V.Emanuele
Cirò Marina
Tel. 0339/3890171

Kampanien

Antica Osteria Nonna Rosa
Via Privata Bonea, 4
Pietrapiano – Vico Equense
Tel. 081/8799055

Caseificio Chirico
C.da Stampella
Ascea Marina (SA)
Tel. 0974/971584
Kleinere Käserei mit Mozzarella di bufala, Mozzarella in mortella, Fior di latte, Ricotta, Burrino, Provola affumicata.

Dolce Idea
Via Solitaria 7/8
Napoli
Tel. 0817/642 832

Feudi di San Gregorio
Loc. Cerza Grossa
Sorbo Serpico
Tel. 0825/986266
Fax 0825/986230
E-mail: feudi@feudi.it

Gran Caffè Gambrinus
Piazza Trieste e Trento, Ecke Via Chiaia
Napoli

Il Melograno
Via Giovanni Mazzella 110
Forio D'Ischia
Tel. 06964760638

Il Pastaio di Minori (Pasta)
Largo Solaio die Pastai
Minori
Tel. 089/853706
Spezielle Pasta kann man auch vorbestellen.

Mastroberardino
Azienda Vinicola
Atripalda
Tel. 0825/614111
www.mastro.it

Pietratorcia
Via Provinciale Panza 267
Forio/Ischia
Tel. und Fax 081/908206
E-mail: terramia@pointel.it

Pintauro
(Gebäck, vor allem Sfogliatelle)
Via Roma 275
Napoli

Ristorante e Pizzeria da Attilio
Via Pignasecca, 17
Napoli
Tel. 5520479
Sonntags geschlossen.

Tenuta Vannulo (Mozzarella)
Via G.Galilei, 10
Capaccio Scalo (SA)
Informationen und Vereinbarung eines Besichtigungstermins
Tel. 0828/724765
Fax 0828/725245
www.vannulo.it

Fischmarkt in Neapel
Piazza Duca degli Abruzzi
Täglich von 3/4 Uhr morgens bis 10/11 Uhr
Wer vor 6 Uhr da ist, ergattert die besten Fische.

Apulien

Al fornello da Ricci
Ceglie Messapica
Località Montevicoli
Tel. 0831/377104
Montagabend und Dienstag Ruhetag
Ein Tipp von Francesco Taurino, den wir leider nicht selbst ausprobieren konnten. Aber wir vertrauen einem Menschen, der so guten Wein macht.

Antica Azienda Agricola Vitivinicola dei Conti
Leone de Castris
Via Senatore de Castris 50
Salice Salentino (LE)
Tel. 0832/731112
www.clio.it

Azienda Vinicola Torrevento
(mit Carparelli)
Località Castel del Monte
S.S. 170 km 28
Corato (Ba)
Tel. 080/8980929

Cosimo Taurino
S.S. 605 Salice-Sandonaci
Guagnano (LE)
Tel. 0832/706490

Enoteca Nocco Giuseppe
Via dei Conti di Lecce 27
Lecce

Enoteca Vinarius de Pasquale
Via Marchese di Montrone 91
Bari

Felline
Via N. Donadio 20
Manduria (TA)
Tel. 099/9711660

Fratelli (Aldo berät und führt) Turi
Zona Artigianale
Martano (LE)
Tel. 0836/571494
Fax 0836/571906

Sizilien

Cantina De Bartoli
Contrada Fornara Samperi 292
Marsala
Tel. 0923/962093
www.marcodebartoli.com

Cantina Elorina
C.da Belliscala Km 7
Rosolini-Pachino
Tel. 0931/857068
Fax 0931/857333

Cantine di Cugno Mezzano
Enoteca & Cucina
Via Museo Biscari 8
Catania
Tel. 0957158710
Weine nicht nur aus Sizilien.
Einige Gerichte, nicht nur typisch sizilianische.

Cantine Vitis
Via Don Bosco 49
Gravina di Catania
Tel./Fax 3995211597
E-mail: vitis@virgilio.it

Corrado Costanzo
Via Silvio Spaventa 7/9
Noto
Tel. 0931/835243

Enoteca La Bottega del Vino
Via C. Alberto 39
Portopalo di C.P. (SR)
Tel. 0931/843138
Wein und Konserven, z.B. Bottarga und Tonno salato.

Enoteca Picone
Via G. Marconi 36
Palermo
Tel. 091331300
Fax 091589797

Enoteca Regionale di Sicilia
Viale Africa 31
Catania
Tel. 095/7462210

Pasticceria Spinella
Via Etnea 300
Catania
Tel. 095/327247

Ristorante Galatea
Via Livorno 146/A (Via Nazionale)
Acitrezza (CT)
Tel. 095/277913
Montags geschlossen

Spadafora
Francesco Spadafora
Contrada Virzi (Pa)
Tel. 0916703322 und 091514952
Fax 0916703360
www.spadafora.com
Nur nach telefonischer Anmeldung und Wegbeschreibung (sonst schwer zu finden). Man kann dort auch Ferienwohnungen mieten.

Valle dell'Acate
Contrada Bidini
Acate
Tel. 0932/874166
Fax 0932/875114

Vico S. Barnabà
Via S. Barbara 67
Catania
Tel. 095/311068

Märkte in Catania:
Pescheria, Piazza Alonzo: täglich außer Sonntagvormittag.

Piazza Carlo Alberto: täglich Markt, am Sonntag Antikmarkt.

Markt in Trapani:
Piazza Mercato del Pesce: täglich von 8–13 Uhr Markt mit Fisch und Gemüse.

Bezugsadressen für süditalienische Weine in Deutschland, Österreich und der Schweiz

Deutschland:

Centro Italia
Das italienische Kaufhaus
Großbeerenstraße 169-171
12277 Berlin
Tel. 030/7411018
Fax 030/7419003
Weine aus Apulien, Kampanien, Kalabrien und Sizilien

Benzo GmbH
Montanstraße 25
13407 Berlin
Tel. 030/414501112
Fax 030/4111758
E-mali: benzo@t-online.de
www.erka.de/benzo
Weine aus Apulien, Kalabrien, der Basilikata und Sizilien

Castel Cosimo
Heidenkampsweg 84
20097 Hamburg
Tel. 040/234443
Fax 040/230386
E-mail: castelcosimo@planet-interkom.de
www.castelcosimo.de
Weine aus Ischia und Sizilien

Canneta Olio e Vino
Samwerstraße 28
24118 Kiel
Tel. und Fax 0431/8066433
Weine aus Sizilien

Lowin Weinhandel
Schierker Str. 2
28205 Bremen
Tel. 0421/4986706
Fax 0421/498130
E-mail: Lowin-Weinhandel@t-online.de
www.lowin-weinhandel.de
Weine aus Kampanien (Montevetrano – teuer, aber ein Erlebnis), Apulien und Sizilien

Enoteca
Dr. Giuseppe Sciurba
Stadtring 41
33647 Bielefeld
Tel. 0521/4329292
Fax 0521/4329232
E-mail: sciurba@t-online.de
Weine aus Apulien und Sizilien

Harald L. Bremer GmbH
Efeuweg 3
38104 Braunschweig
Tel. 0531/237360
Fax 0531/373022

Champus/Delikatessa
Dünhölter & Lengfeld GmbH
Heinrich-Heine-Platz 1
40213 Düsseldorf
Tel. 0211/325623
Fax 0211/8284828
www.fattoriasanfelice.de
Weine aus Apulien, Kalabrien und Sizilien

Ausgesuchte Weine
Norbert Pohl
Am Hohen Haus 2
47799 Krefeld
Tel. 02151/25656
Fax 02151/28884
Weine aus Apulien und Sizilien

OLIVE E PIÙ Marzak KG
Ennenstraße 2 a
50825 Köln
Tel. 0221/5509142
Fax 0221/5509878
e-mail: olive@netcologne.de
www.olive-e-piu.de
Weine aus Sizilien, Meersalz von den Salinen in Trapani, Öle, Konfitüren aus Zitrusfrüchten und vieles mehr

Jutta Reynolds
Café Weingarten
Hauptstraße 93a
53424 Oberwinter (Remagen)
Tel. 02228/911166
Fax 02228/911168
www.bioweingarten.com
Weine von Vitis aus Sizilien

Bernard-Massard
Jakobstr. 8
54202 Trier
Tel. 0651/71960
Fax 0651/7196310
E-mail: BM-Trier@t-online.de
Weine aus Apulien, der Basilikata und Sizilien

Vinothek Italia
Ankergasse 5
60386 Frankfurt
Tel. 069/418328
Fax 069/419108
E-mail: vinothek.dezolt@t-online.de
www.italienwein.de
Weine aus Kampanien, Kalabrien und Sizilien

STELLA Weine
Kavalleriestr. 3-7
66740 Saarlouis
Tel. 06831/41044
www.stella-weine.de
Weine aus Apulien, Kalabrien, der Basilikata und Sizilien

Fischer + Trezza
Ulmer Str. 150
70372 Stuttgart
Tel. 0711/4606700
Fax 0711/4606900
Weine aus allen fünf Regionen

Vinissimo
Schubertstraße 6
80336 München
Tel. 089/5389204
Fax 089/5389304
E-mail: info@vinissimo.de
Weine aus Apulien und der Basilikata

Weinhandlung und Catering
Andreas Furtmayr
Kanalstr. 11
80538 München
Tel. 089/293841
Fax 089/293874

Garibaldi
Frohschammer 4
80807 München
Tel. 089/3590222
Fax 089/3592929

La Cantinetta
di Sergio Bolzan
Neumarkter Str. 77
81673 München
Tel. 089/6882536
Fax 089/6882537
www.bolzan.de
Weine aus Apulien, der Basilikata, Kampanien und Sizilien
und Sizilien

Georg Hack
Haus der Guten Weine
Schützenstraße 1
88709 Meersburg
Tel. 07532/9097
Fax 07532/9099
E-mail: kontakt@georg-hack.com
www.Georg-Hack.de
Weine aus Apulien, Sizilien und der Basilikata

Wein-Bastion
Schillerstraße 1
89077 Ulm
Tel. 0731/66993
Fax 0731/69199
E-mail: wein-bastion@t-online.de
www.wein-bastion.de
Weine aus der Basilikata, Kalabrien und Sizilien

Fiasco classico
Der italienische Weinladen
Europaplatz 8
90491 Nürnberg
Tel. 0911/595910
Fax 0911/599026
Weine aus Kampanien, Apulien, der Basilikata und aus Sizilien

Schweiz:

Vini Cappelletti AG
Zikadenweg 6
3006 Bern
Tel. 031/3354444
Fax 031/3354445
E-mail: info@cappelletti.ch
www.cappelletti.ch
Weine aus Apulien und Sizilien

Toscavini
Import italienischer Weine
Totentanz 5
4001 Basel
Tel. und Fax 061/2611600
E-mail: kurtgraessli@bluewin.ch
Weine aus Kalabrien, Apulien und Sizilien

L'enoteca
Liechti Weine
Schneidergasse 10
4003 Basel
Tel. 061/2616071
Fax 061/2814390
E-mail: info@liechti-weine.ch
www.liechti.weine.ch
Weine aus Apulien, der Basilikata, Kalabrien und Sizilien

Scala Vini
Christoph Künzli Weine
Promenade 119
7270 Davos
Tel. 081/4165510
Fax 081/4164820
Weine aus Apulien und Sizilien, Marsala von De Bartoli

Wein im Keller
Ruth Scheidegger
Zentralstraße 156
8003 Zürich
Tel. und Fax 01/7153483
Mobil 0792309528
Weine aus Apulien, Kalabrien und Sizilien

Österreich:

Peter Stöger
Wein aus Italien
Gardis 5
A-Weiler 6833
Tel. 043/552364899

Zum Gebrauch

*Damit Sie Rezepte mit bestimmten Zutaten wie Oliven, Tomaten und Zucchini noch schneller finden können, stehen diese im Register auch zusätzlich über den entsprechenden Rezepten – ebenfalls alphabetisch sortiert und **halbfett** gedruckt.*

Falls Sie ein italienisches Menü planen oder ein Antipastibuffet zusammenstellen wollen, hier die Gerichte des Buchs hinsichtlich ihrer Menüfolge:

Antipasti

Primi Piatti

Secondi Piatti

Contorni

Dolci

Genießerküche

... für alle, die das Echte schätzen

ISBN 978-3-7742-2790-3
240 Seiten

ISBN 978-3-7742-6069-6
192 Seiten

ISBN 978-3-7742-6311-6
240 Seiten

ISBN 978-3-8338-0239-3
240 Seiten

ISBN 978-3-7742-6626-1
240 Seiten

ISBN 978-3-7742-6725-1
240 Seiten

ISBN 978-3-7742-6899-9
240 Seiten

ISBN 978-3-8338-0061-0
240 Seiten

Verführerische Rezepte und spannende Reportagen laden ein zu kulinarischen Entdeckungsreisen in Küche und Kultur und versprechen puren Genuss.

GU

Willkommen im Leben.

Die Autorin **Cornelia Schinharl** ist passionierte Italienkennerin und zudem wahre Genießerin. Sie hat Sprachen studiert, sich dann aber ihrer Leidenschaft, den kulinarischen Genüssen gewidmet und ist seit langen Jahren sehr erfolgreich für GU als Autorin von über 30 Titeln tätig.

Michael Schinharl – eigentlich in der Welt der Mode- und Industriefotografie verwurzelt – teilt die Liebe seiner Schwester zu Italien und hielt die Eindrücke und Erlebnisse der gemeinsamen Reisen in die Regionen Basilikata, Kampanien und Sizilien fotografisch fest.

Der Food-Fotograf **Stefan Braun** hat gemeinsam mit Stylist Manfred Heissig die köstlichen Rezepte in stimmungsvolle Bilder umgesetzt. Auch er ist begeisterter Anhänger der italienischen Kultur und Lebensart, deren kontrastreiche Gegensätze sich auch in seinen Schwarz-Weiß-Fotos widerspiegeln.

Aussprache
Die meisten italienischen Wörter werden ausgesprochen, wie man sie schreibt. Ein paar Ausnahmen davon gibt es aber: C vor i und e wird gesprochen wie tsch, vor a, o und u aber wie unser k. Also wird beispielsweise »cime« »tschime« ausgesprochen, »casa« aber »kasa«. Steht nach dem c ein h, spricht man es auch vor e und i wie k, also zum Beispiel »Chianti« wie »Kianti«. Ähnlich verhält es sich mit dem g: Vor e und i wird »dsch« daraus, zum Beispiel »ginepro« zu »dschinepro«, vor a, o und u bleibt es beim einfachen g. Und auch hier sorgt das h vor e und i für ein g in der Aussprache wie zum Beispiel bei »funghi« »fungi«.

Redaktionsleitung: Birgit Rademacker
Redaktion: Catharina Wilhelm
Lektorat: Susanne Bodensteiner
Schlusskorrektur: Mischa Gallé
Herstellung: Ute Hausleiter
Gestaltung: Independent Medien-Design, München, Karin Drexler
Layout und Satz: Buchhaus Gigler GmbH, München
Karte: MERIAN-Kartographie, München
Repro: w&co, München
Druck: Appl, Wemding
Bindung: m.appl GmbH, Monheim

Ein herzliches Danke geht an Aniello Scognamiglio.

ISBN 978-3-7742-3202-0

4. Auflage 2007

GRÄFE UND UNZER — 100 JAHRE GANSKE VERLAGSGRUPPE

Ein Unternehmen der
GANSKE VERLAGSGRUPPE

Bildnachweis
Stefan Braun: alle Rezeptfotos und Fotos S. 8, 10, 25 re., 44 Mitte, 52, 56 u. re., 83 re., 105, 128, 160, 166 u. re., 167 o., 168, 210, 216
Michael Schinharl: S. 4 li., 11 o. li., 12 o., 12 u. re., 13 o., 13 u. re., 14–16, 17 li., 18, 19, 24 obere Reihe, 33 re., 44 o. und u., 46, 47 li., 96–104, 112, 113 re., 162, 163 o. re. und u., 164 o., 165, 166 o. und u. li., 167 u., 169, 170–174, 206 li., 207 re., 209, 212, 213, 214 u., 215, 217 o., 218 o. li. und u. re., 219–221, 226, 229
Peter Amann: S. 11 o. re. und u., 12 u. li., 13 u. li., 24 u., 55 o. re.., 68 u., 130–135, 136 o. re., 137, 163 o. li., 164 u., 175 o. und u. re., 184, 206 re., 207 li., 208, 214 o., 217 u., 227
Joachim Beck: S. 55 o. li. und u., 56 o., 57 – 59, 61re.
Martina Görlach: Autorenportrait Innenklappe
Tanja Ratsch: S. 175 u. li.
Informationsgemeinschaft Olivenöl: S. 17 re., 54, 56 u. li., 60 – 65, 82 u.,
Stockfood: S. 32 o. re. außen und re. Mitte, 68 obere Reihe, 136 o. li. und u.
Studio Teubner: S. 222 – 225, 228

DAS ORIGINAL MIT GARANTIE — GU

Unsere Garantie

Alle Informationen in diesem Ratgeber sind sorgfältig und gewissenhaft geprüft. Sollte dennoch einmal ein Fehler enthalten sein, schicken Sie uns das Buch mit dem entsprechenden Hinweis an unseren Leserservice zurück. Wir tauschen Ihnen den GU-Ratgeber gegen einen anderen zum gleichen oder ähnlichen Thema um.

Liebe Leserin und lieber Leser,

wir freuen uns, dass Sie sich für ein GU-Buch entschieden haben. Mit Ihrem Kauf setzen Sie auf die Qualität, Kompetenz und Aktualität unserer Ratgeber. Dafür sagen wir Danke! Wir wollen als führender Ratgeberverlag noch besser werden. Daher ist uns Ihre Meinung wichtig. Bitte senden Sie uns Ihre Anregungen, Ihre Kritik oder Ihr Lob zu unseren Büchern. Haben Sie Fragen oder benötigen Sie weiteren Rat zum Thema? Wir freuen uns auf Ihre Nachricht!

Wir sind für Sie da!
Montag – Donnerstag:
8.00 – 18.00 Uhr;
Freitag: 8.00 – 16.00 Uhr
Tel.: 0180-5 00 50 54*
Fax: 0180-5 01 20 54*
E-Mail:
leserservice@graefe-und-unzer.de

P.S.: Wollen Sie noch mehr Aktuelles von GU wissen, dann abonnieren Sie doch unseren kostenlosen GU-Online-Newsletter und/oder unsere kostenlosen Kundenmagazine.

GRÄFE UND UNZER VERLAG
Leserservice
Postfach 86 03 13
81630 München
*(0,14 €/Min. aus dem dt. Festnetz)